"十四五"职业教育国家规划教材

汽车车载网络控制技术

第3版

主　编　吴海东
副主编　岳兴莲　陈　新
参　编　乔　森　潘天堂　宋敬滨　王　峰
主　审　沈　琳

机械工业出版社

本书是"十四五"职业教育国家规划教材。

本书包括四个部分，分别介绍了汽车车载网络技术认知、汽车车载网络技术分析、汽车车载网络系统故障的检测与诊断、汽车车载网络系统故障检修案例。全书既有一定的理论深度，又贴合生产实际，将对应知、应会知识的学习在"教、学、做"理实一体化的学习情境中展开；内容组织条理清晰、编排循序渐进，通俗易懂，图文并茂，数据翔实。

本书可作为高等职业院校、职业本科院校、智能网联汽车技术、新能源汽车技术、汽车检测与维修技术、汽车电子技术等相关专业教材，也可作为本科汽车运用类专业教材，同时可供汽车修理工与管理人员使用，还可供销售、质检和鉴定人员工作时参考。

本书配有电子课件、试卷、实训指导书、教案、二维码视频资源等，凡使用本书作为授课教材的教师可登录机械工业出版社教育服务网（www.cmpedu.com）注册后下载。咨询电话：010-88379375。

图书在版编目（CIP）数据

汽车车载网络控制技术/吴海东主编．—3版．—北京：机械工业出版社，2024.3（2025.3重印）

"十四五"职业教育国家规划教材：修订版

ISBN 978-7-111-75376-6

Ⅰ.①汽⋯　Ⅱ.①吴⋯　Ⅲ.①汽车-计算机网络-职业教育-教材　Ⅳ.①U463.67

中国国家版本馆CIP数据核字（2024）第056358号

机械工业出版社（北京市百万庄大街22号　邮政编码100037）
策划编辑：葛晓慧　　　　　　责任编辑：葛晓慧　谢熠萌
责任校对：龚思文　李　杉　　封面设计：陈　沛
责任印制：郜　敏
三河市宏达印刷有限公司印刷
2025年3月第3版第5次印刷
184mm×260mm・13.25印张・324千字
标准书号：ISBN 978-7-111-75376-6
定价：44.00元

电话服务　　　　　　　　　网络服务
客服电话：010-88361066　　机　工　官　网：www.cmpbook.com
　　　　　010-88379833　　机　工　官　博：weibo.com/cmp1952
　　　　　010-68326294　　金　书　网：www.golden-book.com
封底无防伪标均为盗版　　机工教育服务网：www.cmpedu.com

关于"十四五"职业教育国家规划教材的出版说明

为贯彻落实《中共中央关于认真学习宣传贯彻党的二十大精神的决定》《习近平新时代中国特色社会主义思想进课程教材指南》《职业院校教材管理办法》等文件精神，机械工业出版社与教材编写团队一道，认真执行思政内容进教材、进课堂、进头脑要求，尊重教育规律，遵循学科特点，对教材内容进行了更新，着力落实以下要求：

1. 提升教材铸魂育人功能，培育、践行社会主义核心价值观，教育引导学生树立共产主义远大理想和中国特色社会主义共同理想，坚定"四个自信"，厚植爱国主义情怀，把爱国情、强国志、报国行自觉融入建设社会主义现代化强国、实现中华民族伟大复兴的奋斗之中。同时，弘扬中华优秀传统文化，深入开展宪法法治教育。

2. 注重科学思维方法训练和科学伦理教育，培养学生探索未知、追求真理、勇攀科学高峰的责任感和使命感；强化学生工程伦理教育，培养学生精益求精的大国工匠精神，激发学生科技报国的家国情怀和使命担当。加快构建中国特色哲学社会科学学科体系、学术体系、话语体系。帮助学生了解相关专业和行业领域的国家战略、法律法规和相关政策，引导学生深入社会实践、关注现实问题，培育学生经世济民、诚信服务、德法兼修的职业素养。

3. 教育引导学生深刻理解并自觉实践各行业的职业精神、职业规范，增强职业责任感，培养遵纪守法、爱岗敬业、无私奉献、诚实守信、公道办事、开拓创新的职业品格和行为习惯。

在此基础上，及时更新教材知识内容，体现产业发展的新技术、新工艺、新规范、新标准。加强教材数字化建设，丰富配套资源，形成可听、可视、可练、可互动的融媒体教材。

教材建设需要各方的共同努力，也欢迎相关教材使用院校的师生及时反馈意见和建议，我们将认真组织力量进行研究，在后续重印及再版时吸纳改进，不断推动高质量教材出版。

机械工业出版社

前　言

随着电控技术在汽车上的发展和应用，以总线为代表的车载通信网络技术已普遍应用到汽车中。汽车电控单元之间通过车载网络实现信息传输与共享，减少了硬件设备，提升了汽车智能控制品质，提高了汽车运用的安全性、舒适性和节能性。

由于汽车车载网络结构和总线数据传输的独特性，当总线出现故障时，会导致汽车电控单元之间无法通信，有可能会导致多个系统同时失效，这就对维修人员的检修技能有了更高的要求。因此，作为现代职业教育汽车专业的学生，应该全面掌握车载网络技术，才能学好汽车维修等技能。结合党的二十大报告中提到的加快建设制造强国、交通强国、网络强国的要求，适应并促进高等职业教育的发展，培养具备现代汽车维护、维修技能的人才，根据产教融合人才培养的要求，体现教材"互联网＋"新的发展形式，成立了由专业教师和汽车维修企业技术人员组成的教材编写组，共同修订编写了本书。

本书将车载网络技术与故障诊断、维修有机地结合在一起，内容组织上层次清晰，知识结构连贯，图文并茂，通俗易懂。全书分为4个模块，分别为汽车车载网络技术认知、汽车车载网络技术分析、汽车车载网络系统故障的检测与诊断、汽车车载网络系统故障检修案例，主要介绍了汽车电子控制技术特点、汽车多路传输系统结构与原理、汽车车载网络系统结构与原理、汽车车载网络系统的常见故障与诊断、多种车型车载网络系统原理与检修等知识。

本书由常州机电职业技术学院吴海东担任主编，岳兴莲、陈新担任副主编。吴海东编写了模块1和模块3，岳兴莲编写了模块2，陈新编写了模块4，常州机电职业技术学院潘天堂、宋敬滨、王峰参与了模块1、模块2部分内容的编写，常州市客运中心管理有限公司乔森参与了模块4部分内容的编写。本书由常州机电职业技术学院沈琳主审。

在本书的编写过程中，得到了许多院校、汽车生产和维修企业的大力支持以及诸多技术专家的指导，在此，谨表示衷心的感谢！在编写过程中，编者参考了部分国内外的汽车技术资料、维修资料和相关书籍，在此向相关作者及编者表示感谢！

由于编者学识和水平有限，对汽车车载网络的新知识和新技术在理解、掌握和选取上，难免有错误和疏漏，恳请读者批评指正。

编　者

二维码索引

序号	名称	图形	页码	序号	名称	图形	页码
1	2.2.3 信号传递过程		45	5	2.3.2 主电控单元向LIN总线系统发信号		79
2	2.2.3 转速信号传输信息		47	6	2.4.1 光波在光纤中的传送		101
3	2.2.3 发动机转速信息传递过程		48	7	3.2.1 CAN总线网络故障检测方法		143
4	2.2.3 驱动CAN总线的差动信号放大器		48	8	3.2.2 CAN总线的检测流程		144

目录

前言
二维码索引

模块1　汽车车载网络技术认知 ………………………………………………………… 1
　1.1　汽车车载网络技术的发展 …………………………………………………………… 1
　　1.1.1　计算机网络技术概述 …………………………………………………………… 2
　　1.1.2　计算机网络技术在汽车控制中的应用背景 …………………………………… 3
　1.2　汽车车载网络技术的作用与分类 …………………………………………………… 5
　　1.2.1　汽车车载网络技术的作用 ……………………………………………………… 5
　　1.2.2　汽车车载网络技术的分类 ……………………………………………………… 8
　思考与习题 …………………………………………………………………………………… 13

模块2　汽车车载网络技术分析 ………………………………………………………… 14
　2.1　汽车车载网络的组成 ………………………………………………………………… 14
　　2.1.1　汽车电控单元的结构与原理 …………………………………………………… 15
　　2.1.2　汽车车载网络多路传输系统的结构与原理 …………………………………… 32
　2.2　CAN总线系统技术分析 ……………………………………………………………… 41
　　2.2.1　CAN总线系统的技术特征 ……………………………………………………… 41
　　2.2.2　CAN总线系统的结构 …………………………………………………………… 42
　　2.2.3　CAN总线系统的数据传输原理 ………………………………………………… 44
　　2.2.4　CAN总线系统的通信协议 ……………………………………………………… 52
　　2.2.5　CAN总线系统的应用 …………………………………………………………… 59
　2.3　LIN总线系统技术分析 ………………………………………………………………… 75
　　2.3.1　LIN总线系统的技术特征 ……………………………………………………… 76
　　2.3.2　LIN总线系统的组成 …………………………………………………………… 77
　　2.3.3　LIN总线系统的数据传输原理 ………………………………………………… 79
　　2.3.4　LIN总线系统的通信协议 ……………………………………………………… 84
　　2.3.5　LIN总线系统的应用 …………………………………………………………… 85
　2.4　MOST总线系统技术分析 …………………………………………………………… 99
　　2.4.1　MOST总线系统的技术特征 …………………………………………………… 99
　　2.4.2　MOST总线系统的结构 ………………………………………………………… 103
　　2.4.3　MOST总线系统的数据传输原理 ……………………………………………… 110
　　2.4.4　MOST总线系统的通信协议 …………………………………………………… 113
　　2.4.5　MOST总线系统的应用 ………………………………………………………… 117
　思考与习题 …………………………………………………………………………………… 125

模块3　汽车车载网络系统故障的检测与诊断 …………………………………… 127
3.1　汽车车载网络系统的故障检测 ……………………………………………… 127
3.1.1　汽车车载网络系统的故障类型 …………………………………………… 128
3.1.2　汽车车载网络系统故障诊断的一般程序 ………………………………… 128
3.1.3　汽车车载网络系统的故障检测注意事项 ………………………………… 129
3.1.4　专用诊断仪在汽车车载网络系统故障检测中的应用 …………………… 129
3.2　汽车车载网络系统的故障诊断 ……………………………………………… 142
3.2.1　汽车车载网络系统的故障诊断方法 ……………………………………… 142
3.2.2　汽车车载网络总线系统的故障自诊断 …………………………………… 144
3.2.3　汽车车载网络系统的故障诊断分析 ……………………………………… 146
思考与习题 ………………………………………………………………………… 152

模块4　汽车车载网络系统故障检修案例 …………………………………………… 153
4.1　丰田汽车车载网络系统故障检修 …………………………………………… 153
4.2　大众迈腾B8L汽车车载网络系统故障检修 ………………………………… 162
4.2.1　大众迈腾B8L汽车车载网络的结构与特点 ……………………………… 162
4.2.2　大众迈腾B8L汽车车载网络系统故障检修案例 ………………………… 169
4.3　吉利帝豪EV450纯电动汽车车载网络系统故障检修 ……………………… 177
4.3.1　吉利帝豪EV450纯电动汽车车载网络的结构 …………………………… 177
4.3.2　吉利帝豪EV450纯电动汽车车载网络系统故障检修案例 ……………… 179
4.4　比亚迪秦EV汽车车载网络系统故障检修 …………………………………… 189
4.4.1　比亚迪秦EV汽车车载网络的结构与特点 ……………………………… 189
4.4.2　比亚迪秦EV汽车车载网络故障检修案例 ……………………………… 193
思考与习题 ………………………………………………………………………… 201

参考文献 ……………………………………………………………………………… 203

模块1

汽车车载网络技术认知

学习目标

1. 了解计算机网络技术的发展概况。
2. 掌握计算机网络技术在汽车控制中的应用背景。
3. 了解汽车车载网络技术的作用。
4. 掌握汽车车载网络协议的含义。
5. 了解汽车车载网络技术专业术语。
6. 了解中国计算机及网络的发展史取得的重大成果,增强爱国意识并提升技术自信。

情景导入

让读者(学生)分别体验传统智能化程度不高的汽车和装备有车载网络的汽车,比较两种汽车在动力性能、操纵性能、车身控制性能以及舒适性能等方面的差异。让体验者分析造成这一差异的原因,针对体验者的分析情况,教师做详细分析。

1.1 汽车车载网络技术的发展

本节内容简介

本节将简单介绍计算机网络技术的定义、计算机网络技术发展历程、计算机网络技术功能、计算机网络技术分类等知识;重点介绍计算机技术在汽车上的应用现状和计算机网络技术在汽车控制中的应用背景。

1.1.1 计算机网络技术概述

计算机技术和通信技术的飞速发展与紧密结合，促进了计算机网络技术的高速发展。在当今的信息社会中，各种智能设备通过计算机网络技术迅速融合，信息的获取、传送、存储和处理变得日益方便。计算机网络给全球经济、技术和社会生活带来了巨大的影响。

1. 计算机网络技术的定义

计算机网络技术是指利用通信电路将具有独立能力、处于不同地理位置的一台或多台计算机连接起来，通过网络管理软件和网络通信协议的相互管理、相互协调作用，在计算机操作系统中实现信息的传递和资源共享的一种计算机技术。简单地说，就是计算机网络技术借助于计算机网络将计算机技术和通信技术有机地结合在一起，使计算机的效能得以充分发挥，实现网络互联和资源共享。这种技术可以使计算机的利用率和处理能力得到全面的提高。

2. 计算机网络技术发展历程

20 世纪 50 年代初期，美国地面防空系统将远程雷达与测量控制设备通过通信电路连接到同一台中央计算机上，这被认为是当今世界计算机技术与通信技术的首次结合尝试。

20 世纪 60 年代初，美国航空公司的飞机订票系统通过一台中央计算机连接了遍布美国全境的 2000 多台计算机，实现了集中控制处理和分时多用户，也即实现了以计算机为中心的联机系统（面向终端的联机/网络系统）。20 世纪 60 年代末期，出现了分布范围广泛的远程网络（WAN），即美国国防部高级研究计划局 1969 年建立的著名远程网络——ARPA 网，它不仅跨越了整个美洲大陆，而且能够通过通信卫星与其他欧洲国家实现计算机网络的互联，它的产生是计算机网络发展史中重要的里程碑。

20 世纪 70 年代中期，伴随着微型计算机与微处理技术的出现和发展，对计算机短距离通信的要求也随之出现，局域网（LAN）应运而生。为使计算机网络正式步入网络体系结构标准化时代，IBM 公司率先公布了 SNA 标准（即系统网络结构），随后，DEC 公司也提出了 DNA 标准（即数字网络体系结构）。并且，国际标准化组织（ISO）也成立了开放系统互连分技术委员会，开始制定一系列的国际标准以促进计算机网络向着标准化的方向发展。

20 世纪 80 年代初，TCP 协议诞生，开放系统互连基本参考模型（OSI/RM）实现了不同厂家生产的计算机之间的互连。这时的计算机网络是开放式、标准化的网络，具有统一的网络体系结构并且遵循国际标准。

从 20 世纪 90 年代开始，随着计算机技术、通信技术以及互联网技术的发展，计算机网络技术得到了迅速发展，独立分散的计算机，借助光纤、电缆、双绞线、微波、通信卫星等方式按照网络协议联系起来，形成一个全新的信息平台，在统一的信息交换平台上各种物理设备实现了相互连接、数据交换。

3. 计算机网络技术功能

（1）资源共享　计算机网络技术所共享的资源包括计算机软件资源、数据库资源以及计算机硬件资源。概括起来就是信息资源、软件资源、数据资源以及硬件资源。

（2）协同工作　所谓的协同是指计算机和用户之间或计算机和计算机之间的系统工作，即某台计算机设备的任务量过大，就把这台计算机设备上的任务分给一部分计算机网络系统中比较空闲的计算机来实施，使计算机网络的可用性和可靠性大大地得到了提高。

（3）数据通信　计算机网络通信是指计算机和计算机之间以及计算机和用户之间的

通信。

4. 计算机网络技术分类

一般的，计算机网络技术按网络范围划分为局域网（LAN）、城域网（MAN）和广域网（WAN）。

（1）局域网　局域网（LAN）是指在一个局部的地理范围（几平方千米）内，将计算机、外部设备和数据库相连接，以此来组成计算机通信网。局域网是封闭性的，它可以通过多种连接构成一个较大的信息处理系统。局域网的拓扑结构是独特的总线型和环形，应用于较小的地理范围，所以局域网的传播速率高、可靠性强、易扩缩、易于管理、安全性好。

（2）城域网　城域网（MAN）属于宽带局域网，使用了与局域网相类似的技术。宽带城域网是指在城市范围中，以IP和ATM为基础，以光纤为传播媒介，集数据、视频、音频于一体的多业务接入、多功能、高带宽的多媒体通信网络。城域网技术包括光纤直连接、多业务传送平台技术。城域网络分为核心层、汇聚层和接入层三个层次。

（3）广域网　广域网（WAN）也称为远程网，广域网的跨度比较大，它既可以是将一个国家内不同地区的网络相连接，也可以是将不同国家的网络相连接，形成国际性的远程网络（如Internet）。通常广域网比城域网的传输速率慢，但是信号却要强大得多。

广域网包括4个特点：适应突发性和大容量的要求、适应综合业务服务的要求、开放的设备接口与规范化的协议、完善的通信服务与网络管理。

广域网可以分为公共传输网络、专用传输网络和无线传输网络。在我国，广域网包括公用电话网、公用分组交换数据网、数字数据网、虚电路和数据报。

1.1.2　计算机网络技术在汽车控制中的应用背景

电子技术和计算机技术的发展为汽车技术性能的提高，经济性、安全性和舒适性的改善，乃至对减少汽车废气污染都创造了良好的条件，因此，近30年来汽车电控技术的发展十分迅速。甚至可以说，无论哪种形式和用途的车辆，人们在改进产品或设计新型产品时，都离不开计算机技术的支持。

1. 计算机技术在汽车上的应用

随着计算机技术、集成电路技术的飞速发展，汽车动力传动装置（如发动机和底盘）、车身装置和车载汽车电子装置（如汽车信息系统、导航系统、汽车音响及电视娱乐系统、车载通信系统、上网设备等）都实现了计算机智能控制。

（1）电控动力传动系统　动力传动系统的电子控制主要包括发动机控制、变速器控制和动力系统的整体控制等。它用于实现低油耗、低污染，减少动力传动系统的冲击，减轻驾驶人的疲劳，提高汽车的动力性、经济性和舒适性。

发动机电控系统的基本功能是控制燃油喷射式发动机的空燃比和点火时刻。除此之外，该系统还有控制发动机起动、怠速转速、极限转速、废气再循环、闭缸工作、二次空气喷射、进气增压、爆燃、发电机输出电压、电动燃油泵和系统自诊断等辅助功能。

变速器电控系统的基本功能是自动地操作各液压阀门，从而改变各机械行星齿轮系的工作状态和液力变矩器的变矩比，完成汽车传动系统对车速和转矩的自动变换，驱动桥转矩的接通、断开以及辅助装置的助力驱动功能。

（2）底盘电控系统　底盘电控系统包括电控悬架系统、防抱死制动系统（ABS）、电子驱动防滑系统（ASR）、电控动力转向系统、四轮转向（4WS）控制系统、巡航控制系统（CCS）等。

电控悬架系统的基本功能是通过控制调节悬架的刚度和减振器阻尼，突破被动悬架的局限区域，使汽车的悬架特性与行驶的道路状况相适应，以保证平顺性和操纵稳定性两个相互排斥的性能要求都能得到满足。

防抱死制动系统的基本功能是可感知制动轮每一瞬时的运动状态，并根据其运动状态相应地调节制动器制动力矩的大小，避免出现车轮的抱死现象，可使汽车在制动时维持方向稳定性和缩短制动距离，有效地提高行车的安全性。

电子驱动防滑系统的基本功能是维持附着条件，其作用是通过控制发动机转矩和汽车的制动系统等手段来控制驱动力，即在汽车起步、加速时减少驱动力，防止驱动力超过轮胎与路面的附着力而导致车轮空转打滑，以保持最佳的驱动力。ASR有效地改善了汽车的方向稳定性和操纵性。

电控动力转向系统的基本功能是根据车速、转向角和转矩等传感器信号，自动控制施加在转向盘上所需的转向力，使汽车在停车或低速行驶时转动转向盘所需的力增大，即在各种行驶条件下实现转向盘上所需力的最佳值，提高了操纵的稳定性。

四轮转向控制系统的基本功能是基于一个安装在后悬架上的后轮转向机构，它能够使驾驶人操纵转向盘时转动汽车前后四个车轮，不仅提高了高速时的稳定性和可控性，而且也提高了低速时的机动性。

巡航控制系统的基本功能是当汽车在高速公路上长时间行驶时，打开巡航控制开关，系统就能够根据道路行驶阻力的变化，自动地增减发动机节气门的开度，使汽车行驶速度保持一定，从而给驾驶带来很大的方便，同时也可以得到较好的燃油经济性。

（3）车身电控系统　车身电控系统包括安全气囊控制系统、车用空调控制系统、防盗控制系统、门锁控制系统、车灯控制系统、刮水器控制系统等。

安全气囊控制系统的基本功能是汽车发生碰撞时，传感器将采集到的信号传送到控制器，控制器接收传感器的信号并进行处理，当它判断有必要打开气囊时，立即发出点火信号以触发气体发生器，气体发生器接收到点火信号后迅速点火并产生大量气体给气囊充气，使汽车发生事故造成乘员伤亡的概率大大降低。

车用空调控制系统的基本功能是根据车内实际温度、太阳辐射量、车外温度和发动机冷却液温度等信息，计算出吹入车内空气所需要的温度，选择所需要的空气量，然后控制空气混合入口、水阀、进/出气口转换挡板等，以使车内温度保持最佳（人体感觉最舒适的温度），并将控制结果显示在仪表板上，驾驶人或乘客也可用温度设置开关设定所需的车内温度，使其达到一个舒适的乘坐环境。

（4）电控车载设备系统　电控车载设备系统能实现汽车信息系统、导航系统、汽车音响及电视娱乐系统、车载通信系统、上网设备等的引入，使汽车具备了流动办公、学习培训、安全行驶和休闲娱乐的功能，人们在驾驶汽车时可以更舒适、安全。车载电子系统具有信息处理、通信、导航、语言识别、图像显示和娱乐等功能。

2. 汽车控制技术计算机网络化是必然趋势

随着电控单元（ECU）的大量引入，导致汽车电子设备增加，使得汽车的制造和安装变得困难，制造成本增加，而且线束的增加不利于汽车轻量化设计，扩大了粗大的线束与汽

模块1　汽车车载网络技术认知

车有限的可用空间之间的矛盾，同时也存在冗余的传感器，大量的插接器使汽车运行可靠性降低、故障维修难度增大。这在一定程度上影响了计算机技术在汽车上的应用。为了提高信号的利用率，要求大批的数据信息能在不同的电子单元中共享，汽车综合控制系统中大量的控制信号也需要实时交换，传统电路已远远不能满足这种需求。

计算机网络技术所具有的共享硬件、软件和数据资源功能，可以解决汽车动力传动、车身和车载汽车电子各装置内部模块之间的数据传输问题，还可以解决各装置之间的数据传输问题。这就是汽车控制技术计算机网络化，即汽车车载网络技术。汽车车载网络技术属于局域网范畴。

随着计算机网络技术的发展，汽车的网络系统构成实际上由两部分组成：一部分是车辆本身的内部网络系统，它由车载网络计算机控制，通过数据总线连接无数个子网，控制发动机及其他总成、平面显示与仪表板显示器、中控门锁、无线电话等，各个子网都具有不同的时钟速度和各自的功能；另一部分是车辆外部的联网系统，包括GPS监测中心、互联网及局域网服务商、车辆服务中心、单位或家庭个人计算机等。

1.2　汽车车载网络技术的作用与分类

本节内容简介

本节将简单介绍汽车车载网络技术的作用和应用状况，详细介绍汽车车载网络技术的类型。拓展部分将介绍汽车车载网络技术专业术语等知识。

1.2.1　汽车车载网络技术的作用

随着计算机技术、通信技术和集成电路技术的飞速发展，以数字现场总线为代表的车载局域网技术的应用，使得传统的现场控制技术及现场控制设备发生了巨大的变化。烦琐的现场连线被单一、简洁的现场总线网络所代替，信号传输质量大大提高，汽车开始步入网络时代。

1. 汽车车载网络技术的定义

汽车车载网络技术是通过总线使汽车上的各种电子装置与设备连成一个网络，使不同汽车电子系统的ECU能够在一个共同的环境下协调工作，实现相互之间的信息共享，其应用减少了连接导线的数量，减小了质量，简化了布线，减少了电气节点的数量，增加了信息传送的可靠性，使布线简单、设计简化、成本降低、可靠性和可维护性提高，实现了信息共享，提高了汽车性能，满足了现代汽车电子设备的功能要求。计算机是汽车内各种电控模块的"大脑"，而网络的作用则是"系统互连"。车载计算机及车载网络示意图如图1-1所示。

2. 汽车车载网络技术的应用

（1）汽车车载网络技术的应用概述　汽车车载网络技术是在借鉴计算机网络和现场控制技术的基础上应运而生的。

从1980年起，汽车内开始装用网络。1983年，丰田公司在世纪牌汽车上最早采用了应用电缆的车门控制系统，实现了多个节点的连接通信。此系统采用了集中控制方法，车身ECU对各个车门的门锁、电动玻璃车窗进行控制，这就是早期在汽车上所采用的光缆系统。

5

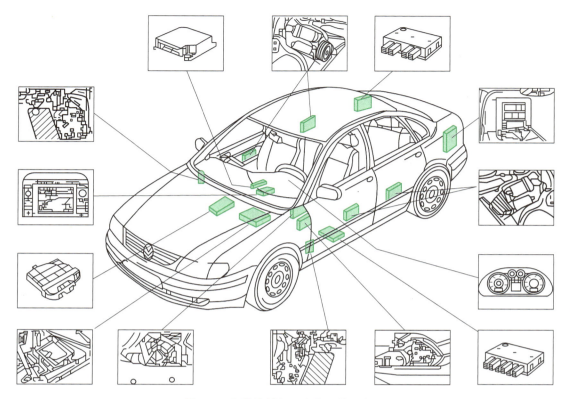

图1-1 车载计算机及车载网络示意图

1986—1989年间，车身系统装上了利用铜线的网络。1987年，作为集中型控制系统，日产公司的车门相关系统和通用公司的车灯控制系统已处于批量生产的阶段。在这段时期内，德国的博世公司提出了汽车车载局域网（LAN）的基本协议，该协议即控制器局域网（Controller Area Network，CAN）。目前控制系统局域网中应用最广的标准就是CAN。接着，美国汽车工程师学会（SAE）提出了SAE J1850。日本也提出各种各样的网络方案，丰田、日产、三菱、本田以及马自达公司都已处于批量生产的阶段，但没有统一成以车身系统为主的控制方式。在美国，通过采用SAE J1850普及了数据共享系统，SAE也通过了CAN的标准。欧洲的许多厂家也推出了采用大型CAN网络的车型。由于它们在控制系统上都采用CAN，从而充分证明CAN在汽车网络应用中的优越性。典型的汽车车载网络结构如图1-2所示。

（2）在汽车电控装置方面的应用　目前电子技术发展的方向向集中控制发展：将发动机管理系统和自动变速器控制系统集成为动力传动系统的综合控制（PCM）；将防抱死制动系统（ABS）、牵引力控制系统（TCS）和驱动防滑控制（ASR）系统综合在一起进行制动控制；利用中央底盘控制器将制动、悬架、转向、动力传动等控制系统通过总线进行连接。控制器通过复杂的控制运算对各子系统进行协调，将车辆行驶性能控制到最佳水平，形成一体化底盘控制系统。现在汽车已装有上百个传感器，几十个微处理器，某些高端汽车上单辆车使用的CPU数已达到几十甚至上百个。通信线将各种汽车电子装置连接成一个网络，通过数据总线发送和接收信息。它们在汽车更加舒适的基础上，使汽车更加自动化、智能化、

模块 1　汽车车载网络技术认知

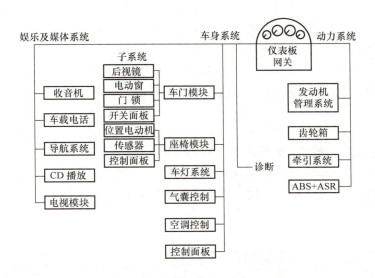

图 1-2　典型的汽车车载网络结构

安全化，电子装置除了独立完成各自的控制功能外，还可以为其他控制装置提供数据服务。采用网络技术后，汽车的各种控制系统不但可以共用所有的传感器，还可以共用其他设备，如果进行了环形网控制，几十个微机中，即使个别出现问题，整车还是可以正常运行。

（3）在车载汽车电子装置方面的应用　汽车车载网络技术可以将汽车信息系统、导航系统、汽车音响及电视娱乐系统、车载通信系统、上网设备等组成局域网，使汽车具备流动办公、学习培训、安全行驶和休闲娱乐的功能，人们在驾驶汽车时可以更加舒适和安全。例如 Auto PC，它集轿车音响功能、计算机功能、行路导航功能、语音识别式无线通信系统功能等于一体，并以轿车技术为核心，为轿车提供了信息和娱乐设施，实现了驾驶人安全驾驶过程中自由接收电子邮件、打电话、查询特殊目的地、接收交通和气候信息以及改选音乐唱片等工作。另外，其他公司开发的轿车 PC 平台技术中，使用了通用串联总线（ISB），使该平台能够兼容所有的 USB 产品，为其硬件和软件商提供了无穷的发展机会。

（4）汽车车载网络技术的应用趋势　欧洲提出控制系统的 TTP（Time Triggered Protocol）协议，并在 X-by-wire 系统（即线控系统）中应用。目前已有使用线控系统（X-by-wire）的车出现。该技术极大地改善了汽车的可操纵性、安全性及总体结构，汽车设计的灵活度也大大增加，驾驶人和转向盘之间没有任何机械部分的连接，使用这种技术使汽车的操纵系统、制动系统及其他辅助系统能够通过电子方式而不是传统的机械方式进行控制。也就是说，像转向柱、踏板连杆和变速杆等刚性传动件将消失，取而代之的是基于网络控制的各种传感器、控制器和电液式电动执行器组成的线控系统。X-by-wire 技术必将促进高速、实时、容错的网络通信技术的发展。为实现音响系统的数字化，建立了将音频数据和信号系统综合在一起的 AV 网络，由于这种网络必须将大容量的数据连续输出，故在这种网络上需采用光缆。

当对汽车引入智能交通系统（ITS）时，由于要与车外交换数据，所以在信息系统中需采用更大容量的网络，如 DDB/Optical（Domestic Digital Bus/Optical）、MOST（Media Oriented System Transport)、IEEE 1394 等。汽车网络技术从 20 世纪 80 年代提出以来，迄今为止已形成了多种网络标准。目前存在的多种汽车网络标准，其侧重的功能有所不同。

未来汽车网络将是一个多媒体、高带宽的网络，它能使车内生活更轻松，并在某种程度上将办公室移入车内。人们甚至可以下载软件以修改控制器软件中的漏洞或提高汽车的性能。随着第 5 代移动通信技术的发展，这一技术必将得到快速的发展。

1.2.2 汽车车载网络技术的分类

为方便研究和设计使用，美国汽车工程师学会（Society of Automotive Engineers，SAE）根据速率的不同，将汽车网络按照通信协议划分为 A、B、C 三类，见表 1-1。随着电子技术和汽车应用的发展，许多新的车用通信协议被研发出来，如诊断系统总线协议，多媒体系统总线协议等。

表 1-1　SAE 的汽车车载网络分类

网络类别	对　　象	位传输速率/(kbit/s)	应用场合
A 类	面向传感器/执行器控制的低速网络	低速，<10	电动门窗、座椅调节、灯光照明等控制
B 类	面向独立模块间数据共享的中速网络	中速，10~125	电子车辆信息中心、故障诊断、仪表显示、安全气囊等系统
C 类	面向高速、实时闭环控制的多路传输网络	高速，125~1000	悬架控制、牵引控制、发动机控制、ABS 等系统

1. A 类网络协议

从目前的发展和使用情况来看，A 类网络的主要总线有 TTP/A（Time Triggered Protocol/A）和 LIN（Local Interconnect Network）等，见表 1-2。

表 1-2　A 类网络协议

协议名称	主要用户	主要使用场合	备　　注
UART	GM	多种场合	正被逐步淘汰
Sinebus	GM	Audio	应用于无线操纵车轮控制
LIN	许多厂商	智能接连器、智能传感器	由 LIN 协会开发
BEAN	Toyota	控制	车身控制
CCD	Chrysler, Audi	HVAC	正被逐步淘汰
J1780/J1587/J1922	T&B	多种场合	正被逐步淘汰
TTP/A	TTTech	智能变换器	由维也纳工业大学开发

1）TTP/A 协议最初由维也纳工业大学制定，为时间触发类型的网络协议，主要应用于集成了智能变换器的实时现场总线。它具有标准的 UART，能自动识别加入总线的主节点与从节点，节点在某段已知的时间内触发通信但不具备内部容错功能。

2）LIN 是在 1999 年由欧洲汽车制造商 Audi、BMW、Daimler Chrysler、Volvo、Volkswagen 和 VCT 公司以及 Motorola 公司组成的 LIN 协会，共同推出的用于汽车分布式电控系统的开放式低成本串行通信标准,从 2003 年开始使用。

LIN 是一种基于 UART 的数据格式、主从结构的单线 12V 的总线通信系统,主要用于智能传感器和执行器的串行通信。从硬件、软件以及电磁兼容性方面来看,LIN 保证了网络节点的互换性,极大地提高了开发速度,同时保证了网络的可靠性。

LIN 的标准简化了现有的基于多路解决方案的低端 SCI,同时将降低汽车电子装置的开发、生产和服务费用。LIN 采用低成本的单线连接,传输速度最高可达 20kbit/s,对于低端的大多数应用对象来说,这个速度是可以接受的。它的媒体访问采用单主多从的机制,不需要进行仲裁。在从节点中不需要晶体振荡器而能进行自同步,这极大地减少了硬件平台的成本。

2. B 类网络协议

从目前的发展和使用情况来看,B 类网络主要面向独立模块间的数据共享,是中速网络。该类网络适用于对实时性要求不高的通信场合。B 类网络的主要总线有 CAN、J1850 和 VAN 等,见表 1-3。

表 1-3　B 类网络协议

协议名称	主要用户	主要使用场合	备 注
J2284	GM、Ford、DC	多种场合	基于 ISO 11898,500kbit/s
CAN	欧洲	车身/动力传动系统控制	基于 ISO 11519,也称容错 CAN
J1939T&B	多种场合	在货车、大客车上应用	250kbit/s
J1850	GM、Ford、Chrysler	多种场合	主要应用于北美汽车公司
VAN	Renault&PSA	车身控制	基于 ISO 115193,主要应用于法国汽车公司

1) J1850 最早用在美国 Ford、GM 以及前 Chrysler 公司的汽车中。1994 年 2 月 1 日,SAE 正式将 J1850 作为 B 类网络标准协议。现在,J1850 协议作为诊断和数据共享被广泛应用在汽车上。

2) VAN 标准基于 ISO 11519-3,主要为法国汽车公司所用。VAN 协议是免费公开的,除了汽车领域,这个标准还可用于其他场合。

3) CAN 总线是德国博世公司 20 世纪 80 年代初为解决现代汽车中众多的控制与测试仪器之间的数据交换而开发的一种串行数据通信协议,它是一种多主总线,通信介质可以是双绞线、同轴电缆或光导纤维,通信速率可达 1Mbit/s。CAN 总线通信接口中集成了 CAN 协议的物理层和数据链路层功能,可完成对通信数据的成帧处理,包括位填充、数据块编码、循环冗余检验和优先级判别等工作。CAN 协议的一个最大特点是废除了传统的站地址编码而代之以对通信数据块进行编码,最多可标识 2048 个或 5 亿多个数据块。采用这种方法的优点是可使网络内的节点个数在理论上受限制。数据段长度最多为 8 个字节,不会占用总线时间过长,从而保证了通信的实时性。CAN 协议采用 CRC 检验并可提供相应的错误处理功能,保证了数据通信的可靠性。

低速 CAN 具有许多容错功能,一般用在车身电子控制中;而高速 CAN 则大多用在汽车底盘和发动机的电子控制中。

综上所述,CAN 总线凭借其突出的可靠性、实时性和灵活性已从众多总线中突显出来,成为世界接受的 B 类总线的主流协议。

3. C 类网络协议

从目前的发展和使用情况来看，C 类网络主要面向高速、实时闭环控制的多路传输网络。C 类网络协议见表 1-4。目前，C 类网络中的主要协议包括高速 CAN（ISO 11898-2）、TTP/C 和 Flex Ray 等协议。

表 1-4 C 类网络协议

协议名称	主要用户	主要使用场合	备注
CAN	GM、欧洲	实时控制场合	基于 ISO 11898，125kbit/s～1Mbit/s
TTP/C	TTTech	实时控制场合	由维也纳工业大学制定
Flex Ray	BMW, Motorola&Daimler Chrysler	实时控制场合	—

1）TTP/C 协议是基于 TDMA 的访问方式。TTP/C 是一个应用于分布式实时控制系统的完整的通信协议。它能够支持多种容错策略，提供容错的时间同步以及广泛的错误检测机制，同时还提供节点的恢复和再整合功能。其采用光纤传输的工程化样品速度将达到 25Mbit/s。TTP/C 支持时间和事件触发的数据传输。

2）Flex Ray 是 BMW、Daimler Chrysler、Motorola 和 Philips 等公司制定的功能强大的通信网络协议。它是基于 FTDMA 的确定性访问方式，具有容错功能及确定的通信消息传输时间，同时支持事件触发与时间触发通信，具备高速率通信能力。Flex Ray 采用冗余备份的办法，对高速设备可以采用点对点方式与 Flex Ray 总线控制器连接，构成星形结构，对低速网络可以采用类似 CAN 总线的方式连接。

3）高速 CAN 总线标准有 ISO 11898 和 J1939。总线传输速率通常在 125kbit/s～1Mbit/s 之间。ISO 11898 针对汽车（轿车）电控单元（ECU）之间，使用控制器局域网络构建数字信息交换的相关特性进行了详细的规定。J1939 使用了控制器局域网协议，任何 ECU 在总线空闲时都可以发送信息，它利用协议中定义的扩展帧 29 位标识符实现一个完整的网络定义。

4）X-by-Wire 总线标准、协议最初是用在飞机控制系统中，称为电传控制。由于目前对汽车容错能力和通信系统的高可靠性的需求日益增长，X-by-Wire 开始应用于汽车电子控制领域。X-by-Wire 技术将使传统的汽车机械系统（如制动和转向系统）变成通过高速容错通信总线与高性能 CPU 相连的电气系统。

4. 诊断系统总线协议

故障诊断是现代汽车必不可少的一项功能。使用诊断系统的目的主要是为满足 OBD（On Board Diagnose）-Ⅱ、OBD-Ⅲ 或 E-OBD（European On Board Diagnose）标准。第 2 代车载诊断系统（OBD-Ⅱ），由美国汽车工程学会于 1994 年提出。1994 年以来，美、日、欧一些主要汽车生产厂为了维修方便逐渐使用 OBD-Ⅱ。这一系统集故障自诊断系统软/硬件结构、故障码、通信方式系统和自检测试模式为一体，具有监视发动机 ECU 和排放系统部件的能力。

2004 年，美国 GM、Ford、DC 三大汽车公司对乘用车采用基于 CAN 的 J2480 诊断系统通信标准。在欧洲，以往诊断系统中使用的是 ISO 9141。它是一种基于 UART 的通信标准。从 2000 年开始，欧洲汽车厂商就已经开始使用一种基于 CAN 总线的诊断系统通信标准

模块 1　汽车车载网络技术认知

ISO 15765。诊断系统总线协议见表 1-5。

表 1-5　诊断系统总线协议

协议名称	主要用户	备　　注
ISO 9141	欧洲满足	OBD-Ⅲ
ISO 14230	欧洲	又称 Keyword Protocol 2000，满足 OBD-Ⅱ
J1850	GM、Ford、DC	满足 OBD-Ⅱ
J2480	GM、Ford、DC	基于 CAN，满足 OBD-Ⅲ
ISO 15765	欧洲	基于 CAN，满足 E-OBD

当前，UDS 通信协议被用在几乎所有由 OEM 一级供应商所制造的新 ECU 上面。统一诊断服务（Unified Diagnostic Services，UDS）通信协议是在汽车 ECU 环境下的一种诊断通信协议，在 ISO 14229 中规定。它是从 ISO 14230-3（KWP2000）和 ISO 15765-3 协议衍生出来的。"统一"这个词意味着它是一个"国际化的"而非"公司特定的"标准。

5. 多媒体系统总线协议

汽车多媒体网络协议分为三种类型，分别是低速、高速和无线，对应的 SAE 分类为：低速（IDB-C）、高速（IDB-M）和无线通信（IDB-Wireless）。

1) IDB-C 主要用于娱乐和信息交换的车载网络，它按 CAN 总线的格式以 250kbit/s 的速率进行消息传送。

2) IDB-M 包括 D2B、MOST、I-DB1394 等传输速率较高的标准和协议。其中 MOST 技术针对塑料光纤媒体而优化，采用环形拓扑结构，在器件层提供高度可靠性和可扩展性。它可以传送同步数据（音频信号和视频信号等流动型数据）、非同步数据（访问网络及访问数据库等的数据包）和控制数据（控制报文及控制整个网络的数据）。

3) IDB-Wireless 主要是蓝牙技术。蓝牙无线技术是一种用于移动设备和 WAN/LAN 接入点的低成本、低功耗的短距离射频技术。蓝牙标准描述了手机、计算机和 PDA 如何方便地实现彼此之间的互联，以及与家庭和商业电话和计算机设备的互联。

6. 安全总线协议

安全总线网络主要是面向乘员的安全系统，主要应用于车辆被动安全领域。目前已有一些公司研制出了相关的总线和协议，包括 BMW 公司的 Byte flight。

Byte flight 网络的物理介质为塑料光纤，此协议基于灵活的时分多路 TDMA 协议、以 10Mbit/s 的速率传送数据，光纤可长达 43m。其结构能保证以一段固定的等待时间专门用于来自安全元件的高优先级信息，而允许低优先级信息使用其余的时段。BMW 在其 7 系列车中采用 13 个节点构成的 Byte flight 车辆被动安全性网络，称为 ISIS（Intelligent Safety Integration System）。在 ISIS 中，传感器和微处理器分布在可能的碰撞地点，以便尽快检测到碰撞发生。此外，它用高频率（4kHz）重复发送的传感器状态信号代替了传统的传感器开关量信号，使判断是否发生碰撞的过程更加快速和准确，提高了安全气囊的可靠性。因此，ISIS 的性能超过了目前其他汽车上的被动安全性系统，Byte flight 也因此在车辆被动安全性系统中显示出独特的优势。

11

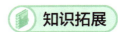

知识拓展

汽车车载网络技术专业术语

1. 数据总线基本术语

总线（Bus）：网络上各节点共享的传输媒体，是传输信号或信息的公共路径，遵循同一技术规范进行连接与操作。

总线段（Bus Segment）：一组设备通过总线连在一起的统称。

总线协议（Bus Protocol）：总线上的设备如何使用总线的一套规则。这是由相关组织规定的、必须共同遵守的规则。

总线操作：总线上数据发送者与接收者之间的连接—数据传送—脱开操作序列。

连接（Connection）：在相同或不同设备内，通信对象之间的逻辑绑定。

数据传送：连接完成之后通信报文的发送与接收过程，或者数据的读写操作过程。

脱开（Disconnect）：完成一次或多次总线操作后，断开发送者与接收者之间的连接关系，放弃对总线的占用权。

现场设备（Fieldbus Device）：网络节点连接在现场总线上的物理实体。现场总线设备具有测量控制功能，也具有数据通信的能力。

总线主设备（Bus Master）：有能力在总线上发起通信的设备。

总线从设备（Bus Slaver）：不能在总线上主动发起通信，只能挂接在总线上，对总线信号进行接收查询的设备。

总线仲裁（Bus Arbitration）：总线通信过程中，在同一时刻只允许一个设备占有总线，当出现通信冲突时，为解决冲突需进行总线占有权的仲裁。

访问等待时间（Access Latency）：主设备获得总线占有权等待仲裁的时间。

总线占有期（Bus Latency）：设备占有总线的时间。

2. 数据通信系统术语

通信系统：由硬件（包括数据信息的发送设备、接收设备、传输介质等）和软件（数据信息形成的通信报文和通信协议）组成。

数据通信过程：两个或多个节点之间借助传输媒体以二进制形式进行信息交换的过程。

数据（Data）：传输（携带）信息的实体，包括模拟数据和数字数据。

信息（Signal）：数据的内容或解释，即数据的物理量编码。数据以信号的形式传播。信号包括模拟信号与数字信号、基带信号与宽带信号。

模拟信号：时间上连续，包含无穷多个值。

数字信号：时间上离散，仅包含有限数目的预定值。

传输介质：在两点或多点之间连接收发双方的物理通路，是发送设备与接收设备之间信号传递所经过的媒体。

串行传输（Serial Transmission）：数据流以串行方式逐位地在一条信道上传输。从发送端到接收端的信道只要一条传输线。

并行传输（Parallel Transmission）：将数据以成组的方式在两条以上的并行通道上同时传输。

模块 1　汽车车载网络技术认知

单工通信：一端只能发送数据，而另一端只能接收数据，信道传输方向为单向且不能改变。

半双工通信：两端能在两个方向上发送和接收数据，但不能同时进行。

全双工通信：两端能在两个方向同时发送和接收数据。

通信协议：通信设备之间用于控制数据通信与理解数据通信意义的一组规则，包括语法、语义和时序。通信协议标准有 ISO 标准和 IEC 标准。

语法：通信中数据的结构、格式以及数据表达的顺序。

语义：通信数据位/数据流中每个部分的含义。

时序：数据发送时间的先后顺序和数据的发送速率。

帧（Frame）：组成一个完整消息的一系列数据位。帧又被划分成几个域，每个域包括了预定义类型的数据。一系列帧组成特定的报文。

报文：需要传送的信息，包括文本、命令、参数值、图片和声音等。

比特率：二进制信号的信息速率。

波特率（Baud）：每秒传输的信号波的个数，记 Baud 或 B。

同步传输：所有设备都使用一个共同的时钟，要求接收端与发送端在时间基准上一致。

位同步：使接收端接收的每一位信息都与发送端保持同步的技术规范。

字符同步：以字符为边界实现字符的同步接收，每两个字符之间的间隔时间不固定。

帧同步：数据帧发送时，收发双方以帧头、帧尾为特征实行同步的工作方式。它是现场总线系统通信中主要采取的同步方式。

本模块知识点

1. 计算机网络技术的定义，计算机网络技术功能。
2. 计算机技术在汽车上的应用。
3. 汽车车载网络技术的定义和应用范畴。
4. 汽车车载网络协议。
5. 汽车车载网络技术专业术语。

思考与习题

1. 解释计算机网络技术的含义。
2. 叙述计算机网络技术的功能。
3. 叙述汽车车载网络技术的定义。
4. 叙述 A、B、C 三类车载网络的特点和使用范畴。

模块2

汽车车载网络技术分析

 学习目标

1. 理解汽车电控单元的结构与原理。
2. 掌握 CAN 总线系统的组成和工作原理。
3. 掌握 LIN 总线系统的组成和工作原理。
4. 掌握 MOST 总线系统的组成和工作原理。
5. 会使用万用表、示波器和诊断仪等设备对车载网络系统进行检测。
6. 能诊断车载网络的常见故障并恢复正常功能。
7. 搜集资料,了解中国汽车车载网络技术现状,增强爱国主义意识。

 情景导入

某客户送来一辆奥迪 A4 轿车,仪表板上多个故障指示灯点亮,要求予以维修。

要完成这个工作任务,首先要知道该车车载网络的结构与工作原理以及检修 LIN 总线、CAN 总线和 MOST 总线的各种方法。

2.1 汽车车载网络的组成

 本节内容简介

本节将简单介绍汽车电控单元控制系统的组成、分类及特点,多路传输系统的技术特征、系统组成等知识;重点介绍发动机电控单元核心逻辑电路的工作原理,多路传输系统的工作原理和通信协议标准。

2.1.1 汽车电控单元的结构与原理

目前，汽车大多采用以电控单元（ECU）为控制中心的高度自动化控制系统，该系统随着汽车功能的不断增加而逐渐完善和复杂，并在解决汽车所面临的安全、能源和污染三大问题上起着重要的作用。汽车上以电控单元为控制中心的自动化控制系统主要有以下几种：

（1）发动机电控装置 发动机电控装置主要包括电控汽油喷射系统、电控汽油点火系统、发动机怠速控制系统、废气再循环控制系统、汽油机进气控制系统、气缸变排量控制系统、可变压缩比系统和柴油机电控系统。

（2）汽车传动电控装置 汽车传动电控装置主要有电控自动变速器、四轮驱动控制系统和防滑差速器等。

（3）汽车转向和行驶电控装置 汽车转向和行驶电控装置有动力转向系统、电控主动悬架系统和巡航行驶系统等。

（4）保证行车安全的电控装置 保证行车安全的电控装置主要有电控防抱死制动系统（ABS）、电子驱动防滑（ASR）系统、电控安全气囊和安全带装置、电子防盗报警系统等。

（5）满足驾乘人员舒适性和娱乐性的电控装置 满足驾乘人员舒适性和娱乐性的电控装置主要包括电控空调系统、自动驾驶系统、汽车导向信息控制系统和车载电视等。

（6）汽车工程监视及信息管理系统 汽车工程监视及信息管理系统主要有数字式仪表、油耗指示仪、维修间隔指示仪、汽车导向行驶系统和电子地图等。

1. 汽车电控单元（ECU）控制系统的组成及分类

汽车电控单元（ECU）是控制系统的核心，是按照预定程序和数据自动地对各种传感器和开关的输入信号进行运算、分析、判断和处理，并根据信号处理的结果输出控制信号指令给执行器，控制执行器工作，从而控制汽车运行的电子设备。

汽车电控单元控制系统由硬件和软件组成，在硬件结构上一般可分为外部传感器、汽车电控单元和执行器三部分，如图 2-1 所示。汽车电控单元主要由输入接口、微处理器（MCU）和输出接口等组成。

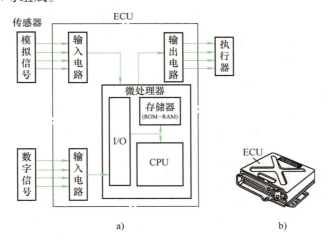

图 2-1　汽车电控单元系统的基本组成框图及电控单元外形图
a）基本组成框图　b）电控单元（ECU）的外形图

微处理器是 ECU 的核心部件,微处理器将输入模拟信号转换为数字信号,并根据存储的参考数据进行对比处理,计算出输出值,输出信号经过功率放大后控制执行器。

汽车在运行时,各传感器不断检测汽车的工况信息,并将这些信息实时地通过输入接口传送到 ECU。ECU 接收到这些信息时,根据内部预先存储的数据和编写好的控制程序,通过数字计算和逻辑判断进行相应的决策和处理,确定出适应发动机工况的点火提前角和喷油时间等参数,并将这些数据转换为电信号,通过输出接口输出控制信号给相应的执行器。执行器接收到控制信号后执行相应的动作,从而实现某种预定的功能。

ECU 除了具有控制功能外,还具有故障自诊断功能。在发动机运行过程中,ECU 对部分传感器传输的信号进行监测与鉴别。当发现某个传感器传输信号超过规定的范围时,ECU 将判断该传感器或相关电路产生故障,并将故障码存储在存储器中,以便维修和调用,同时还以一个设定的数据或用其他传感器提供的信号对发动机实施控制,使发动机进入故障应急运行状态。

(1) 汽车电控单元(ECU)的硬件　ECU 的硬件结构分为壳体、接口、电路板和电路等几部分。壳体可以用塑料或金属材料制成。接口实现 ECU 与外部电路的连接,具体的型号取决于 ECU 的功能。电路板采用印制工艺,复杂的多层结构,由上、下两层组成。ECU 印制电路板的上层主要由输入级电路、微处理器、只读存储器(ROM)、随机存储器(RAM)、可编程只读存储器(PROM)等集成块组成;其下层主要由各种输出放大级电路(如电动汽油泵、点火控制系统和汽油喷射控制系统等放大电路)组成。而上、下两层电路则用数据线连接,一个 35 极插座连接蓄电池、各种传感器和各执行器,同时配备一个安全插头,以防止逆向电压或短路对电控单元造成伤害。

ECU 的电路由一些大规模集成电路组成,可分为输入电路、微处理器(MCU)、输出电路和总线等。ECU 的组成如图 2-2 所示。

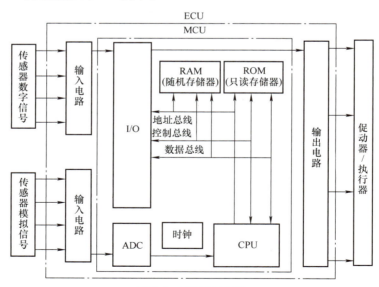

图 2-2　ECU 的组成

从传感器来的信号首先进入输入电路,对于模拟信号,要去除杂波干扰,把小信号进行放大,把正弦波变成矩形波;对于数字信号,进行缓冲后可直接与 MCU 或 I/O 扩展电路连接。同时输入电路还将电源电压转换成适合 ECU 使用的工作电压。即输入电路是对信号进行整形同时提供系统各部分所需要的不同的工作电压。

1）输入接口电路。由它来完成外部传感器与微处理器之间的信息传递。其主要功能是对传感器输入信号进行预处理，使输入信号变成微处理器可以接收的信号。ECU 的输入信号有模拟信号、数字信号（包括开关信号）和脉冲信号三种。模拟信号必须经过 A – D（模拟 – 数字）转换器转换成数字信号后才能送 CPU 处理，有的数字信号还需经 ECU 中电源电路产生的 +5V 电压进行转换。对于超过电源电压，在正、负之间变化的电压，波动的电压和较高的振荡或噪声等输入信号，也必须经输入电路处理，才能转换成 CPU 可以接收和处理的信号。

控制系统采集的数字信号主要是来自转速传感器的转速信号和活塞上止点参考信号，它们都是脉冲信号。这两个信号经过处理之后，经过 I/O 接口直接送入微处理器。由于磁感应式转速传感器的输出信号随转速变化而变化，因此，在发动机的转速很低时电压信号就会很弱，这就需要将信号放大并将其变成完整的矩形波。基于上述要求，要设置放大电路和脉冲信号整形电路。

2）微处理器。微处理器包括 CPU、存储器、输入/输出端口（I/O 接口）和总线等。输入信号通过输出端口进入 CPU，经过 CPU 的数据处理后把运算结果送到输出端口，并同时使执行器进行工作。

① CPU。CPU 是电控单元的控制核心，它是运算器与控制器的总称。把运算器与控制器集成到一块半导体芯片上，该芯片称为中央处理单元（CPU）或微处理器。CPU 的功用是读出命令并执行数据处理任务，即通过接口向系统的各个受控部分发出指令，同时又可对整个控制系统所需的参数进行检测、数据处理、控制运算和逻辑判断。CPU 的内部结构如图 2-3 所示，它主要由运算器、控制器和寄存器等组成。

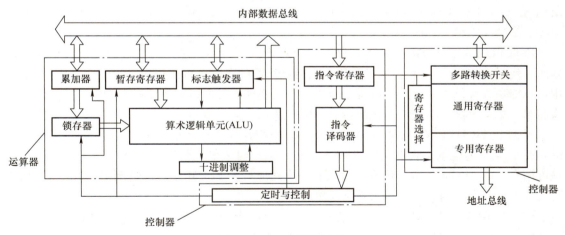

图 2-3　CPU 的内部结构

运算器是电控单元的运算部件，用于实现数学运算和逻辑运算。它通常由逻辑运算单元（ALU）、累加器、暂存寄存器和标志触发器等构成。汽车上各种电控系统［燃油喷射（EFI）系统、防抱死制动系统（ABS）、安全气囊系统（SRS）、自动变速器（ECT）控制系统］ECU 内部的数据运算与逻辑判断都在这里进行。

寄存器用于暂时存储数据或程序指令，提供参与运算的操作数据并保存运算结果。按其作用可分为通用寄存器和专用寄存器两类。

控制器是电控单元的指挥控制部件，其功用是按照监控程序用程序使电控单元各部分自动协调工作。其内部逻辑电路的作用是使整个系统按照一定时序进行协调一致的操作。它在算术逻辑运算单元、输入/输出接口以及存储器之间发出同步信号，控制指令按一定顺序进行读取、译码和执行等操作，并通过本身发出的控制信号与外界进行通信。

② 存储器。在单片机或 ECU 中，存储器是用来存储程序指令和数据的部件。存储器由许多存储单元组成，每个存储单元可以存放若干个二进制代码。为区分不同的存储单元，通常把内存中全部存储单元进行统一编号，此号码称为存储单元的地址码。当计算机要把一个代码存入其存储单元中或从其存储单元取出时，首先要把该存储单元的地址码通知存储器，然后由存储器查找与该地址码对应的存储单元，查到后才能进行信息的存取。

存储器按读写操作原理可分为只读存储器（ROM）和随机存储器（RAM），按功能可分为程序存储器和数据存储器，按构成材料可分为半导体存储器和磁质存储器。目前电控单元中几乎都采用半导体存储器。

只读存储器（ROM）是一种一旦信息写入就不可更改而只能读出的存储器。实质上，ROM 是一次性写入、可随机读出的存储器。

一般说来，写入 ROM 的信息是在脱机状态下进行的，所记录的信息不会由于断电而被破坏，也不会由于断电而丢失。

在汽车电控系统中，ROM 用来存储制造厂家编制的控制程序、运行程序和原始试验数据（如喷射系统最佳混合气的喷油三维脉谱图数据、最佳点火提前角三维脉谱图数据等），即使点火开关断开切断电源，ROM 存储的这些信息也不会丢失。

按照程序要求确定 ROM 记忆存储电路中各 MOS 管状态（导通或截止）的过程，称为 ROM 编程。根据 ROM 编程方式的不同，只读存储器（ROM）可分为掩膜 ROM、可编程 ROM、可改写 ROM 三种。

掩膜 ROM 简称 ROM。厂家在制作 ROM 芯片的最后一道工序时，根据用户和程序要求制作一块决定 MOS 管连接方式的掩膜，然后将所需的存储内容制作于芯片中。制作完毕后，用户不能更改存储内容。因为编程是以掩膜工艺实现的，所以称为掩膜 ROM。掩膜 ROM 结构简单、集成度高，但掩膜工艺成本高，因此适用于大批量生产。

可编程 ROM（即 PROM）。可编程只读存储器（Programmable Read Only Memory，PROM），又称为现场编程 ROM。PROM 芯片在出厂时未做任何存储操作，现场使用前，用户可用专门的 PROM 编程器将程序或数表一次性地写入 PROM 中。同掩膜 ROM 一样，只能写入 1 次，其存储内容一旦写入就不能更改。

可改写 ROM（即 EROM）。可改写只读存储器（Programmable Read Only Memory with Erasable Contents，EROM），又称为可改写可擦除 ROM。PROM 芯片存储的内容也是由用户自己采用专门的编程方法写入的，允许反复擦除重新写入。根据擦除信息的方法的不同，EROM 分为两类：一类是用紫外线照射擦除，称为可改写可擦除只读存储器，用 UVEPROM 或 EPROM 表示；另一类是用电擦除，称为电可擦除可编程只读存储器，用 EEPROM 或 E^2PROM 表示。

UVEPROM 是用电信号写入而用紫外线擦除的 ROM 芯片。在芯片上方有一个圆形或方

模块 2　汽车车载网络技术分析

形窗口，用紫外线照射此窗口就可擦除原有信息。由于阳光中含有紫外线成分，因此在存储内容写入后，要用不透明的标签将窗口密封，防止阳光射入使软件受到破坏。

E^2PROM（电可擦除可编程只读存储器）是一种既用电信号写入也用电信号擦除的 ROM 芯片。可以通过读写操作进行存储单元的逐个读出和写入，且读写操作十分简单，与随机存储器（RAM）几乎没有差别，不过写入速度比 RAM 慢一些。E^2PROM 在断电后仍能保存数据，保存时间可达 10 年，其寿命通常规定为 1 万个擦除写入周期，即可擦写 1 万次。

随机存储器（RAM）与只读存储器（ROM）相比有两点不同：RAM 中的信息量既可随时写入或读出，也可随时改写，改写时不必先擦除原有内容；半导体 RAM 中的信息会因突然断电而丢失。因此，在汽车上 RAM 通常用来存储单片机工作时需要存储的数据（如输入/输出数据、单片机运算得出的结果、故障码和空燃比修正数据等），这些数据根据需要可随时调用或被新的数据改写。

③ 输入/输出端口（I/O 接口）。I/O 接口是 CPU 与传感器或执行器之间进行数据交换和下达控制指令的通道。由于传感器和执行器种类繁多，它们的信号速度、频率、电平、功率和工作时序等都不可能与 CPU 完全匹配，因此必须根据 CPU 的指令，通过 I/O 接口进行协调和控制。

接口主要有两类：状态口和数据口。状态口主要检测 I/O 装置的工作状态，CPU 通过输入指令来检测输入装置的工作状态，以决定下一步的操作。CPU 通过输出指令向输出装置发出控制命令以控制相应的执行器。而数据口传送的是数据信息，如数字、字符和特定的代码。

输出接口电路将 ECU 与执行元件联系起来，它将 ECU 做出的决策指令转变为控制信号来驱动执行元件进行工作，它有控制信号的生成与放大等功能。常见的输出执行元件通常是一些继电器、电磁线圈和显示器等。

④ 电源电路。ECU 除以汽车蓄电池作为电源外，还有一个内置电源电路，以便在发动机起动等蓄电池电压有较大波动的情况下，保证 CPU 及其接口电路能有较稳定的 +5V 电压。

⑤ 时钟脉冲发生器。CPU 的每个工作程序都要经过取出指令、指令译码和执行指令这 3 个阶段。而执行指令要由时钟脉冲发生器中频率稳定的晶体振荡电路提供定时信号，系统通电后，即刻产生一连串有一定频率和宽度的脉冲送入 CPU，一般 CPU 系统的时钟频率在 6～18MHz。CPU 的每个操作都有一定的周期（也称为时间节拍），从取出指令到指令执行完毕所需的时间称为指令周期。

⑥ 总线（BUS）。总线是 ECU 内部传递信息的电路连线。在单片机内部，CPU、ROM、RAM 与 I/O 接口之间的信息交换都是通过总线来实现，具体过程如图 2-4 所示。按传递信息的不同，总线可分为数据总线、地址总线和控制总线三种。

数据总线用来传送数据与指令。数据总线的导线数与数据的位数一一对应，例如 16 位 ECU，其数据总线就有 16 根导线。

地址总线用来传递地址数码信息。在 ECU 内，各器件之间的通信主要是靠地址数据码进行联系。例如：当需要存入或读取存储器中某个单元的数据时，必须先将该单元的地址数据码送到地址总线上，然后才能送出读取指令或写入指令完成读取或写入操作。地址总线的导线数与地址数码的位数据及地址数码的传送方式（并行或串行传送）有关。

19

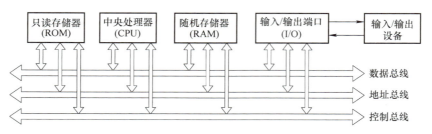

图 2-4 总线通信

控制总线用于传递请求应答和控制信号。ECU 中的器件都与控制总线连接，CPU 可通过控制总线随时掌握各个器件的状态，并根据需要随时向某个器件发出控制指令。

（2）汽车电控单元（ECU）的软件　ECU 的软件结构可分为程序和数据两部分。数据是通过大量试验获得的，是满足 ECU 控制汽车各种性能的最重要的保证。程序的结构取决于 ECU 的功能，数据与程序的特定部分相联系，并在控制系统自检时保持一定。

1）程序部分。汽车 ECU 的程序一般都是用汇编语言编写的，为了编程、调试、修改和使用方便，一般采用模块化结构。程序部分一般包括以下几个部分：

① 软件与 ECU 的匹配部分。匹配部分包括输入/输出调制和滤波、驱动功率放大、微处理器和 ECU 初始化、微处理器与外围设备的内部服务，如操作系统等软件之间的内部服务。

② 软件的控制功能部分。控制功能部分的结构取决于控制系统要求实现的控制功能。

③ 安全保险功能部分。如输出电路发生短路的处理过程、输入信号出现异常的替代值、根据要求设置软件检测程序等。

④ 自检及环境测试所需要的诊断和通信部分。

2）数据部分。数据可分为与系统固定特性相关的固定数据和与系统可变特性相关的校正数据两类。例如：控制系统中执行器的数量等即固定数据，为了保证控制的实时性和准确性，在存储容量足够的前提下，ECU 可以将被控系统的特性图以数据的形式存储在 ECU 的存储器中，汽车发动机和变速器的各种特性即校正数据，校正数据必须根据控制系统应用的具体车型进行设定。

2. 电控单元（ECU）控制系统的特点

1）具有高度可靠性和对环境的耐久性。汽车需要在不同的道路和气候条件下行驶，汽车电控单元的工作环境较差，经常需要承受振动以及温度和湿度的变化。汽车电控单元的电源电压变化较大，而且还受到车内外电磁波的干扰，因此汽车电控单元需要很高的可靠性和对环境的耐久性。

2）具有足够的智能化，具有自诊断和检测能力，能及时发现系统中存在的故障，并存储故障码，告知维修人员故障可能存在的部位，以便于维修。

3）除少数电控单元外，所有汽车电控单元都使用 5V 电源驱动其传感器。

4）具有良好的抗振性。汽车电控单元控制系统必须承受汽车行驶中产生的强烈冲击和振动，要求系统能承受较大的动载荷。

5）能在温度大范围变化的情况下正常工作。汽车 ECU 控制系统的环境温度可能会出现较高或较低且变化幅度较大的情况，要求电控系统的元件能够耐受较大的热负荷，在较宽温度范围内能够稳定工作。

6）具有抗强电磁干扰的能力。汽车发动机运转过程中会产生强电磁干扰，汽车电控系

模块 2　汽车车载网络技术分析

统必须能屏蔽这些干扰，确保输入、输出的信号准确无误。

7）能在电压波动较大的情况下正常工作。汽车行驶过程中，输出电压波动较大，电控系统必须能在输入电压不稳定的情况下正常工作，保证工作的可靠性。

8）具有较强的抗腐蚀、抗污染的能力。汽车电控系统不可避免地会经常处于腐蚀介质和污染环境中，必须能够确保系统具有抵抗腐蚀的能力。

3. 电控单元（ECU）控制系统的分类

虽然不同车型上配置的电控单元数量和类型不尽相同，但总的发展趋势是用一个主电控单元处理大多数传感器的输入信号，用一些较小的电控单元控制其他系统。

目前比较普遍的汽车电控系统主要有发动机电控系统、底盘电控系统、车身电控系统和信息传递系统等几大部分。

（1）发动机电控系统　发动机电控系统主要包括电控汽油喷射系统、电控汽油点火系统、怠速控制系统、排放控制系统等。

1）电控汽油喷射系统。电控汽油喷射主要是对最佳空燃比的控制。它能有效地控制混合气空燃比，使发动机在各种工况以及有关因素的影响下，空燃比都能达到最佳值，从而实现提高功率、降低油耗和减少尾气污染的功效。

2）电控汽油点火系统。电控汽油点火系统可使发动机在不同转速和进气量等因素下，实现最佳点火提前角，使发动机能输出最大的功率或转矩，同时使油耗和排放降低到最低限度。

3）怠速控制系统。怠速控制系统能根据发动机冷却液温度及其他有关参数，如空调开关信号和动力转向开关信号等，使发动机的怠速转速处于最佳状态。

4）排放控制系统。排放控制系统包括废气再循环控制系统、三元催化转化控制系统和活性炭罐燃油蒸发控制系统等。排放控制系统可以确保把汽车排放污染降低到最低限度。

（2）底盘电控系统　底盘电控系统包括防抱死制动系统（ABS）、电子驱动防滑（ASR）系统、电控自动变速器、电控悬架系统、电控动力转向系统、电控巡航系统等。

1）防抱死制动系统和电子驱动防滑系统。防抱死制动系统可防止汽车制动时车轮被抱死而产生侧滑，提高车辆制动的稳定性和可操纵性；电子驱动防滑系统用来防止汽车起步和加速时驱动轮打滑，提高车辆起步或加速时的稳定性和可操纵性。

2）电控自动变速器。电控自动变速器能根据发动机节气门开度和车速等行驶条件，由ECU按照换档特性和换档规律精确控制变速比，使汽车达到最佳档位。它与机械系统比较，具有高精度动力传动效率、低油耗、改善换档舒适性和延长使用寿命等优点。

3）电控悬架系统。电控悬架系统可根据不同的路面状况和车辆运行工况自动控制车身高度，调整悬架的弹性刚度和阻尼，改善车辆行驶稳定性、平顺性、操纵性和乘坐舒适性。

4）电控动力转向系统。电控动力转向系统可根据车速、转向角和转矩等传感器信号自动控制施加在转向盘上的转向力，使汽车在停车或低速行驶时转动转向盘所需的力减少，而汽车在高速行驶时转动转向盘所需的力增大，即在各种行驶条件下实现转向上所需的力都是最佳值。

5）电控巡航系统。该系统根据车速传感器、巡航控制开关及定速取消开关信号，通过进气管的真空度或直流电动机控制节气门开度来保持预先设定的车速，而驾驶人无须脚踩加速踏板。汽车在高速公路上长时间行驶时，闭合该系统的控制开关，设定巡航车速后，ECU 将根据行车阻力自动增减节气门开度，使汽车行驶速度保持一定，以减轻驾驶人驾车的疲劳。

21

（3）车身电控系统　汽车车身电控系统包括车用空调控制系统、车辆信息显示系统、电子灯光控制系统、安全气囊控制系统等。

1）车用空调控制系统。车用全自动空调的电子控制器是根据各种温度传感器（车内温度传感器、车外温度传感器和太阳辐射强度传感器等）输入的信号，计算出经过空调换热器后送入车内应该达到的出风温度，对混合气调节器开度、风扇驱动电动机转速、冷却器风门、压缩机等进行控制，自动地将车内温度保持在设定的温度范围内。

2）车辆信息显示系统（又称为驾驶人信息系统）。它由车况监测部件、车载计算机和电子仪表三部分组成。汽车车况监测是传统仪表板报警功能的发展，主要通过液位、压力、温度和灯光等传感器，检测发动机系统、制动系统和电源系统。车载计算机提供的信息能提高行车的安全性、燃油经济性和乘坐舒适性等。

3）电子灯光控制系统。汽车电子灯光控制系统可根据光传感器检测到的车外天气光亮情况的信号，自动将后灯和前灯接通与切断，以提高汽车使用的便利性和行驶安全性。

4）安全气囊控制系统。安全气囊控制系统是一种被动安全保护装置，其功用是当传感器检测到撞车事故发生时，即向控制器发送信号，而当判断电路根据传感器送来的信号值判断为严重撞车情况时，即触发装在转向盘内的氮气发生器，点燃气体发生剂，产生高压氮气迅速吹胀气囊。吹胀的气囊将驾驶人与转向盘和风窗玻璃隔开，以防止撞车过程中驾驶人的头部直接撞在转向盘或风窗玻璃上而发生伤亡事故。

（4）信息传递系统　汽车信息传递系统通常包括多路信息传递系统、汽车导航系统和蜂窝式移动电话三部分。

1）多路信息传递系统。多路信息传递系统由显示器电子控制器、具有操作开关的显示器和其他各种电子控制器组成。每个电子控制器通过通信网络与其他电子控制器相连。显示器电子控制器作为主控制器，通过多路通信网络进行通信及整个系统的控制，由显示器显示诸如行车用的交通地图信息资料、汽车耗油情况以及车辆行驶过程的信息等。

2）汽车导航系统。汽车导航系统由 GPS 接收器和电子地图等组成。导航系统通过 GPS 接收器接收卫星信号，计算出自身经、纬度坐标，然后与系统内的电子地图匹配，在显示屏上动态显示车辆运行轨迹，驾驶人便可以对当前行车位置一目了然。

GPS 和地理信息系统可提供大量有用的信息，满足车辆定位与导航、交通管理与监控的需要，并为驾驶人提供旅馆、加油站和修车厂等信息。

3）蜂窝式移动电话。移动电话可随汽车移动。

4. 发动机电控单元核心逻辑电路的工作原理

从上节的内容中可以看到，所有的发动机电控单元控制系统的工作原理都是类似的，因此，为便于大家理解，从本节开始以最简单的马瑞利单点发动机电控单元为例详细讲述发动机电控单元的工作原理。

马瑞利单点电控单元是一种典型的集中喷射电控单元，由于该电控单元成本低廉且控制系统比较简单实用，目前已广泛装备在国产微型车及低档轿车中。图 2-5 是以该电控单元为核心的发动机电控系统原理图。

图 2-6 是该电控单元的内部电路原理框图。从图中可以看到，发动机电控单元的逻辑电路是以 CPU 为核心的数字电路系统，通常是发动机电控单元最重要的组成部分；而 CPU 又是逻辑电路的控制核心，它通过数据总线和地址总线把存储器、总线驱动器和数据锁存器等

模块 2 　汽车车载网络技术分析

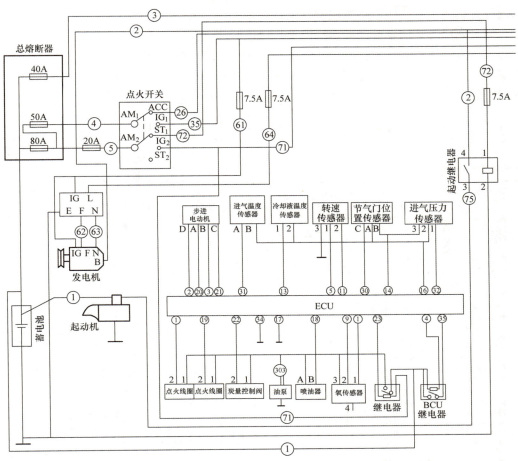

图 2-5　以马瑞利单点电控单元为核心的发动机电控系统原理图

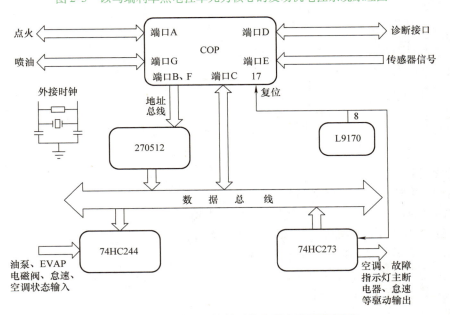

图 2-6　马瑞利单点电控单元的内部电路原理框图

外部器件有机地连成一体,并通过I/O接口把传感器信号送到CPU内部,把执行信号送到外部,同时完成与其他设备(如诊断设备)通信的功能。

为方便大家理解,首先对逻辑电路的主要器件进行简要的介绍。

(1) CPU 该电控单元的CPU使用的是MC68HC11F1。MC68HC11F1是MOTOROLA公司生产的高性能8位单片机,其内部资源如图2-7所示。

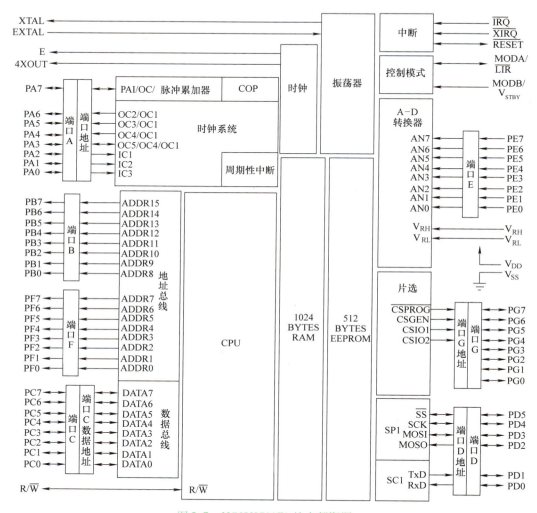

图2-7 MC68HC11F1的内部资源

主要特征如下:

- 两种省电模式:停止和等待。
- 1024B的片上RAM。RAM数据在待机时保留。
- 512B的片上EEPROM,带区域数据保护功能。
- 异步非归零码(NRZ),串行通信接口(SCI)。
- 同步外围设备接口(SPI)。
- 8通道,8位A-D转换器。
- 增强的16位定时器系统。

它包括3个输入捕获通道（IC）、4个输出比较通道（OC）、1个附加通道，可选择作为第4输入或第5输出通道。
- 8位脉冲累加器。
- 实时中断电路。
- COP看门狗系统。
- 38个通用输入/输出（I/O）接口。
- 两种封装形式：68引脚PLCC封装和80引脚TQFP封装。

1）引脚功能。该电控单元中采用的是68引脚PLCC封装，如图2-8所示。

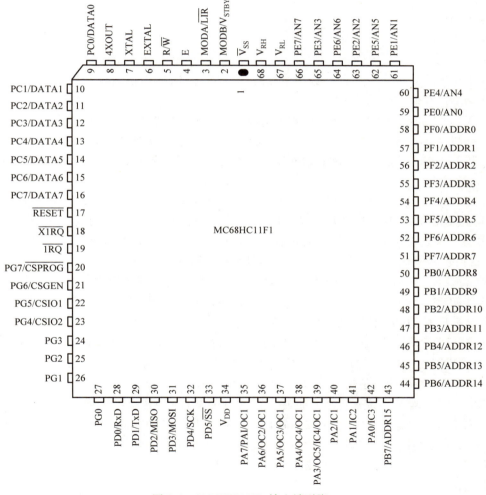

图2-8　MC68HC11F1输入端引脚

① V_{DD} 和 V_{SS} 电源供给端。电源通过这两个引脚加到MCU上，V_{DD} 接电源正极，V_{SS} 搭铁，单5V供电。

② RESET复位信号端。这是一个双向控制引脚，当输入低电平时可使CPU复位。当COP看门狗、内部时钟监视失效而触发内部复位时，RESET输出低电平。

③ XTAL和EXTAL晶振驱动和外部时钟输入。由这两个引脚提供晶振或CMOS兼容时

钟输入,以驱动内部时钟生成电路,加这两个引脚的时钟信号频率为总线时钟(E 引脚的时钟)的 4 倍。

④ 可屏蔽中断请求输入端。该引脚是 CPU 的异步、可屏蔽中断的输入脚,低电平有效。

⑤ XIRQ 不可屏蔽中断输入端。该引脚是 CPU 的不可屏蔽中断输入端(当 CPU 条件代码寄存器的 X 置 0 后有效)。

⑥ MODA/LIR、MODB/V_{STBY} 工作模式的选择。复位期间 MODA 和 MODB 引脚的逻辑电平可使 CPU 选择下列四种模式之一作为工作模式:
- 单片模式。
- 扩展模式。
- 自举模式。
- 测试模式。

在工作模式被选定以后,加载指令寄存器引脚(LIR)提供指令开始运行指示,V_{STBY} 引脚作为随机存储器的待机电源。

⑦ V_{RL}、V_{RH} 参考电压引脚。这两个引脚为 A – D 转换电路提供参考电压,V_{RL} 是低参考电位,一般接 0V,V_{RH} 是高参考电位,正常情况下,V_{RH} 至少比 V_{RL} 高 3V,V_{RH} 和 V_{RL} 应该在 V_{DD} 和 V_{SS} 之间,这两个引脚必须外接滤波电容,否则噪声将引起 A – D 转换的严重失真。

2)端口信号。

① 端口 A。端口 A 是一个 8 位常规的带有一个数据寄存器(PORTA)和一个数据方向寄存器(DDRA)的 I/O 接口 PA [7:0],复位后 16 位的定时系统复用端口 A 的引脚。

② 端口 B。端口 B 是一个 8 位的输出口。在单片模式下,端口 B 是常规的输出口 PB [7:0];在扩展模式下,端口 B 为高 8 位地址总线 ADDR [15:8]。

③ 端口 C。端口 C 是一个 8 位常规的带有一个数据寄存器(PORTC)和一个数据方向寄存器(DDRC)的 UO 接口。在单片模式下,端口 C 是常规的输出口 PC [7:0];在扩展模式下,端口 C 为高 8 位数据总线 DATA [7:0]。

④ 端口 D。端口 D 是一个 6 位常规的带有一个数据寄存器(PORTD)和一个数据方向寄存器(DDRD)的 I/O 接口。端口 D 的 6 个引脚可用作常规的 I/O 接口,也可作为串行通信接口(SCI)或串行设备接口(SPI)的子系统使用。

⑤ 端口 E。端口 E 是一个 8 位的输入口,也用作 A – D 转换器的模拟信号输入口。

⑥ 端口 F。端口 F 是一个 8 位的输出口。在单片模式下,端口 F 是常规的输出口 PF [7:0];在扩展模式下,端口 F 为低 8 位地址总线 ADDR [7:0]。

⑦ 端口 G。端口 G 是一个 8 位的常规 I/O 接口,使用后 PG [7:4] 可作为 4 个片选信号使用。

3)COP 系统(计算机运行正常监视)。CPU 包含 COP 系统,用以检测软件运行过程中出现的故障,当 COP 设为允许状态时,看门狗定时器将用于检测系统的运行状态,一旦偏离设计意图,如出现死循环或其他不可预料的现象,则看门狗在预定的时间内将无法收到触发信号,即看门狗定时器溢出,系统将被复位。

CONFIG 寄存器的状态位 NOCOP 决定 COP 是否可用,为了使 COP 有效,改变 CONFIC 寄存器的内容,然后执行一次复位,在特殊测试模式和仿真模式下,COP 起作用与否受

TEST1 寄存器 DISR 控制位约束。DISR 位置 0 可恢复 COP 功能。

4）SPI 串行外围接口。SPI 串行外围接口是一个独立的串行通信子系统，可实现 CPU 同外围设备间的同步通信。例如：

- 频率合成器。
- 液晶显示器驱动。
- A–D 转换器子系统。
- 其他处理器。

SPI 系统能够实现多个主系统间的内部通信，SPI 系统能够被配置为主或从工作模式，当作为主设备工作时，数据传送率能够达到 E 时钟的一半（在 3M 总线频率的情况下，传送率可达 1.5Mbit/s），当作为从设备工作时，数据传送率可与总线频率相同。

SPI 系统最重要的元素是转换寄存器的块容量和读数据缓冲区的大小，它在直接传送模式下为单缓冲区，在直接接收模式下为双缓冲区。这意味着新的数据在前一数据未传送完成前不能写入转换器，而是将接收到的数据立即送入并行只读缓冲寄存器，以便转换器空闲时可以接收新的数据。在下一个串行数据准备传送前，前一次的数据从缓冲区中读出，从缓冲区中读数据，写入数据到转换器，共用一个寄存器地址。

串行外围状态寄存器 SPSR 显示 SPI 的状态（接收完成、写入冲突和模式失效）、功能。串行外围控制寄存器 SPCR 用以控制 SPI 系统。

（2）74HC244　带使能端的三态总线驱动器的内部框图和引脚功能如图 2-9 所示。74HC244 在该电路中用作空调、油泵、EVAP 电磁阀和怠速电动机等设备的状态输入开关，输出端直接与数据总线相连。

（3）74HC273　带复位端的 8 路上升沿有效 D 触发器的内部框图和引脚功能如图 2-10 所示。74HC273 在该电路中用作怠速电动机、主继电器、故障指示灯和空调继电器等驱动信号的输出开关，输入端直接与数据总线相连。

（4）M27C512　512K 8 位只读存储器的内部框图和引脚功能如图 2-11 所示，M27C512 在本电路中用来存储电控单元的主程序及各种数据表格。

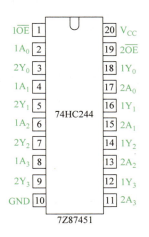

图 2-9　带使能端的三态总线驱动器的内部框图和引脚功能

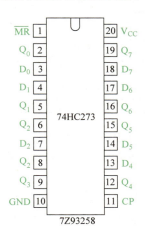

图 2-10　带复位端的 8 路上升沿有效 D 触发器的内部框图和引脚功能

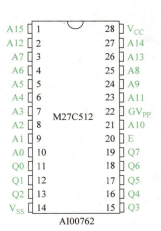

图 2-11　512K 8 位只读存储器的内部框图和引脚功能

电源接通后（图 2-6），由电源芯片 L9170 的 8 号脚输出低电位的复位信号送至 CPU 的复位端（17），同时送到 74HC273 的清零端使其输出清零。CPU 进入启动状态，首先对内部硬件进行复位，设置相应的寄存器，然后开始 Boot Loader 程序，进行程序装载；将 M27C512 中的主程序读入内部的 RAM 中，并通过跳转指令进入程序运行状态，主程序首先从数据总线 D2 上输出逻辑 1（高电位），该信号经 74HC273 锁存后输出高电位控制信号，使主继电器接通，将 12V 电源加到点火线圈及喷油器等外部设备。然后，通过 PortE、PortA 端口读入外部传感器信号及转速信号，通过这些信号判断车辆当前运行的工况，并根据当前工况从 PortD、PortG 端口及数据总线（通过 74HC273 锁存）输出相应的驱动信号，使相应的设备进入运行状态。然后通过 PortA、PortD、PortG 及数据总线（经 74HC244 驱动）读入相应设备的状态信息，根据这些信息对控制信号进行进一步优化和调整。逻辑电路、传感器及执行机构组成了闭环控制系统，能通过反馈信号不断优化控制系统，能使发动机处于最佳状态。

5. 通信芯片和 CPU

在车载网络的 8 种通信协议中，各个汽车公司的通信芯片版本有所区别（表 2-1）。

表 2-1　8 种通信协议中各通信芯片版本的区别

通信协议	通信芯片		CPU 类型
CAN	AN82526-Q8841	博世总线	Intel 8051
		古川总线	H8/532
Basic CAN	PCA82C200 版本 0		HD6B03Y
ABUS	U500IMPRD1018		Intel 8051
VAN	RCP VAN		Intel 8051
			Philips 87C51
HBCC	REVBB	并行接口	HD6301M1
		串行接口	MC68HC11
PALMNET	J002		HD6303Y
DLCS	DLCS03		MC68HC11
CCD	CDP68HC68S1		MC68HC11

例如：雷诺公司和标致公司的 RCP VAN 通信芯片有双缓冲器，而大众公司的 U500IMPRD1018 通信芯片的集成电路所要求的附加软件和硬件均最少有一个没有 CRC（循环冗余校验）。

各通信芯片匹配了相应的 CPU 类型，除了 BB（HBCC）通信芯片因采用不同的总线和接口而匹配不同的 CPU 外，其他 6 种通信芯片各对应一种 CPU。

（1）通信芯片与 CPU 的电路配置　上述 8 种通信系统中因通信芯片 AN82526-Q8841（CAN）匹配两种总线接口，另外，REVBB（HBCC）分为并行和串行两种接口，故可以出现如图 2-12～图 2-21 所示的 10 种电路配置。

(2)典型通信协议的通信格式　8 种通信协议的相关信息见表 2-2。

对于 125kbit/s 以下的数据传输速率,推荐有多种位编码,如 PWM、不归零（NRZ）、曼彻斯特（Manchester）和可变脉宽调制（VPW）等；而对于超过 125kbit/s 传输速率的位编码,只有不归零（NRZ）。

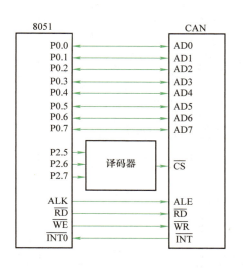

图 2-12　CAN 协议匹配博世（BOSCH）
总线的 CPU 与芯片配置

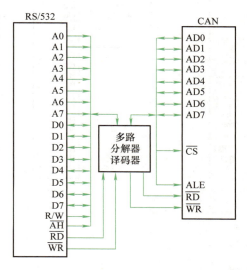

图 2-13　CAN 协议匹配古川
（FURUKAWA）总线

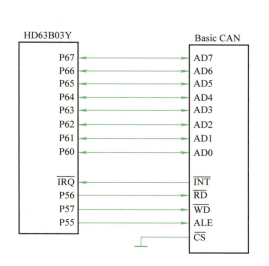

图 2-14　Basic CAN 的 CPU 与芯片配置

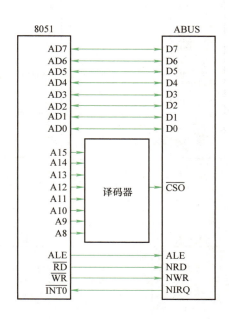

图 2-15　ABUS 协议的 CPU 与芯片配置

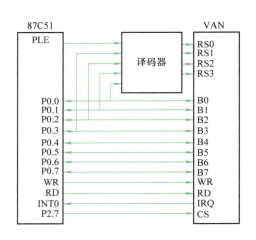

图 2-16　VAN 协议的 CPU 与芯片配置

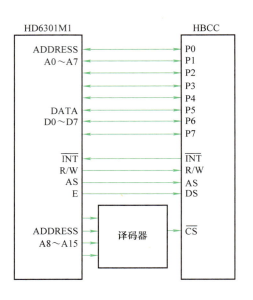

图 2-17　HBCC 协议的 CPU 与芯片配置（并行接口）

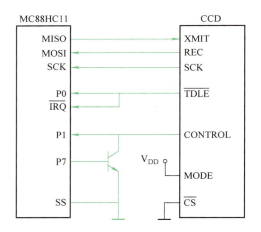

图 2-18　DLCS 协议的 CPU 与芯片配置

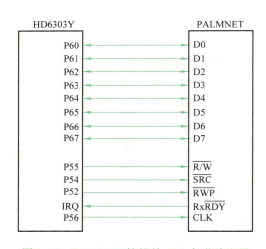

图 2-19　PALMNET 协议的 CPU 与芯片配置

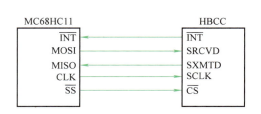

图 2-20　HBCC 协议的 CPU 与芯片配置（串行接口）

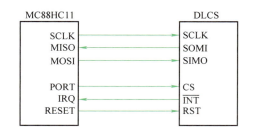

图 2-21　CCD 协议的 CPU 与芯片配置

模块 2　汽车车载网络技术分析

表 2-2　8 种通信协议的相关信息

协议名称	通信芯片版本	传输速率和位编码	信息格式								
CAN	AN82526-Q8841	1Mbit/s 不归零（NRZ）+位塞入	SOF 1	IDENTIFIER 11	RTR	CONTROL 6	DATA #0~8	CRC 15	DEL 1	ACK 1	DEL 1	EOF 7	IFS 3
Basic CAN	PCA82C200 Ver.0	20kbit/s 不归零（NRZ）+位塞入	SOF 1	IDENTIFIER 11	RTR	CONTROL 6	DATA #0~8	CRC 15	DEL 1	ACK 1	DEL 1	EOF 7	IFS 3
ABUS	U5001M PRD1018	500kbit/s 不归零（NRZ）	START BIT(*) 11/8	SYNCHRONIZATION BIT 2/8	NC/D (CONTROL BIT)	TDENTIFIER 11	DATA 16	STOP BIT0	STOP BIT1
VAN	RCP VAN	50kbit/s 曼彻斯特或增加型曼彻斯特	SOF 10	IDENTIFIER 12	CONTROL 4	LLC DATA #0~8	FCS 15	EOD 2	ACK 2	EOF 8	IFS 4
HBCC	HBCC REV BB	41.6kbit/s 脉宽调制（PWM）	SOM 2	PRIORITY & TYPE 8	DESTINATION PHYSICAL ADDRESS 8	SOURCE ADDRESS 8	DATA BYTE #1~7	CRC 8	EOD 1	ACK #1	EOM 2
PALMNET	J002	20kbit/s 脉宽调制（PWM）	SOM 2	PRIORITY 4	NETWORK IDENTIFIER 8	IDENTIFIER 16	VALID/INVALID 15	DATA 8	CRC 1	EOD 2	ACK 4	EOM 2
DLCS	DLCS03	10.4kbit/s 可变脉宽调制（VPW）	SOM 2.1	PRIORITY/FORMAT 8	PRIMARY FUNCTION ID 8	SOURCE ID 8	SECONDARY FUNCTION ID 8	DATA 0~56	CRC 8	EOM 2.9
CCD	CDP68HC68S1	7.8125kbit/s 不归零（NRZ）	STA 1	PRIORITY & IDENTIFIER 8	STP 1	DATA:1 8	STA 1	DATA N (**) 8	STP 1	ERR 1	STA 1	EOM 10

注：SOF—帧起始；IDENTIFIER—标识；RTR—请求接收；CONTROL—控制（位）；DATA—数据（位）；CRC—循环冗余校验；DEL—删除；ACK—确认；EOF—帧结束；IFS—帧间隔；START BIT—起始位；SYNCHRONIZATION BIT—同步位；NC/D—控制位；STOP BIT—终止位；LLC DATA—逻辑链控制数据；FCS—NI 校验序列；EOD—数据结束；SOM—信息开始；PRIORITY&TYPE—优先形式；DESTINATION PHYSICAL ADDRESS—目的地地址；SOURCE ADDRESS—源地址；DATA BYTE—以字节表示的数据；EOM—消息结束；PRIORITY—优先（位）；NETWORK IDENTIFIER—网络标识符；VALID/INVALID—有效/无效；PRIORIY/FORMAT—优先/格式；PRIMARY FUNCTION ID—一级功能标识符；SOURCE ID—源标识符；SECONDARY FUNCTION ID—二级功能标识符；STA—起始；STP—停止；ERR—错误校验。

（3）对 8 种典型通信协议芯片的总体评价　总体评价结果较好的通信芯片是法国雷诺公司、标致公司和国际标准化组织（ISO）等推荐实施的 RCPVAN（VAN）通信芯片。

8 种（由于 AN82526 配用两种总线接口，实际是 9 种）通信芯片版本的评价如下：

1）AN82526（CAN）（第 1 种）。AN82526 用博世总线接口，即装有与 CAN 协议规范一致的 BOSCH 总线接口。该芯片控制通信，实时处理时占用 CPU 很少，用于高速 CAN 系统更为合理。设计高速 CAN 系统时，需为用户考虑 CPU 和 AN82526 的操作时间，为获得最佳的高速 CAN 性能，需设计自己的物理层电路。

2）AN82526（CAN）（第 2 种）。AN82526（CAN）用古川总线接口，是由于古川总线接口采用新的物理层，能满足所有 ISO 物理层容错条件，获得较佳的测试结果。该芯片及总线接口适用于高可靠性控制装置的高速数据通信作业。

3）PCA82C200 版本 0（Basic-CAN）。PCA82C200 版本 0（Basic-CAN）能在减少 CPU 处理负载的情况下完成所有的通信作业。根据它的电流形式是否符合所有标准来评价芯片。其中较大规模的系统采用多芯片，以适用于系统中高速通信部分的要求。

4）U5001M-PRD1018（ABUS）。它要求的附加软、硬件最少。它像一个存储器芯片进行简单的读取操作，虽然无 CRC，但并不影响其可靠性。由于传送速率高和报文信息长度短，故其等待时间不长，适用于高速控制。

5）RCP VAN（VAN）。由于它有双缓冲器，故 CPU 的负载很少，适用于低、中速通信，但是它用于高速通信时也不会增加主 CPU 的负载。在所有的测试中，它的结果较好。它包含 3 组芯片，若制成 1 块芯片，则对用户会更方便些。

6）HBCC REV BB（HBCC）。为适应各种用途，HBCC 曾设计了 6 种报文格式。它的兼容性和可扩展性的水平很高，至今它一直能满足汽车对其可靠性的要求。但由于它自身的结构特点，对用户来说显得过于复杂。

7）J002（PALMNET）。它对必需的元件采用混合集成电路（HIC）供综合通信用，这样有可能设置成极紧凑的微型系统。在所有的测试中，其可靠性是最佳的。该协议适用于低速率状态通信中要求高可靠性的控制装置（含 CPU）。

8）DLCS03（DLCS）。CPU 是在软件中进行信息过滤，因此延长了处理时间。由于通信芯片包含着驱动器和接收器，因此体积很小。电流评价结果（包括等待时间）一直都符合要求。芯片的通信速率适用于低速率的车身电子控制和故障诊断系统。

9）CDP68HC68S1（CCD）。CPU 进行信息过滤，增加了载荷和时间处理。通信芯片体积很小的原因与 DLCS 相似——包含有驱动器和接收器。芯片电流类型符合全部标准，适用于较低速率转换和所用数据参数共享的总线系统。

2.1.2　汽车车载网络多路传输系统的结构与原理

汽车车载网络多路传输系统是实现在同一个信道上同时传输多路信号而互不干扰的一种技术电路或装置。多路传输是指有线或无线同时传输许多信息，如数据信息等。多路传输技术使当今汽车网络控制成为可能，运用多路传输技术可以使汽车省去许多电气设备、导线和插接器，可以减小质量、节省空间、改善可靠性。

1. 多路传输系统（SWS）的技术特征

1）模块已成为以微处理器为核心的数字化设备，它们彼此通过传输媒体（双绞线、同轴电缆或光纤）以总线拓扑相连，多路传输系统总线控制器可对总线上的多个操作站、传感器及执行机构等进行数据存取。

2）具有可靠性高、稳定性好、抗干扰能力强、通信速率快、系统安全、造价低廉和维护成本低等优点，如图 2-22 所示。

3）数据总线的传输速率通常用比特率表示，比特率的单位是每秒千位（kbit/s）或兆位（Mbit/s）。数据传输速率受幅宽影响，32 位的数据传输量要比 8 位的快 4 倍。

模块 2　汽车车载网络技术分析

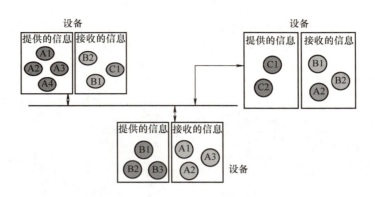

图 2-22　多路传输系统技术特征示意图

4)互操作性。在遵守同一通信协议的前提下,可将不同厂家的现场设备产品统一组态构成所需要的网络。

5)开放式互联结构,既可与同层网络相联,也可通过网络互联设备与控制级网络或管理信息级网络相联。

2. 多路传输系统的组成

多路传输系统主要由模块、数据总线、网络、架构、通信协议和网关等组成(图 2-23)。

(1)模块　模块是一种电子装置。简单一点的有温度和压力传感器,复杂的有微处理器,如图 2-24 和图 2-25 所示。传感器是一个模块装置,根据温度和压力的不同产生不同的电压信号,这些电压信号在 ECU 的输入接口被转换成数字信号。在多路传输系统中,一些简单的模块也被称为节点。

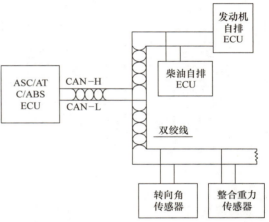

图 2-23　多路传输系统的拓扑结构

图 2-24　模块 1——微处理器

图 2-25　模块 2——传感器

(2)数据总线　数据总线是连接智能现场设备和自动化系统的数字、双向传输、多分支结构的通信网络,是模块间运行数据的通道,它的关键标志是能支持双向多节点、总线式的全数字通信,如果模块可以发送和接收数据,则这样的数据总线就称为双向数据总线。数据总线和双绞线示意图如图 2-26 和图 2-27 所示,BMW E65 汽车数据总线结构如图 2-28 所示。

图 2-26　数据总线——双绞线

图 2-27　双绞线示意图

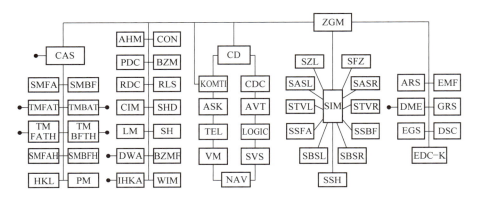

图 2-28　BMW E65 汽车数据总线结构

数据总线的结构形式很多,不同的结构,其价格也不一样,在汽车车载网络中,数据总线必须避免无谓的高速和复杂。大多数的设计都有三种基本类型:低速型、中速型和高速型。表 2-3 为 SAE 推荐的汽车多路通信系统等级分类。

表 2-3　SAE 推荐的汽车多路通信系统等级分类

系统等级	信 号 种 类	响应速度/ms
A	车身控制系统:灯具、继电器、电动门窗和电动座椅	20~50(低速)
B	动态信息系统:导航、多信息、电话和故障诊断装置等	5~50(中速)
C	实时控制系统:发动机、传动系统、制动系统和悬架控制系统	1~5(高速)

(3) 网络　网络是为了实现信息共享而把多条数据总线连在一起,或者把数据总线和模块当作一个系统。雷克萨斯 LS430 的几条数据总线间共有 29 块相互交换信息的模块,如图 2-29 所示,几条数据总线连接 29 个模块,总线又连接到局部、域网上,其中还有 3 个接线盒 ECU(两个作为前端模块,一个作为后端模块),其作用是提供诊断支持(包括接插方便的插头及测试点)。从物理意义上讲,汽车上许多模块和数据总线距离很近,因此被称为局域网(Local Area Network,LAN)。Motorola 公司设计的一种智能车身辅助装置网络,被称

模块 2　汽车车载网络技术分析

为 LIN（Local Internet Network）。

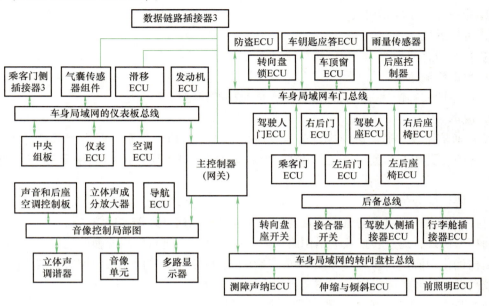

图 2-29　雷克萨斯 LS430 多路传输网络

（4）架构　架构是信息高速公路的配置，其输入和输出端规定了什么信息能进和什么信息能出。架构通常包括 1～2 条线路，采用双线时数据的传输是基于两条线的电压差。当其中的 1 条线传输数据时，它对地有一个参考电压。架构要有特定的通信协议。汽车车载网络架构示意图如图 2-30 所示。

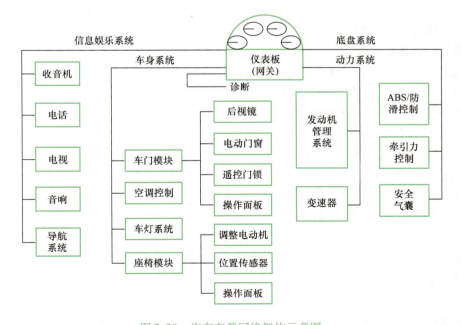

图 2-30　汽车车载网络架构示意图

35

衡量数据总线及网络架构优劣的其他重要特征包括：

① 能一起工作的模块数量。

② 可扩展性。

③ 互交信息的种类。

④ 数据传输速度。

⑤ 可靠性或容错性——抗故障性及数据交换的稳定与准确性。

⑥ 成本。

（5）通信协议　通信协议规定信号在数据总线上的通信规则。网络上节点要实现成功通信，必须接受相互识别、相互接受的约定和规则，建立通用的标准用于各ECU之间的通信。

通信协议的分类如下：

直接型协议：点对点的链路直接通信，无须经中间信息处理的协议。

间接型协议：通过转接式通信网络或两个以上的网络进行信息交换的通信协议。

结构优化型协议：按需要分成不同的层次，较低级别的功能在较低层次实现，同时它们又向较高层次的实体提供服务。它是各层次协议的复合。

（6）网关　通常一辆车上配置了多种总线和网络，所以必须用一种方法使它们达到共享和不产生协议间的冲突。例如：车门打开时发动机控制模块也需要被唤醒。为了使不同协议及速度的数据总线间实现无差错数据传输，必须使用一种特殊功能的ECU，这种ECU就称为网关。例如：奔驰S320车上的网关是点火开关ECU N73，BMW745车上的网关是ZGM中央ECU，奥迪A6车上的网关是仪表ECU。

1）网关的作用。网关实际上就是一种模块，它自身的质量、功能和工作性能决定了不同的总线、模块和网络相互间通信的质量。对不兼容但却需要互相通信的总线和网络来说，网关起到了桥梁作用。如果信息不能传递时，不一定是网关存在问题，也有可能是通信链路、模块等设备存在故障。

总而言之，新型汽车网络控制系统中网关的作用是：

① 把局域网上的数据转变成可以识别的ACK Ⅱ（如OBD2诊断数据），方便诊断。

② 实现低速网络和高速网络的信息共享。

③ 负责接收和发送信息。

④ 激活和监控局域网络工作状态。

⑤ 实现车辆数据的同步。

⑥ 对信息标识符做翻译。

网关的作用示意图如图2-31所示。

2）网关的布置。如果两个CAN网络执行器是两片独立的芯片，以微控制器作为网关，那么CAN芯片就像灵巧的随机存储器被网关读写。一旦接收到信息，网关就执行接收CAN芯片的外部读操作，接着执行转换信息的逻辑指令，然后执行外部写操作，对第二个网络的CAN芯片进行传输编程。

所以说，网关主要是执行外部读、写操作和转换信息标识符，而执行读、写操作的重要技术条件是时间，读、写所要求的时间又取决于网关和CAN芯片接口的定时特性。

模块 2　汽车车载网络技术分析

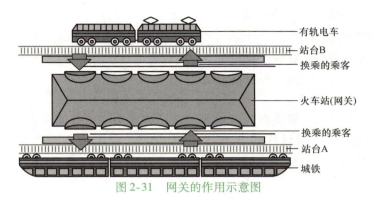

图 2-31　网关的作用示意图

3. 多路传输原理

汽车车载网络多路传输技术可以实现在同一个信道上同时传输多路信号，为了在接收端能够将不同路的信号区分开来而互不干扰，必须使不同路的信号具有不同的特征。最常用的多路传输方式是频分多址复用（FDMA）和时分多址复用（TDMA）等。

按频段区分信号的方法称为频分复用，按时隙区分信号的方法称为时分复用。传统的模拟通信中都采用频分复用，随着数字通信的发展，时分复用通信系统的应用越来越广泛。

（1）频分多址复用技术　频分多址复用就是在发送端利用不同频率的载波将多路信号的频谱调制到不同的频段，以实现多路复用。频分多址复用的多路信号在频率上不会重叠，合并在一起通过一条信道传输，到达接收端后可以通过中心频率不同的带通滤波器彼此分离开来，如图 2-32 所示。

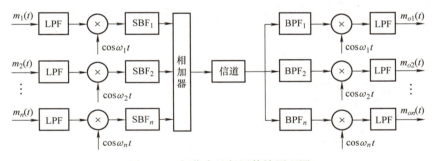

图 2-32　频分多址复用传输原理图

（2）时分多址复用技术　时分多址复用是建立在抽样定理基础上的。时分多址复用就是利用各路信号的抽样值在时间上占据不同的时隙，来达到在同一信道中传输多路信号而互不干扰的一种方法，如图 2-33 所示。

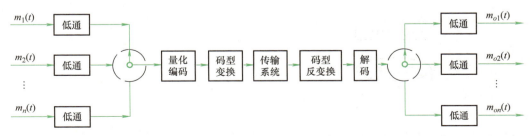

图 2-33　时分多址复用传输原理图

（3）载波监听多路访问/冲突检测技术　载波监听多路访问/冲突检测技术（CSMA/CD）是一种争用型的介质访问控制协议。它的工作原理是发送数据前先监听信道是否空闲，若空闲，则立即发送数据，在发送数据时，边发送边继续监听，若监听到冲突，则立即停止发送数据，等待一段随机时间，再重新尝试。

CSMA/CD 控制规程如下：

控制规程的核心问题：解决在公共通道上以广播方式传送数据时可能出现的问题（主要是数据碰撞问题），控制过程包含 4 个处理内容，即侦听、发送、检测和冲突处理（图 2-34 和图 2-35）。

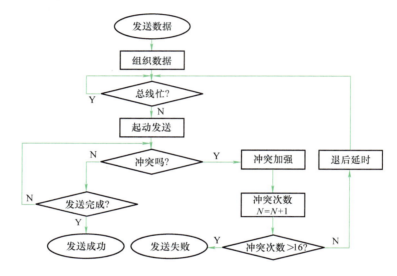

图 2-34　多路访问数据发送控制流程

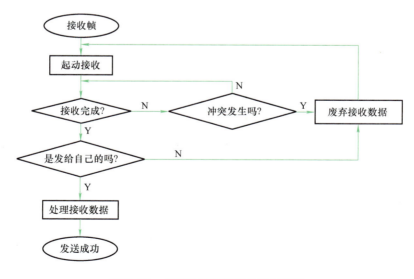

图 2-35　多路访问数据接收控制流程

1）侦听。通过专门的检测机构，在站点准备发送前先侦听一下总线上是否有数据正在传送（线路是否忙）。

若"忙"，则进入后述的"退避"处理程序，进而进一步反复进行侦听工作。

若"闲"，则按一定算法原则（"X 坚持"算法）决定如何发送。

2) 发送。当确定要发送后，通过发送机构，向总线发送数据。

3) 检测。数据发送后也可能发生数据碰撞，因此，要对数据边发送边接收，以判断是否冲突了。

4) 冲突处理。当确认发生冲突后，进入冲突处理程序。有以下两种冲突情况（图 2-36）：

① 若在侦听中发现线路忙，则等待一个延时后再次侦听，若仍然忙，则继续延时等待，一直到可以发送为止。每次延时的长短不一致，由退避算法确定延时值。

② 若发送过程中发现数据碰撞，先发送阻塞信息，强化冲突，再进行侦听工作，以待下次重新发送（方法同①）。

4. 多路传输系统的通信协议标准

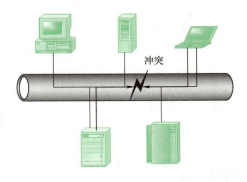

图 2-36　多路访问数据传输冲突示意图

通信协议要解决系统优先权问题、灵活性问题、可扩展性问题、诊断插口问题、独立性问题和数据共享问题等，十几年来，已发展了几代通信协议，较早的有 SAE 推出的用于重型车的基于串行总线的标准，如 SAE J1708、SAE J1587、SAE J1922，串行协议传输速率低、代码定义麻烦，除在诊断系统有一些应用外，基本被取代。迄今为止，汽车应用的多种网络标准，较典型的有 LIN、CAN、J1850、MOST、TTCAN、TTP、FlexRay、J2284 等。拓扑结构主要是总线式，如 LIN、CAN、J1850、TTCAN。总线式网络为多个 ECU 共用一条传输线，信道利用率高，结构简单、布线容易、易于增加节点，每个系统对总线有相同权利，为多主方式工作，同一时刻只能有一个节点发送消息，网络延伸距离和网络容纳节点有限。ISO 7498 把网络通信系统划分为七层结构，即 OSI 的七层模型，包括物理层、数据链路层、网络层、传输层、会话层、表示层和应用层（图 2-37），各层的作用见表 2-4。汽车各网络协议一般只定义 OSI 结构中的底层协议，即物理层和数据链路层。

图 2-37　ISO 7498 规定 OSI 的七层模型

表 2-4　OSI 开放系统互连模型各层作用

层序	层名	作用
7	应用层	最高层。用户、软件和网络终端等之间用来进行信息交换，如 DeviceNet
6	表示层	将两个应用不同数据格式的系统信息转换为能共同理解的格式
5	会话层	依靠低层的通信功能来进行数据的有效传递
4	传输层	进行两通信节点之间的数据传输控制操作，如数据重发、数据错误修复
3	网络层	规定了网络连接的建立、维持和拆除的协议，如路由和寻址
2	数据链路层	规定了在介质上传输的数据位的排列和组织，如数据校验和帧结构
1	物理层	规定了通信介质的物理特性，如电气特性和信号交换的解释

　　至今没有一个汽车网络协议可以完全满足未来汽车成本和性能的要求，未来汽车网络仍将是多种协议共存。但目前 CAN 或 LIN 是较好的选择。主要车载网络的基本情况见表 2-5。

表 2-5　主要车载网络的基本情况

车载网络的名称	概要	通信速度	组织/推动公司
CAN	车身/动力传动系统控制用 LAN 协议，最有可能成为世界标准的车用 LAN 协议	1Mbit/s	Bosch 公司（开发）ISO
VAN	车身系统控制用 LAN 协议，以法国为中心	1Mbit/s	ISO
J1850	车身系统控制用 LAN 协议，以美国为中心	10.4kbit/s，41.6kbit/s	Ford Motor 公司
LIN	车身系统控制用 LAN 协议，液压组件专用	20kbit/s	LIN 协会
IDB–C	以 CAN 为基础的控制用 LAN 协议	250kbit/s	IDM 论坛
TTP/C	重视安全、按用途分类的控制用 LAN 协议，时分多址复用（TDMA）	2Mbit/s 25Mbit/s	TTT 算机技术公司
TTCAN	重视安全、按用途分类的控制用 LAN 协议，时间同步的 CAN	1Mbit/s	Bosch 公司 CI
Byteflight	重视安全、按用途分类的控制用 LAN 协议，通用时分多址复用（FTDMA）	10Mbit/s	BMW 公司
FlexRay	重视安全、按用途分类的控制用 LAN 协议	5Mbit/s	BMW、Daimler chrysler 公司
D2B/Optical	音频系统通信协议将 D2B 作为音频系统总线，采用光纤通信	5.6Mbit/s	C&C 公司
MOST	信息系统通信协议，以欧洲为中心，由 Daimler chrysler 与 BMW 公司推动	22.5Mbit/s	MOST 合作组织
IEEE 1394	信息系统通信协议，有转换成 IDB1394 的动向	100Mbit/s	IEEE 1394 工业协会

模块 2　汽车车载网络技术分析

2.2　CAN 总线系统技术分析

本节内容简介

本节将简单介绍 CAN 总线系统的技术特征、结构，CAN 总线系统的数据传输原理等知识；重点介绍 CAN 总线系统的通信协议，CAN 总线技术的应用及其故障检测与诊断。

2.2.1　CAN 总线系统的技术特征

1. CAN 总线介绍

控制器局域网（Controller Area Network，CAN）是由德国博世公司首先制订推出的针对汽车电子控制领域的总线式串行数据通信网络。

CAN 总线应用不仅限于汽车工业，在其他的工业领域，如过程控制、工业流水线控制和机器人等早已被广泛使用。

国际标准化组织（ISO）已经认可 CAN 总线作为汽车应用领域的工业标准，如 ISO 11898，即道路交通运输工具、数据信息交换和高速通信控制器局域网的国际标准。

2. CAN 总线的特点

1）CAN 为多主方式工作，即网络上任一节点均可在任意时刻主动地向网络上其他节点发送信息而不分主从，通信方式灵活，且不需要站地址等节点信息。

2）CAN 网络上的节点信息分成不同的优先级，可满足不同的实时要求，高优先级的数据最多可在 134μs 内得到传输。

3）CAN 采用非破坏性总线仲裁技术，当多个节点同时向总线发送信息时，优先级较低的节点会主动地退出发送，而最高优先级的节点可不受影响地继续传输数据，从而大大节省了总线冲突仲裁时间。

4）CAN 只需通过帧滤波即可实现点对点、一点对多点及全局广播等几种方式传送和接收数据，无须专门的调度。

5）CAN 采用非归零（NRZ）编码，直接通信距离最远可达 10km（此时速率为 5kbit/s），通信速率最高可达 1Mbit/s（此时通信距离最长为 40m）。

6）CAN 上的节点数主要取决于总线驱动电路，目前可达 110 个。标示符可达 2032 种（CAN2.0A），而扩展标准（CAN2.0B）的标识符几乎不受限制。

7）采用短帧结构，传输时间短，受干扰概率低，具有极好的检错效果。

8）CAN 的每帧信息都有 CRC 校验及其他检错措施，保证数据出错率极低。

9）CAN 的通信介质可为双绞线、同轴电缆或光纤，选择灵活。

10）CAN 节点在错误严重的情况下具有自动关闭输出功能，以使总线上其他节点的操作不受影响。

CAN 总线的优点：低成本、极高的总线利用率、很远的数据传输距离（长达 10km）、极高的数据传输速率（高达 1Mbit/s）、可根据信息的 ID 决定接收或屏蔽该信息、可靠的错误处理和检错机制、发送的信息遭到破坏之后可自动重发、各电控单元在错误严重的情况下具有自动退出总线的功能、信息不包含原地址或目标地址、仅用标志符号来指示功能信息和优先级信息等。

CAN 系统的工作是建立在通信协议基础上的，CAN 通信协议主要描述各电控单元间的信息传递方式。CAN 的模型由数据链路层（包括逻辑链路控制子层和媒体访问控制子层）和物理层组成。各电控单元间的数据传输实际上是发生在物理层之间，且各电控单元只通过模型物理层的物理介质互联，CAN 最常用的物理介质就是双绞线。信号使用差分电压传送，两条信号线被称为 CAN – H 和 CAN – L，即 CAN 的高位数据线和低位数据线。静态时，两线电压均为 2.5V 左右，此时状态表示为逻辑 1，也称为隐性位；工作时，CAN – H 比 CAN – L 高，表示逻辑 0，称为显性位，此时通常 CAN – H 电压值约为 5V，CAN – L 电压值约为 0V。不管信息量的大小，系统内所有的信息都是通过这两条数据线传输的。

2.2.2　CAN 总线系统的结构

CAN 总线由若干个电控单元、2 个数据传输终端以及 2 条数据传输线组成，如图 2-38 所示。CAN 控制器、收发器等元件都置于各个电控单元内部，电控单元功能不变。

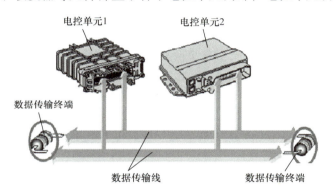

图 2-38　CAN 总线传输系统的组成

1. CAN 控制器

CAN 控制器接收电控单元传来的数据，对这些数据进行处理并将其传往 CAN 收发器。同样，CAN 控制器也接收由 CAN 收发器传来的数据，对这些数据进行处理并将其传往电控单元。CAN 控制器通过硬件实现信息发送、信息接收、接收信息过滤、发送搜索和中断逻辑等功能，大大降低了 CAN 节点主机的通信处理负担。CAN 控制器的结构如图 2-39 所示。

2. CAN 收发器

CAN 收发器是一个发送器和接收器的组合，安装在控制器内部，它将 CAN 控制器提供的数据转换成电信号并通过数据总线发送出去，同时，它也接收 CAN 总线数据，并将数据传到 CAN 控制器。CAN 收发器的结构如图 2-40 所示。

3. 数据传输终端

数据传输终端实际上是一个电阻器，其作用是避免数据传输终了反射回来，产生反射波而使数据遭到破坏。

在高速 CAN 总线中，只有两个数据传递终端，它装在 CAN 高位（CAN – H）和低位（CAN – L）数据线之间，总电阻为 50 ~ 70Ω，将点火开关断开后，可以用万用表测量 CAN 高位

模块 2　汽车车载网络技术分析

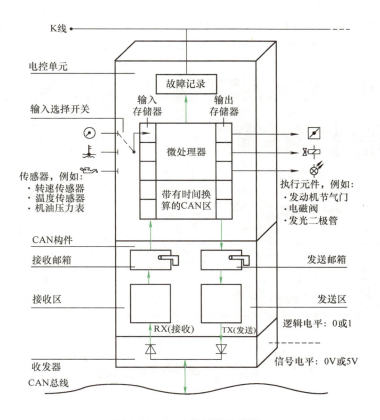

图 2-39　CAN 控制器的结构

线与 CAN 低位线之间的电阻值。高速 CAN 总线数据传输终端如图 2-41 所示。

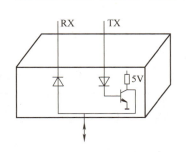

图 2-40　CAN 收发器的结构

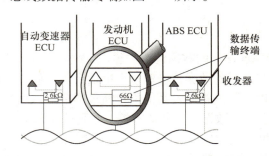

图 2-41　高速 CAN 总线数据传输终端

在低速 CAN 总线中，每个节点都有数据传输终端，数据传输终端不是安装在 CAN 高位线和 CAN 低位线之间的，而是装在数据线与地之间，电源断开后，其电阻也断开了，因此用万用表对其进行测量时，阻值为无穷大。

4. 数据传输线

数据传输线是双向的，用于对数据进行传输。两条线分别被称为 CAN 高位（CAN–H）和 CAN 低位（CAN–L）数据线，种类见表 2-6。为了防止外界电磁波的干扰和向外辐射，CAN 总线采用两条线缠绕在一起（图 2-42）。这两条线的电位相反，如果一条是 5V，另一

43

条就是 0V，始终保持电压总和为一常数。通过这种办法，CAN 总线得到了保护而免受外界的电磁场干扰，同时 CAN 总线向外辐射也保持中性，即无辐射。

表 2-6　数据传输线种类

示　意　图	类　　型
	驱动 CAN CAN – H or/bk（桔/黑） CAN – L or/br（桔/棕）
	舒适 CAN CAN – H or/gn（桔/绿） CAN – L or/br（桔/棕）
	信息娱乐 CAN CAN – H or/vi（桔/紫） CAN – L or/br（桔/棕）

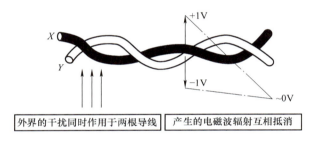

图 2-42　CAN 数据传输线

2.2.3　CAN 总线系统的数据传输原理

1. CAN 总线的数据传输

CAN 总线的数据传输像一个电话会议，如图 2-43 所示。一个电话用户（电控单元）将数据"讲入"网络中，其他用户通过网络"接听"这个数据，对于这个数据感兴趣的电控单元就会利用数据，而其他电控单元则选择忽略。在该网络中，任一电控单元都既可以发送数据又可以接收数据。

当某一电控单元向 CAN 控制器提供所需发送的数据后，CAN 控制器再将此数据发送给 CAN 收发器，CAN 收发器接收到由 CAN 电控单元传来的数据，并将其转换为电信号，通过数据传输线发出。此时，CAN 总线系统中其他电控单元转换为接收器接收此信号，并检查判断所接收到的信号是否是所需要的，如果接收的数据重要，则接收并进行处理，否则该数据将被忽略掉。

CAN 总线在极短的时间内，在各电控单元间传递数据，该数据由多位构成，位数的多少由数据帧的大小决定。

2. CAN 总线的数据传输过程

每条数据的传输包括以下 5 个过程：

模块 2　汽车车载网络技术分析

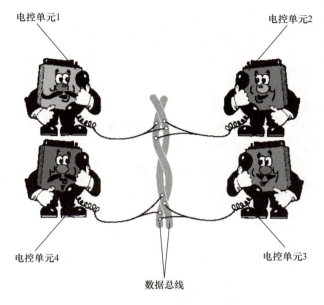

图 2-43　CAN 总线的数据传输

（1）提供数据　电控单元向 CAN 控制器提供数据用于传输。

（2）发出数据　CAN 收发器从 CAN 控制器处接收数据，并将其转换为电信号发出。这些数据以数据列的形式进行传输，数据列由一长串二进制（高电平与低电平）数字组成（如 0110100100111011）。

（3）接收数据　CAN 收发器从数据传输线接收电信号，并将其转换为数字信号传给控制器。

（4）检验数据　电控单元对接收到的数据进行检测，看是否是其功能所需。

（5）认可数据　如果所接收的数据是重要的，它将被认可及处理，反之将其忽略。

例如：发动机 ECU 向某 ECU 的 CAN 收发器发送数据，该 ECU 的 CAN 收发器接收到由发动机 ECU 传来的数据，转换信号并发给本 ECU 的 CAN 控制器。CAN 数据传输系统的其他 ECU 收发器均接收到此数据，但是要判断此数据是否是所需要的数据，如果不是，将忽略掉（图 2-44）。

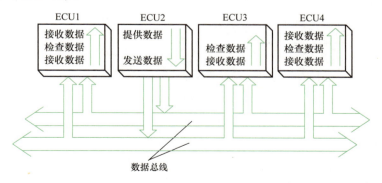

2.2.3　信号传递过程

图 2-44　ECU 间的数据传输示意图

45

3. 数据传输原理

在 CAN 总线中的每个节点，其内部进行运算的二进制信号（又称为逻辑信号）的电平都是很小的，并不足以通过双绞线进行长距离的传送（铜线上有电阻值，距离越长，阻值越大，电压不够的信号无法传输）。要实现数据的顺利传输，那么必须将数据进行升电压，即将二进制逻辑信号转换为电信号。

（1）电信号的传送　如图 2-45 所示，CAN 收发器收到 CAN 控制器送来的信号后控制晶体管导通或截止，CAN 收发器就像一个开关，根据 CAN 控制器送来的数据不断在导通和截止之间变化，使总线上的电平也不断跟随变化。

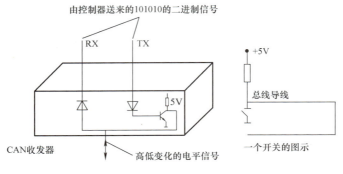

图 2-45　CAN 收发器示意图

因此，总线导线上就会出现两种状态，高电位表示逻辑 1，低电平表示逻辑 0。如果总线上的电平信号处于静止位置，就称为隐性电平（或称为无源）；如果总线上的电平信号处于传递位置，则称为显性电平（或称为有源）。总线上的电平信号如图 2-46 所示。

如图 2-47 所示，当把两个节点或两个以上的节点连接到一条总线上时，如果某一节点内的开关已接合，则电阻上就有电流流过，于是总线导线上的电压为 0V，此时总线处于有源状态，为显性电平。如果所有开关均未接合，那么就没有电流流过，电阻上就没有电压降，于是总线导线上的电压为 5V，此时总线处于无源状态，为隐性电平。

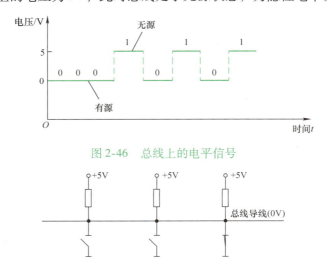

图 2-46　总线上的电平信号

图 2-47　有两个以上节点的总线状态转换示意图

模块 2　汽车车载网络技术分析

因此，从上面的分析可知，如果总线处于状态 1（无源），那么此状态可以由某一个电控单元使用状态 0（有源）来改写。

（2）高速 CAN 总线的数据传输

1）数据的发送。图 2-48 所示为高速 CAN 总线发射器电路简图。连接在总线上的所有节点都没有往外发送数据时，所有节点的发射器都处于截止状态，两条数据总线也都处于无源状态。上面作用着相同的预先设定值，该值称为隐性电平。对于高速 CAN 总线来说，这个值约为 2.5V。隐性电平也称为隐性状态，与其相连接的所有电控单元均可修改它。

当其中有一个节点往外发送数据时，总线处于显性状态，CAN-H 线上的电压值会升高一个预定值（这个值至少为 1V），而 CAN-L 线上的电压值会降低一个相同值（这个值至少为 1V）。于是在动力 CAN 总线上，CAN-H 线就处于有源状态，其电压不低于 3.5V（2.5V+1V=3.5V），而 CAN-L 线上的电压值最多可降至 1.5V（2.5V-1V=1.5V）。

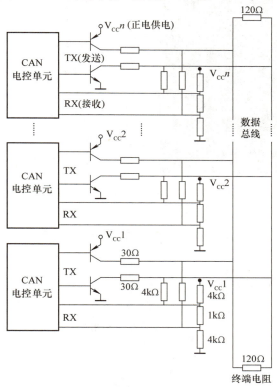

2.2.3　转速信号传输信息

图 2-48　高速 CAN 总线发射器电路简图

因此，在隐性状态时，CAN-H 线与 CAN-L 线上的电压差为 0V，在显性状态时，该差值最低为 2V，如图 2-49 所示。

图 2-50 中所示的是一个真实的高速 CAN 总线数据波形变化图，两个电平之间的叠加信号变化表示 2.5V 的隐性电平。CAN-H 线上的显性电压约为 3.5V，CAN-L 线约为 1.5V。在高速 CAN 中，只要有一条总线电路出现断路、短路或两线相互短路，则整个总线都失效，所有节点都无法通信。

47

2.2.3 发动机转速信息传递过程

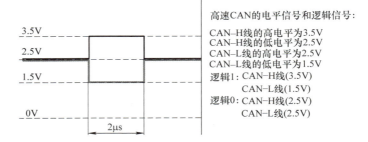

图 2-49 高速 CAN 总线信号电压变化

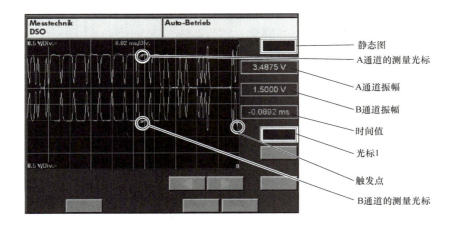

图 2-50 高速 CAN 总线实际波形示例

2)数据的接收。如图 2-51 所示，在收发器内有一个接收器，该接收器就是安装在接收一侧的差动信号放大器。

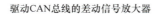

2.2.3 驱动 CAN 总线的差动信号放大器

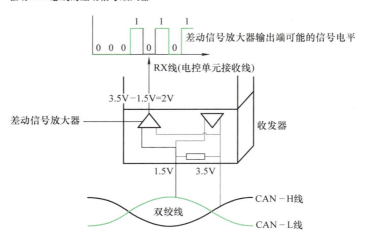

图 2-51 高速 CAN 接收器结构简图

差动信号放大器用于处理来自 CAN – H 线和 CAN – L 线的电平信号，除此以外还负责将转换后的信号传至电控单元的 CAN 接收区。这个转换后的信号称为差动信号放大器的输出电压。差动信号放大器内的信号处理如图 2-52 所示。

CAN – H 线和 CAN – L 线上传递的电平信号是相反的，差动信号放大器用 CAN – H 线上的电压（V_{CAN-H}）减去 CAN – L 线上的电压（V_{CAN-L}），就得出了输出电压，用这种方法可以消除静电平（对于动力 CAN 总线来说，是 2.5V）或其他任何重叠的电压（如干扰）。

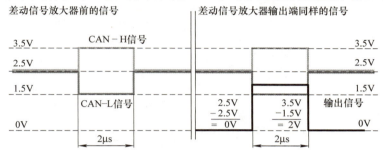

图 2-52　差动信号放大器内的信号处理

由于数据总线也要布置在发动机舱内，因此数据总线就会受到各种干扰。在维护时要考虑搭铁短路和蓄电池电压、点火装置的火花放电和静态放电。CAN – H 信号和 CAN – L 信号经过差动信号放大器处理后（就是所谓的差动传递技术），可最大限度地消除干扰的影响，如图 2-53 所示。这种差动传递技术的另一个优点是即使车上的供电电压有波动（如在起动发动机时），也不会影响各个电控单元的数据传递（数据传递可靠性）。

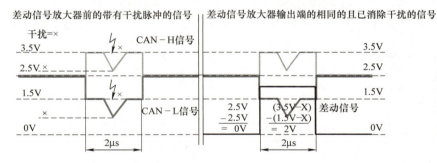

图 2-53　差动信号放大器内的干扰过滤

（3）CAN 总线的信息帧类型　CAN 总线的信息帧类型有数据帧（Data Frame）、远程帧（Remote Frame）、错误帧（Error Frame）和超载帧（Overload Frame）。

1）数据帧。携带数据由发送器发送至接收器。数据帧有 7 个不同的位域，如图 2-54 和图 2-55 所示。7 个位域依次是开始域、仲裁域、控制域、数据域、校验域、应答域和结束域。数据帧各区域功能见表 2-7。

2）远程帧。远程帧是用以请求总线上的相关单元发送具有相同标示符的数据帧。

如图 2-56 所示，远程帧由 6 个域构成。与数据帧相比，RTR 位为隐性，没有数据域，数据长度编码域可以是 0～8 的任何值，这个值是远程帧请求发送的数据帧的数据域长度。当具有相同仲裁域的数据帧和远程帧同时发送时，由于数据帧的 RTR 为显性，所以数据帧获得仲裁，发送远程帧的节点可以直接接收数据。

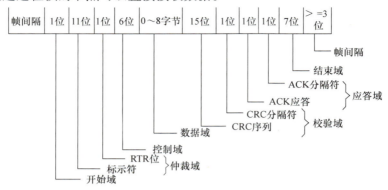

图 2-54　数据帧结构图 1

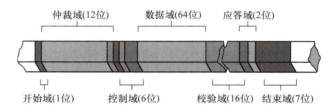

图 2-55　数据帧结构图 2

表 2-7　数据帧各区域功能

区域名称	区 域 功 能
开始域	标志数据开始。标志数据帧和远程帧的起始，它由单个显性位构成。只有当总线空闲状态时，才允许节点开始发送，所有节点必须同步于开始发送的数据帧的起始位
仲裁域	仲裁域由标示符和 RTR 位构成。不同的 CAN 版本标示域长度有所区别。标准 CAN 格式为 11 位，ID28～ID18；扩展 CAN 格式为 29 位，ID28～ID0 RTR 为远程传送位，数据帧中为显性，远程帧中为隐性，它是区别数据帧与远程帧的标志
控制域	显示数据域所包含的信息项目，在这里允许任何接收器检查是否已接收到所有信息。检查域有 6 位
数据域	数据域给出要传送的数据；CAN 标准格式中，一个帧中数据为 0～8 个字节
校验域	检测传输数据中的错误。安全域有 16 位。CRC 循环冗余检验是数据通信中应用最广的一种检验差错方法。方法是在发送端用数学方法产生一个循环码，称为循环冗余检验码。在信息码位之后随信息一起发出。在接收端也用同样的方法产生一个循环冗余校验码。将这两个校验码进行比较，如果一致，就证明所传信息无误；如果不一致，就表明传输中有差错，并要求发送端再传输
应答域	在应答域中，接收器信号通知发送器，接收器已经正确接收到数据。如果检查到错误，接收器立刻通知发送器，发送器再发送一次数据。应答域有 2 位
结束域	结束域是任何数据帧和远程帧之后连续的 7 个隐性位，它是一帧的结束标志，标志着数据报告结束。在这里是显示错误并重复发送数据的最后一次机会

数据帧和远程帧与前一个帧之间都有一个间隔域，即帧间间隔。

3）错误帧。一旦某个节点发现错误，就发送一个错误帧。错误帧由检测出总线错误的

模块 2　汽车车载网络技术分析

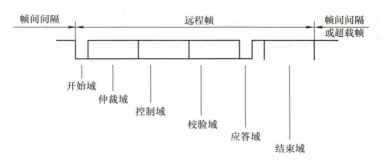

图 2-56　远程帧结构图

单元发送。任何单元检测到一条总线错误时就发送错误帧。

如图 2-57 所示，错误帧有两个域，第一个是不同节点发出的错误标志域，第二个为错误界定符。

① 错误标志域。有以下两种形式的错误标志。

a. 激活错误标志。它由 6 个连续显性位组成。

b. 认可错误标志。它由 6 个连续隐性位组成，可由其他 CAN 控制器的显性位改写。

② 错误界定符。错误界定符由 8 个隐性位组成。传送了错误标志以后，每一站就发送一个隐性位，并一直监视总线直到检测出 1 个隐性位为止，然后就开始发送其余 7 个隐性位。

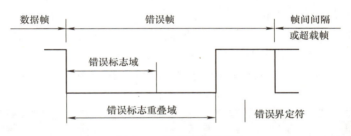

图 2-57　错误帧结构图

4）超载帧。超载帧用于请求在下一个数据帧或远程帧到来之前加入延时。超载帧由一个忙的 CAN 节点送出，以请求在前、后数据帧之间增加一个额外的延迟。

如图 2-58 所示，超载帧由两个区域组成：超载标志域及超载界定符。下述三种状态将导致超载帧发送：

图 2-58　超载帧结构图

51

① 接收方在接收一帧之前需要过多的时间处理当前的数据（接收尚未准备好）。
② 在帧空隙域检测到显性位信号。
③ 如果 CAN 节点在错误界定符或超载界定符的第 8 位采样到一个显性位节点会发送一个超载帧。

超载标志由 6 个显性位构成，它与故障激活标志一样。它的出现破坏了间隔时域，结果导致所有节点监测到超载情况，开始发送一个超载标志。当间隔时域的第 3 位时段内检测到显性状态，节点将认为这是一个帧起始位。

超载界定符由 8 个隐性位组成，与错误界定符一样。在发出超载标志后，节点监听总线状态，直到出现一个显性到隐性的变化标志，超载周期结束。在这一时间内，原节点已经完成了超载标志的发送，而且开始发送另外 7 个隐性位。

（4）数据报告优先权　因为 CAN 总线采用多主串行数据传递方式，如果有多个控制器同时需要发出信号，那么在总线上一定会发生数据冲突。为了避免出现数据冲突，当出现多个控制器同时发送信号的情况时，系统就必须决定哪个电控单元首先进行发送，哪个电控单元等待发送。CAN 总线采取的措施是每个电控单元在发送信号时，通过数据帧前列的状态域来识别数据优先权，具有最高优先权的数据首先发送。

在信息数据列中有 11 位的状态区，这 11 位二进制中前 7 位既是发送信息的控制器标示符，同时又表示了它的优先级。仲裁规则如下：标志符中的号码越小，即从前往后数，前面零越多，优先级越高。而后 4 位则是这个控制器发送不同信息的编号，如发动机 ECU 既要发送转速信号，又要发送冷却液温度等信号，则后 4 位就有所不同。

基于安全考虑，由 ABS/EDL ECU 提供的数据（驾驶安全）比自动变速器 ECU 提供的数据（驾驶舒适）更重要，因此具有更高的优先权。

在状态域中，由 11 位组成的编码的数据组合形式决定了优先权（表 2-8）。

表 2-8　数据报告优先权状态域形式

优　先　权	数　据　报　告	状态域形式
1	Brake1（制动 1）	001 1010 0000
2	Engine1（发动机 1）	010 1000 0000
3	Gearbox1（变速器 1）	100 0100 0000

三个 ECU 同时发送数据，此时，在数据传输线上进行 1 位的数据比较。如果一个 ECU 发送了一个低电压而检测到一个高电位，那么这个 ECU 就停止发送而转为接收器。数据优先权裁定原理图及说明分别如图 2-59 和表 2-9 所示。

2.2.4　CAN 总线系统的通信协议

通信协议是车载网络上各电控单元相互通信的充要条件，它是各电控单元必须遵守的共同规则，可以保证各电控单元能够正常使用网络进行通信。

模块 2　汽车车载网络技术分析

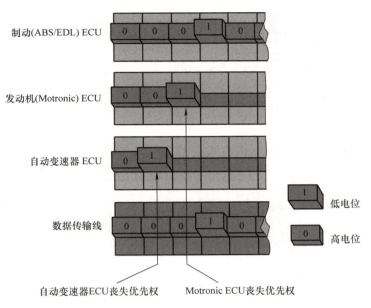

图 2-59　数据优先权裁定原理图

表 2-9　数据优先权裁定原理说明

位次	比　　　较	结　　　果
位 1	ABS/EDL ECU 发送了 1 个高电位；Motronic ECU 也发送了 1 个高电位	自动变速器 ECU 发送了 1 个低电位而检测到 1 个高电位，那么它将失去优先权而转为接收器
位 2	ABS/EDL ECU 发送了 1 个高电位；Motronic ECU 发送了 1 个低电位并检测到 1 个高电位	Motronic ECU 也失去优先权而转为接收器
位 3		ABS/EDL ECU 拥有最高优先权并接收分配的数据，该优先权保证其持续发送数据直至发送终了 ABS/EDL ECU 结束发送数据后，其他电控单元再发送各自的数据

1. 通信协议的三要素

1) 语法规定通信双方"如何讲"。即确定数据格式、数据码型和信号电平等。

2) 语义规定通信双方"讲什么"，即确定协议元素的类型，如规定通信双方要发出什么控制信息、执行什么动作和返回什么应答等。

3) 定时规则规定事件执行的顺序，即确定链路通信过程中通信状态的变化，如规定正确的应答关系和速度匹配等。

2. 汽车网络通信协议标准 ISO 11898

ISO 11898 规定的 CAN 网络结构如图 2-60 所示。该协议是包括 ISO 规定的开放系统互连（OSI）基本参考模型中的应用层、数据链路层及物理层的协议。ISO/OSI 模型与 ISO 11898 规定的 CAN 总线协议对比如图 2-61 所示。协议框架示意图如图 2-62 所示。

53

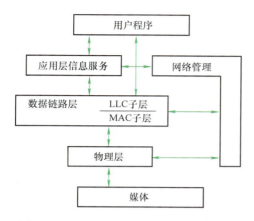

图 2-60 ISO 11898 规定的 CAN 网络结构

图 2-61 ISO/OSI 模型与 ISO 11898 规定的 CAN 总线协议对比

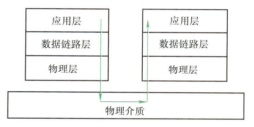

图 2-62 协议框架示意图

（1）数据链路层

1）链路：一条无源的点到点的物理线路段，中间没有任何其他的交换节点。在进行数据通信时，两个计算机之间的通路往往是由许多的链路串接而成的。一条链路只是一条通路的一个组成部分。

2）数据链路：当需要在一条线路上传送数据时，除了必须有一条物理线路外，还必须有一些必要的规程来控制这些数据的传输。把实现这些规程的硬件和软件加到链路上就构成了数据链路。

3）数据链路层的作用：通过一些数据链路层协议（即链路控制规程），在不太可靠的物理线路上实现可靠的数据传输；对物理层传输原始比特流的功能的加强，将物理层提供的可能出错的物理连接改造成逻辑上无差错的数据链路，即使之对网络层表现为一条无差错的链路。

4）数据链路层的功能：向网络层提供透明、可靠的数据传送服务。具体要实现下列功能：链路管理、帧同步、差错控制和流量控制。

5）透明性是指该层上传输的数据的内容、格式及编码没有限制（任何数据均可不受限制地传输），也没有必要解释信息结构的意义；可靠的传输使用户免去对丢失信息、干扰信息及顺序不正确的担心。

6）数据链路层主要解决以下问题：如何将数据组合成数据块（帧），其中帧是数据链路层的传送单位；如何控制帧在物理信道上传输，包括如何处理传输差错；如何调节发送速率，以使之与接收方相匹配；在两个网络实体之间提供数据链路通路的建立、维持和释放管理。

（2）逻辑链路控制层（LLC） 该层为数据传送和远程数据请求提供服务，确认由 LLC 子层接收的报文实际已被接收（接收滤波），并为恢复管理和通知超载提供信息。

（3）媒体访问控制层（MAC） 该层主要功能是规定传输规则，即控制帧结构、执行仲裁、检测错误、标定出错和界定故障。

模块2 汽车车载网络技术分析

（4）物理层 物理层的作用是在物理传输媒体上传输各种数据的比特流，它不考虑识别数据的类型和结构。这一层除了规定机械、电气、功能和规程等特性外，主要考虑的问题还有传输速率、信道容量、传输媒体、调制/解调、交换技术、网络拓扑和多路复用技术等，物理层结构电路如图 2-63 所示。

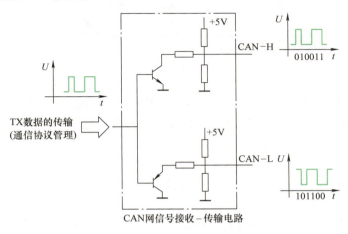

图 2-63 物理层结构电路

一个 CAN 网络电控单元拥有一个标准的接口（CAN 网络标准），以便于与其他 CAN 网络电控单元交流信息、处理数据。CAN 网络系统电路简图如图 2-64 所示。CAN 网络电控单元接口如图 2-65 所示。

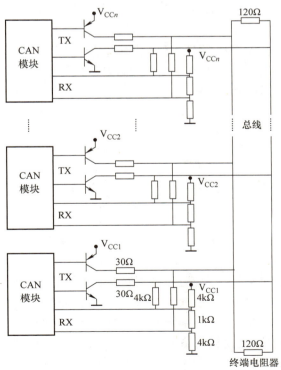

图 2-64 CAN 网络系统电路简图

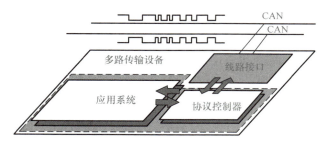

图 2-65　CAN 网络电控单元接口

协议控制器（CP CAN），负责管理 CAN 网络协议，其功能有 CAN 网络信息输入和输出的编码/译码、检测到空闲总线之后进入该总线、冲突管理、错误管理、与微处理电路的接口连接并实现运行任务。

电路接口有两个重要作用：翻译和保护。它负责将 CAN 网络总线的信号 CAN－H 和 CAN－L 翻译成无干扰的 RX 信号传入协议控制器，或者相反，将协议控制器的 TX 信号翻译成 CAN－H 和 CAN－L 信号传入总线。

CAN 总线系统物理总线表现为两种，高速 CAN 总线系统物理层适用的速率为 250kbit/s～1Mbit/s，而低速 CAN 总线系统容错物理层适用的速率不超过 125kbit/s。

1）高速 CAN 总线系统物理层。

① 导线电平定义。高速 CAN 网络互补数据对的电压水平是标准化的，其中一根被称为高电平传输线 CAN－H（图 2-66），另一根被称为低电平传输线 CAN－L（图 2-67），搭铁电压分别被表示为 V_{CAN-H} 和 V_{CAN-L}，它们之间的差值被称为差分电压 V_{diff}，即 $V_{diff} = V_{CAN-H} - V_{CAN-L}$。

② 互补数据对。高速 CAN 总线系统物理层由互补数据对组成，其两条线分别称为 CAN－H 线和 CAN－L 线。在 CAN－H 线和 CAN－L 线上同时传送信息，CAN－H 线上传送的信息和 CAN－L 线上传送的信息正好是相反的。

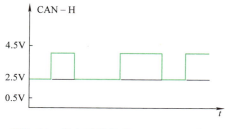

图 2-66　高电平传输线 CAN－H 示意图

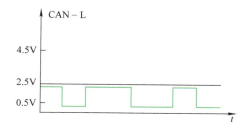

图 2-67　低电平传输线 CAN－L 示意图

③ 电压水平。高速 CAN 总线系统互补数据对的电压水平是标准化的，高速 CAN 总线系统互补数据对信号形式如图 2-68 所示。高速 CAN 总线系统的传输如图 2-69 和图 2-70 所示。

④ 没有诊断。高速 CAN 总线系统物理层由于其内部结构的限制，不能提供任何容错方法。因为高速 CAN 总线系统的比较电路很简单，所以如果出现故障，比较器不会发送信号，也没有办法实现通信。以下 7 种情况中，只有两种情况在物理层容错范围内，其他几种情况况，网络是不能运行的，并且各个电控单元之间也不可以实现通信。

模块 2 汽车车载网络技术分析

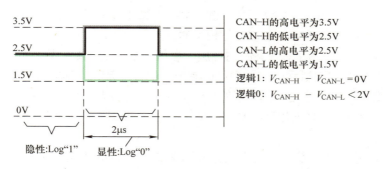

图 2-68 高速 CAN 总线系统互补数据对信号形式（高速 CAN 网络的逻辑电平）

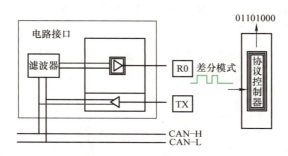

图 2-69 高速 CAN 总线系统的传输（计算机接收信息电路）1

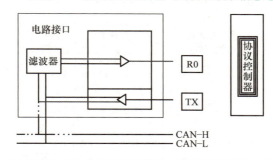

图 2-70 高速 CAN 总线系统的传输（计算机发送信息电路）2

CAN-H 线对负极短路——无法运行。

CAN-H 线对正极短路——在 CAN-L 线上进行降级运行（在物理层容错范围内）。

CAN-H 线对负极短路——在 CAN-H 线上进行降级运行（在物理层容错范围内）。

CAN-L 线对正极短路——无法运行。

CAN-H 线断路——无法运行。

CAN-L 线断路——无法运行。

CAN-H 线与 CAN-L 线之间短路——无法运行。

⑤ 休眠/唤醒。在 CAN 电路接口有持续供电的情况下，如果网络处于休眠状态，高速 CAN 网络物理层一旦有活动信号，网络的活动信息将经 RX 线，唤醒 CP CAN，当协议控制器 CP CAN 被唤醒时，它将打断网络休眠，执行苏醒过程。

2）低速 CAN 总线系统物理层。

① 互补数据对。低速 CAN 总线系统物理层由一个互补数据对组成，其两条线分别称为

CAN－H线和CAN－L线。在CAN－H线和CAN－L线上同时传送信息，CAN－H线上传送的信息和CAN－L线上传送的信息正好是相反的。

② 电压水平。低速CAN总线系统物理层的电压水平也是标准化的。低速CAN总线系统物理层信号形式如图2-71所示，由图中可以看出其信号上升和下降的时间（坡道），同时注意到电压振幅比高速CAN总线系统物理层的强，这是因为其对应的速率更慢（只到125kbit/s）。低速CAN网络的逻辑电平如图2-72所示。低速CAN总线系统的传输如图2-73和图2-74所示。

③ 诊断。低速CAN总线系统物理层为故障提供一个容错功能，因为其差分电路是由3个共用模式的比较器组成的，而这3个比较器用来将CAN－H线和CAN－L线与参照电压进行比较，参见图2-73和图2-74。在这种情况下，3个比较器中间至少有一个总是能保持运转，故障形式如下所示：

图2-71 低速CAN总线系统物理层信号形式

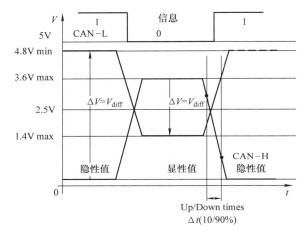

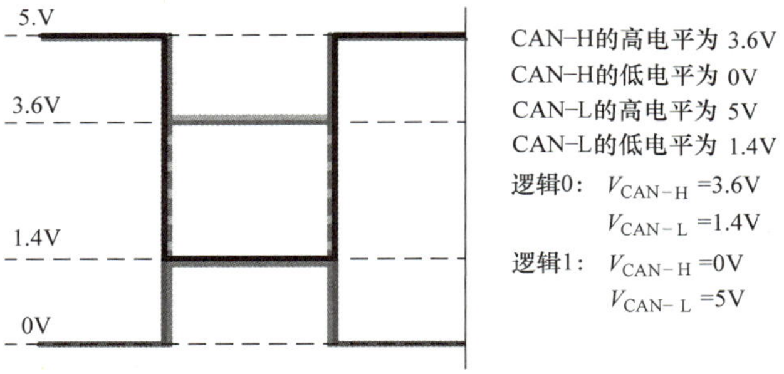

图2-72 低速CAN网的逻辑电平

CAN－H线对负极短路——→在CAN－L线上进行降级运行。
CAN－H线对正极短路——→在CAN－L线上进行降级运行。
CAN－L线对负极短路——→在CAN－H线上进行降级运行。
CAN－L线对正极短路——→在CAN－H线上进行降级运行。
CAN－H线断路——→在CAN－L线上进行降级运行。
CAN－L线断路——→在CAN－H线上进行降级运行。

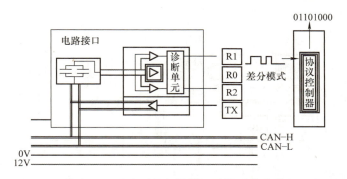

图 2-73　低速 CAN 总线系统的传输（计算机接收信息电路）1

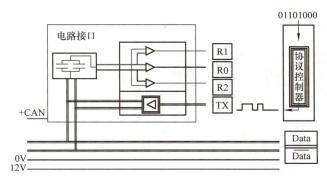

图 2-74　低速 CAN 总线系统的传输（计算机发送信息电路）2

CAN－H 线与 CAN－L 线之间短路——在 CAN－L 线上自动切断，在 CAN－H 线上进行降级运行。

2.2.5　CAN 总线系统的应用

1. CAN 总线技术的应用

国外知名汽车基本都已经采用了 CAN 总线技术，如沃尔沃、林肯、奥迪和宝马等，CAN 总线技术就是通过遍布车身的传感器，将汽车的各种行驶数据发送到总线上，在这个信息共享平台上，凡是需要这些数据的接收端，都可以从总线上读取需要的信息，从而使汽车的各个系统协调运作、信息共享、保证车辆安全行驶、舒适和可靠。一般来说，越高档的汽车，配备的 CAN 总线数量越多，价格也越高，如途安、帕萨特等车型中都配备了多个 CAN 总线。

车用网络大致分为 4 个系统：动力传动系统、车身系统、安全系统和信息（媒体娱乐）系统。图 2-75 所示为奥迪 A4 轿车车载网络结构图。

2. 帕萨特动力 CAN 总线

上汽大众汽车有限公司生产的帕萨特轿车融合了许多高新技术，其中包括在其动力传动系统和舒适系统中装用了两套数据传输系统，如图 2-76 所示。动力传动系统的 CAN 总线将发动机电控单元 J220、自动变速器电控单元 J217 和 J104 连为一体，形成一个完整的系统。舒适系统的 CAN 总线将 1 个中央电控单元和 4 个车门电控单元连接为一体，形成一个完整的网络。2001 年以前与 2002 年以后帕萨特的数据传输系统分别如图 2-77 和图 2-78 所示。

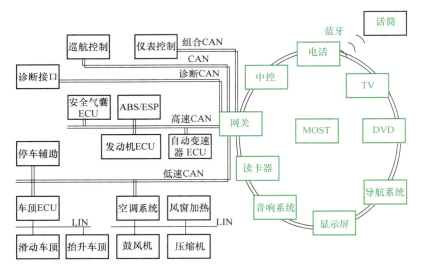

图 2-75 奥迪 A4 轿车车载网络结构图

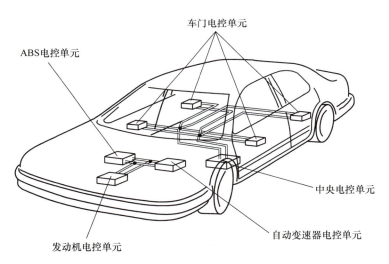

图 2-76 CAN 总线结构示意图

（1）CAN 总线数据传输过程　动力 CAN 总线连接 3 个电控单元，它们是发动机、ABS/EDL（电子差速锁）及自动变速器电控单元（动力 CAN 总线实际还可以连接安全气囊、四轮驱动与组合仪表等电控单元）。总线可以同时传输 10 组数据，即发动机电控单元 5 组、ABS/EDL 电控单元 3 组和自动变速器电控单元 2 组。数据总线以 500kbit/s 的速率传输数据，每一个数据传输需要约 0.25ms，每一个电控单元 7～20ms 发送一次数据。优先权顺序为 ABS/EDL 电控单元、发动机电控单元、自动变速器电控单元。图 2-79 所示为动力 CAN 总线传输的信息。

模块 2 汽车车载网络技术分析

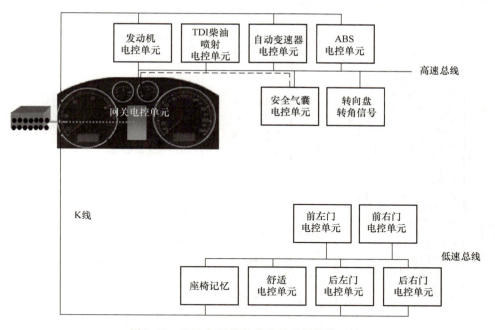

图 2-77 2001 年以前帕萨特的数据传输系统

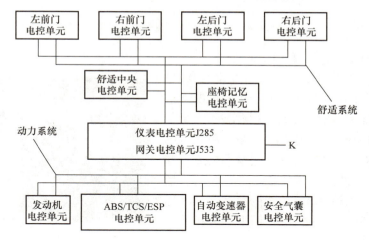

图 2-78 2002 年以后帕萨特的数据传输系统

（2）动力 CAN 总线的检测与诊断 如果信息传输系统有故障，则整个汽车信息传输系统中的有些信息将无法传输，接收这些信息的电控模块就无法正常工作，从而会出现故障指示灯亮起、废气排放超标、怠速不稳和动力不足等故障现象。

1）CAN 总线信号检测盒 VAS 1598/38。

① 检测盒可以与在仪表板左侧或者右侧的 CAN 中央接线插座连接。

注意：中央插座上有一个不带引脚的插头，测试时一定要把车用插头插入检测盒的插座内。

② 根据电路图确定引脚布置，测量仪［数字存储示波仪（DSO）、CAN 工具］要正确连接。

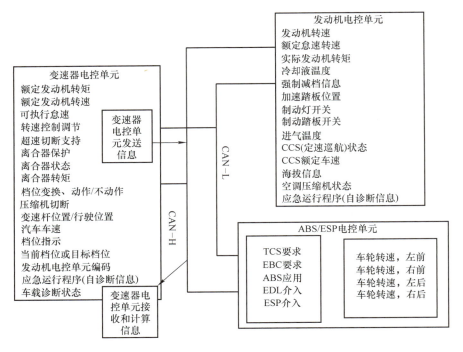

图 2-79　动力 CAN 总线传输的信息

2）VAS 5051 诊断仪测量模式的设置。

① 表笔与电路的连接。使用测量仪（DSO）分析 CAN 总线的电压，需要在无干扰的情况下进行。如图 2-80 和图 2-81 所示，连接 DSO 测量仪主机、检测盒和测试线。在通道 A 中，用红色的测量线连接 CAN–H 线，黑色的测量线搭铁；在通道 B 中，用红色的测量线连接 CAN–L 线，黑色的测量线搭铁。两条 CAN 总线的每一条线都通过一个通道进行测量。通过 DSO 图形的分析便可以很容易地发现故障。

图 2-80　两通道工作情况下 DSO 的连线

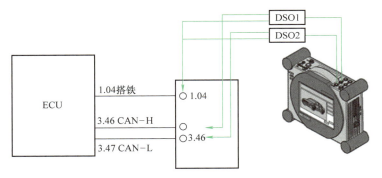

图 2-81　DSO 测量仪连线

② DSO 使用说明。在系统启动屏中选择"测量技术"模式，可以使用万用表或数字存储示波仪（DSO）。用万用表可以测量车辆中的全部电气变量，如直流和交流电压、电流和电阻。也可以选择数字存储示波仪（DSO）按钮来测量波形。

3）用万用表测量终端电阻。终端电阻装在系统（如驱动系统 CAN 总线）的两个电控单元内。终端电阻阻止 CAN 总线信号在 CAN 总线上产生变化电压的反射。当终端电阻出现故障时，电路的反射影响会使电控单元的信号无效。当用 DSO 进行 CAN 总线信号测量时，若该信号与标准信号不相符，则系统终端电阻可能损坏。在驱动系统 CAN 总线上的终端电阻可以用万用表进行测量。但是，在舒适系统 CAN 总线和信息系统 CAN 总线上不能用万用表测量。终端电阻的检测如图 2-82 所示。

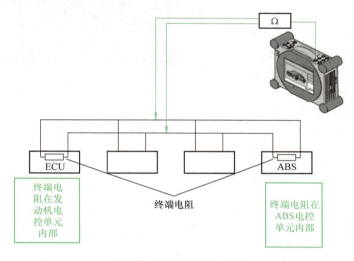

图 2-82 终端电阻的检测

① 终端电阻的测量步骤。将蓄电池的电极线拔除→等待约 5min，直到所有的电容器都充分放电→连接测量仪器并测量总阻值→将一个带有终端电阻电控单元的插头拔下→检测总的阻值是否发生变化→第一个电控单元（带有终端电阻）的插头连接好后，再将第二个电控单元的插头拔下来→检测总的阻值是否发生变化→分析测量结果。

② 终端电阻的阻值。在电控单元内安装的不是一个有固定阻值的终端电阻，而是由很多个被测量的电阻组合在一起的终端电阻。作为标准值或者试验值，两个终端电阻分别以120Ω 为起始值。

对总的阻值测试完毕后，还需要将一个带有终端电阻电控单元的插头拔下，分别对两个单个的电阻进行测量。若电控单元插头被拔出后测量的阻值发生了变化，则说明两个阻值都正常。操作程序也是很重要的，因为每一种车型终端电阻的阻值是不同的。

4）用万用表测量动力 CAN 总线的电压。动力 CAN 总线可以采用数字万用表进行电压信号的测试，大致判断数据总线的信号传输是否存在故障。用数字万用表在测量频率信号时，万用表具有分段采集和有效值运算的工作特性，因此，数字万用表的显示值只能反映被测信号的主体信号电压值，不能显示被测信号的每个细节。

动力 CAN 总线的信号波形如图 2-83 所示。CAN – H 线信号在总线空闲时的电压约为2.5V，总线上有信号传输时总线上的电压值在 2.5~3.5V 高频波动，因此，CAN – H 线的主体电压应是2.5V,所以万用表的测量值为2.5~3.5V,大于2.5V但靠近2.5V。

同理,CAN-L线信号在总线空闲时的电压约为2.5V,总线上有信号传输时总线上的电压值在1.5~2.5V高频波动,因此,CAN-L线的主体电压应是2.5V,所以万用表的测量值为1.5~2.5V,小于2.5V但靠近2.5V。

5)动力CAN总线系统的波形分析。

① DSO仪器的设置。使用VAS 5051诊断仪,选择测量技术中的"数字存储示波仪(DSO)",即可进行波形测量,如图2-83所示。

图2-83中的序号说明如下:

1——通道A测量CAN-H线。

2——通道B测量CAN-L线。

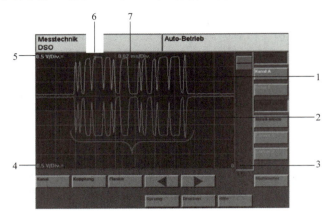

图2-83 动力CAN总线的信号波形

3——通道A和通道B的零线坐标置于等高(黄色的零标记被绿色的零标记所遮盖)。在同一零坐标线下对电压值进行分析更为简便。

4——通道B的电压单位值的设定。在0.5V/Div的设定下,DSO的显示被较好地利用。这便于电压值的读取。

5——通道A的电压单位值的设定。

6——触发点的设定,它位于被测定信号的范围内。在CAN-H线信号为2.5~3.5V时,CAN-L线信号为1.5~2.5V。

7——时间单位值应尽可能选择得小一些。最小的时间单位为0.02ms/Div。

② 信号说明。动力CAN总线的信息传送通过两个逻辑状态0(显性)和1(隐性)来实现。每一个逻辑状态都对应于每个相应的电压值,电控单元应用其电压差值获得数据,如图2-84所示。

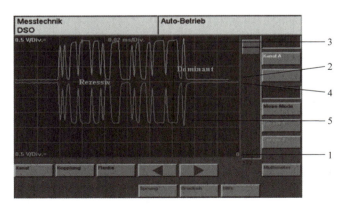

图2-84 电压值的应用

图2-84中的序号说明如下:

模块 2　汽车车载网络技术分析

1——通道 A 和通道 B 的零线。通道 B 的绿色零标记遮盖了通道 A 的黄色零标记。
2——CAN–H 线的隐性电压电位约为 2.7V（逻辑值 1）。
3——CAN–H 线的显性电压电位约为 3.8V（逻辑值 0）。
4——CAN–L 线的隐性电压电位约为 2.4V（逻辑值 1）。
5——CAN–L 线的显性电压电位约为 1.2V（逻辑值 0）。

说明：总是利用两条线的电压差确认数据。当 CAN–H 线的电压值上升时，相应的 CAN–L 线的电压值下降。正如 DSO 显示所示，CAN 总线仅有两种工作状态。在隐性电压电位时，两个电压值很接近；在显性电压电位时，两个电压差值约为 2.5V，电压值约有 100mV 的小波动。

③ 故障波形分析。CAN 总线故障现象具有下列特征：断路时，总线上电压波形不正常；对正极短路时，总线上无电压变化，总线电压为蓄电池电压；对负极短路时，总线上无电压变化，总线电压为 0V；双线之间短路时，两线电压波形相同且均不正常。

原因可能为：导线中断；导线局部磨损；插头连接损坏，触头损坏，有污垢、锈蚀；电控单元损坏；电控单元供电故障；导线烧毁。

当故障存储记录显示"驱动总线故障"时；用 DSO 进行检测是必要的，可以确定故障点的位置以及故障引发的原因。

下列故障波形图中，用通道 A 测量 CAN–H 线的电压，用通道 B 测量 CAN–L 线的电压。

故障 1：CAN–H 线与 CAN–L 线间短路。

波形说明：电压电位置于隐性电压值（约为 2.5V），如图 2-85 所示。

故障原因及判断方法：通过插拔驱动系统 CAN 总线上的电控单元进行判断，是由于电控单元引起的短路还是由于 CAN–H 线和 CAN–L 线连接引起的短路。若为电路引起的短路，则需要将 CAN 总线（CAN–H 线和 CAN–L 线）从电路节点处依次拔取，同时注意 DSO 的波形变化。当故障线组被取下后，DSO 的图形恢复正常。

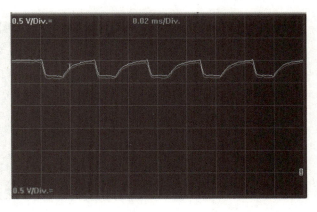

图 2-85　CAN–H 线与 CAN–L 线间短路

故障 2：CAN–H 线对负极短路。

波形说明：CAN–H 线的电压为 0V，CAN–L 线的电压也为 0V，但在 CAN–L 线上还能够看到一小部分的电压变化，如图 2-86 所示。

该故障的判断方法与故障 1 相同。

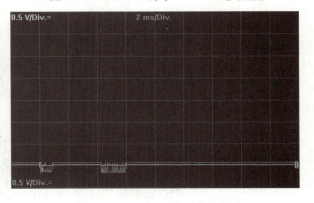

图 2-86　CAN–H 线对负极短路

故障 3：CAN-H 线对正极短路。

波形说明：CAN-H 线的电压电位被置于 12V，CAN-L 线的隐性电压被置于约 12V，如图 2-87 所示。

故障原因及判断方法：这是由于电控单元收发器内的 CAN-H 线和 CAN-L 线在内部错接引起的。该故障的判断方法与故障 1 相同。

故障 4：CAN-L 线对负极短路。

波形说明：CAN-L 线的电压约为 0V，CAN-H 线的隐性电压也被降到 0V，如图 2-88 所示。

该故障的判断方法与故障 1 相同。

故障 5：CAN-L 线对正极短路。

波形说明：两条总线的电压都约为 12V，如图 2-89 所示。

该故障的判断方法与故障 1 相同。

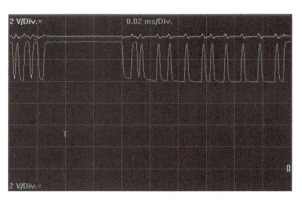

图 2-87　CAN-H 线对正极短路

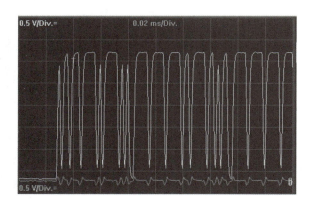

图 2-88　CAN-L 线对负极短路

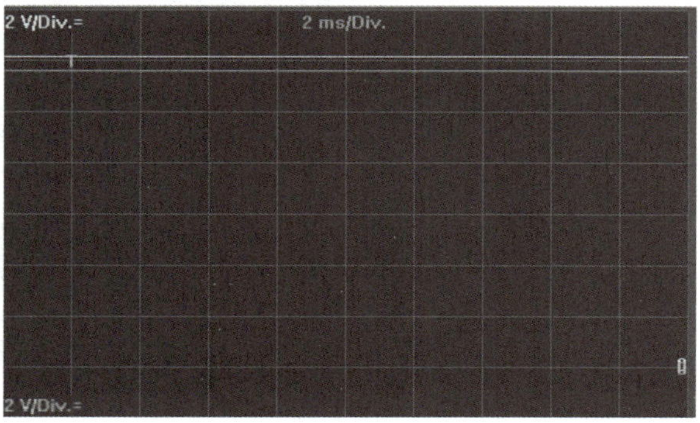

图 2-89　CAN-L 线对正极短路

模块 2　汽车车载网络技术分析

故障 6：CAN – L 线断路。

该故障波形如图 2-90 所示。

当 CAN – L 线断路时，CAN 系统无法正常工作。

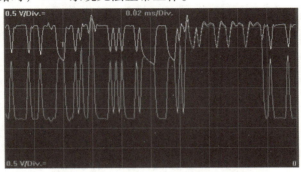

图 2-90　CAN – L 线断路

故障 7：CAN – H 线断路。

该故障波形如图 2-91 所示。

当 CAN – H 线断路时，CAN 系统无法正常工作。

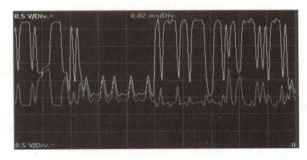

图 2-91　CAN – H 线断路

6）动力 CAN 总线系统的故障自诊断。对于动力 CAN 总线系统故障，可通过车载自诊断系统 OBD – Ⅱ 进行故障自诊断，通过故障码进行逻辑判断。OBD – Ⅱ 诊断插座电路如图 2-92 所示。

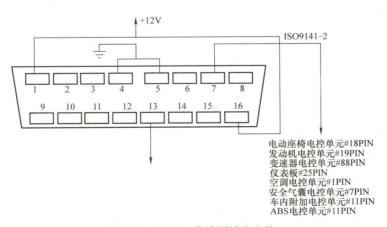

图 2-92　OBD – Ⅱ 诊断插座电路

67

3. 帕萨特舒适系统 CAN 总线

（1）组成及功能　帕萨特 B5 轿车舒适系统有 2 根 CAN 总线，将舒适系统电控单元和各车门的电控单元连接成局域网，彼此通信，传递开关信号、闭锁状态及其他信息。采用 CAN 总线，可使各车门的导线数量大大减少，从而减少导线连接故障。当 1 根数据 CAN 总线发生故障时，舒适系统处于紧急运行状态，所有功能保持不变。当 2 根数据总线发生故障时，车门不再执行电动功能，只能手动开关和上锁。

舒适系统 CAN 总线连接 5 个电控单元，包括中央电控单元（内部）及 4 个车门电控单元，如图 2-93 所示。

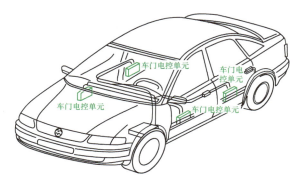

图 2-93　舒适系统 CAN 总线元件位置

舒适系统 CAN 数据传递有 5 个功能：中央门锁、电动车窗、照明开关、后视镜加热及自诊断功能。电控单元的各条传输线以星状汇聚到一点，这样做的好处是如果一个电控单元发生故障，其他电控单元仍然可发送各自的数据。舒适系统 CAN 总线如果出现对负极短路、对正极短路或电路间短路，CAN 系统会转为应急模式运行和转为单线模式运行。4 个车门电控单元都是由中央电控单元控制，只需较少的自诊断线。

（2）CAN 总线数据传递过程　该数据传递的优先权顺序为中央电控单元、驾驶人侧车门电控单元、前乘客侧车门电控单元、左后车门电控单元、右后车门电控单元。

（3）舒适 CAN 总线系统波形分析　对于舒适系统 CAN 总线故障，可以用 DSO 进行测量，通过分析测试的波形，可以判断故障部位。

1）DSO 设置。用 DSO 对舒适系统 CAN 总线进行测量，双通道工作模式下 DSO 的电路连接图如图 2-94 所示。两条 CAN 总线每一条线分别通过一个通道进行

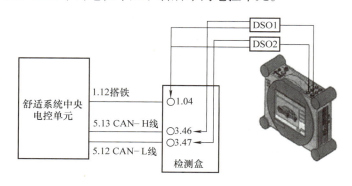

图 2-94　双通道工作模式下 DSO 的电路连接图

测量，通过 DSO 图形的分析可以很容易地发现故障。DSO 的设置如图 2-95 所示。

图 2-95 中的序号说明如下：

1——通道 A 和通道 B 的零坐标线等高。通道 A 的零标记被通道 B 所掩盖。在读取数值

模块 2 汽车车载网络技术分析

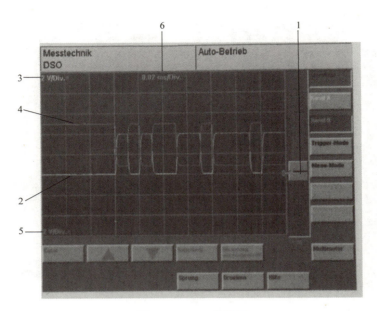

图 2-95　DSO 的设置

时，可以将零线相互分开。

2——通道 A 显示 CAN - H 线。

3——通道 A 电压单位值的设定。在 0.02ms/Div 时，DSO 的显示可被较好地利用，这也便于电压值的读取。

4——通道 B 显示 CAN - L 线。

5——通道 B 电压单位值的设定应与通道 A 相符。这便于电压电位的比较分析。

6——时间单位值应尽可能选取小一些。由于舒适系统 CAN 总线的比特周期较长（10μs），所以在 DSO 内可以显示 1 位（bit）。

注意：舒适系统 CAN 总线电压电位与驱动系统 CAN 总线的显示有所不同。舒适系统 CAN 总线的 CAN - L 线隐性电位高于 CAN - H 线，CAN - H 线的显性电位高于 CAN - L 线。为了读取数值建议将两条零线分开。

2）信号说明。电压与电位说明如图 2-96 所示。

1——通道 B 的 CAN - L 线显示。

2——通道 A 的 CAN - H 线显示。

3——通道 B 的零线。

4——CAN - L 线的显性电压向下没有达到零线坐标。

5——CAN - L 线的隐性电压。在总线不工作的状态下，5V 的隐性电压电位切换到 0V。

6——通道 A 的零线坐标和 CAN - H 线的隐性电压电位。

7——CAN - H 线的显性电压电位。

8——1 位（bit）的显示时间（10μs）。

电压与电位的关系见表 2-10。

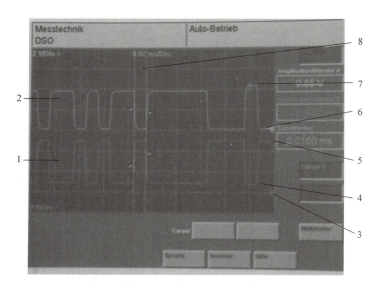

图 2-96　电压与电位说明

表 2-10　电压与电位的关系

电　位	CAN – H 线对搭铁	CAN – L 线对搭铁	电　位　差
显性（0）	4V（>3.6V）	1V（<1.4V）	3V
隐性（1）	0V	5V	-5V

例如：CAN – H 线的显性电压电位至少达到 3.6V，如果未达到区域要求，则电控单元将不能准确判定电压电位是逻辑 0 还是逻辑 1，这将导致出现故障存储或单线工作状态，在隐性电压电位，一个负值（0 - 5V = -5V）可以被精确地计算出来。

3）舒适系统 CAN 总线故障波形分析。当故障存储记录为"舒适总线故障"时，用 DSO 进行测量，可以确定故障引发的原因并找到故障点。因为舒适总线具有单线工作能力，所以当出现故障时，用 DSO 可以确定两条 CAN 总线中哪一条有故障。

说明：在下面所示的故障波形图中，用通道 A 测量 CAN – H 线的电压，用通道 B 测量 CAN – L 线的电压。

① CAN – H 线与 CAN – L 线之间短路。波形说明：波形如图 2-97 所示，图中通道 A 和通道 B 的零线坐标重叠，通过设置可以看出 CAN – H 线和 CAN – L 线的电压电位是相同的。

故障分析：CAN – H 线与 CAN – L 线之间短路影响所有的舒适总线，舒适系统 CAN 总线因此单线工作，即通信仅有一条电路的电压电位起作用，电控单元利用该电压电位搭铁值确定传输数据。

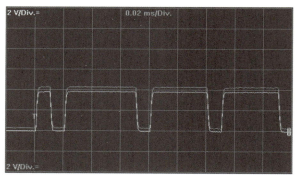

图 2-97　CAN – H 线与 CAN – L 线之间短路

② CAN－H 线对正极短路。波形说明：波形如图 2-98 所示，CAN－H 线的电压电位约为 12V 或蓄电池电压，CAN－L 线的电压电位正常。

故障分析：CAN－H 线对正极短路时，舒适系统 CAN 总线变为单线工作。

③ CAN－H 线对负极短路。波形说明：波形如图 2-99 所示，CAN－H 线的电压置于 0V，CAN－L 线的电压电位正常。

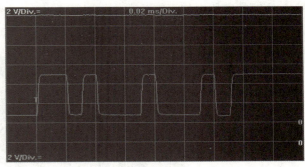

图 2-98　CAN－H 线对正极短路

故障分析：当 CAN－H 线对负极短路时，所有舒适系统 CAN 总线变为单线工作。从图中可以看出，该故障是由于 CAN－H 线对负极短路引起的，这和 CAN－H 线断路的波形有所不同。

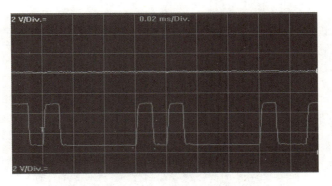

图 2-99　CAN－H 线对负极短路

④ CAN－L 线对正极短路。波形说明：波形如图 2-100 所示，CAN－L 线的电压约为 12V 或蓄电池电压，CAN－H 线的电压电位正常。

故障分析：CAN－L 线对正极短路时，舒适系统 CAN 总线变为单线工作。

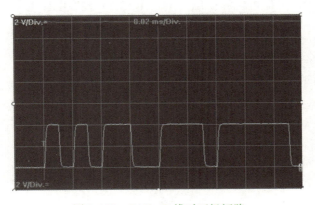

图 2-100　CAN－L 线对正极短路

⑤ CAN－L 线对负极短路。波形说明：波形如图 2-101 所示，CAN－L 线的电压为 0V，CAN－H 线的电压电位正常。

故障分析：CAN－L 线对负极短路时，舒适系统 CAN 总线变为单线工作。

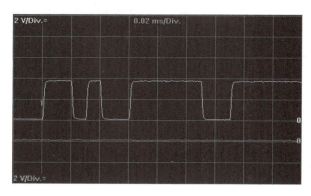

图 2-101　CAN－L 线对负极短路

⑥ CAN－L 线断路。波形说明：波形如图 2-102 所示，CAN－H 线的电压电位正常，在 CAN－L 线上为 5V 隐性电压电位和 1 位（bit）长的 1V 显性电压电位。

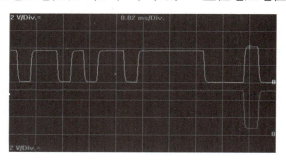

图 2-102　CAN－L 线断路

⑦ CAN－H 线断路。波形说明：波形如图 2-103 所示，CAN－L 线的电压电位正常，在 CAN－H 线上为 0V 隐性电压电位和 1 位（bit）长的 5V 显性电压电位。

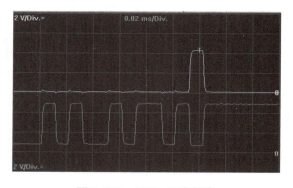

图 2-103　CAN－H 线断路

模块 2　汽车车载网络技术分析

4. 故障检修实例

（1）帕萨特 B5 无法起动

1）故障现象。一辆 2.0L 帕萨特 B5 手动档轿车，发动机型号为 AWL，行驶过程中突然出现了转速表归零、机油压力指标灯亮的情况，停车后无法起动。

2）故障诊断与排除。车主反映故障现象出现时闻到一股糊味。经仔细检查，未见有电子元器件及电路烧蚀的痕迹。重新起动，一次成功，连续多次起动依然没有任何问题。因为该车是新车，仅行驶几百千米，再加上驾驶人是新手，怀疑是由于驾驶人操作不当造成的行驶熄火。试车，发动机未见异常。发现仪表板上黄色的安全气囊警告灯始终亮着，第 2 天，车辆又无法起动。经检修，发现发动机起动后随即熄火。检查缸压、汽油泵均无异常。连接 431 电眼睛检测，发现有 3 条故障码：发动机电控单元堵塞、CAN 总线来自仪表的信息丢失、气囊电控单元无信号。会不会是气囊电控单元有问题，误产生碰撞信号，造成发动机断油熄火呢？因为第 1 天就发现安全气囊警告灯一直亮，经检查未产生碰撞信号。难道是发动机电控单元有问题？换上一块新的电控单元，匹配后依然无法起动。怀疑 CAN 总线有问题，根据电路图（图 2-104），先将右侧 A 柱下的气囊连接线断开，将 ABS 电控单元、发动机电控单元和仪表电控单元插头全部断开，避免电子元器件内部短路而造成测量误差。先检测 CAN 总线高、低两端电阻。将万用表端子分别接发动机电控单元，测得 CAN – L 端 I121/58 与 CAN – H 端 I121/60 电阻值为∞，证明两线之间无短路。再依次测量从发动机电控单元到仪表电控单元的 CAN 连线是否接通。将万用表端子在发动机电控单元的插头 CAN – L 端 T121/58 和仪表电控单元插头 T32b/20 之间连接，阻值为 0.6Ω，小于 1Ω，在正常范围内。再测插头 T121/60 与 T32b/19 之间的阻值，也为 0.6Ω，小于 1Ω。由此看来，这两根 CAN 线束没有问题，问题只能是仪表电控单元了。更换仪表电控单元并进行匹配后，故障排除。原来是因为仪表电控单元中的防盗电控单元损坏而引起的车辆不能点火。

3）维修小结。防盗电控单元损坏是该车故障的主要原因。帕萨特 B5 采用第 3 代电子防盗系统。它将防盗电控单元与仪表电控单元集成为防盗仪表电控单元。打开点火开关后，防盗电控单元通过识读线圈把能量用感应的方式传送给脉冲转发器。脉冲转发器发射出程控代码，通过识读线圈把程控代码发送给防盗电控单元，在防盗电控单元中，输入的程控代码与先前存储在防盗电控单元中的代码进行比较。然后，防盗电控单元核对由发动机电控单元随机代码发生器产生的可变代码是否与存储的代码一致。如果不一致，则发动机在 2s 内熄火。根据防盗器工作原理，再解释该车的故障现象就能理解了。该车由于防盗仪表电控单元中的某元件虚接放电，造成局部过热，防盗仪表电控单元将发动机熄火，同时由于元器件过热产生糊味。当车辆停放一段时间，热量散去后，仪表电控单元中的防盗功能正常，发动机又能点火，此时仪表电控单元中的气囊控制部分已经损坏，所以气囊警告灯发亮。由于运转时间较长，元器件最终因过热烧毁，造成防盗仪表电控单元烧坏而无法工作，发动机因防盗锁死而出现不能起动故障，所以 431 电眼睛会显示发动机电控单元堵塞。因为 CAN 总线是连接发动机电控单元与防盗仪表的电路，且 CAN 总线本身是一条诊断通路，所以 431 电眼睛也可对其诊断，并显示"CAN 总线来自仪表的信息丢失"。因为防盗仪表是由集成电路元件构成的，以现有的设备无法检测，所以在维修中只好先检测 CAN 导线是否完好，再检查防盗仪表。

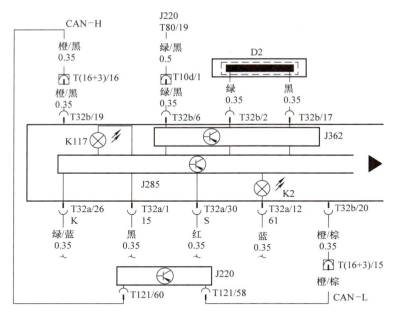

图 2-104　CAN 总线相关电路

CAN – H—CAN 总线的高位　　CAN – L—CAN 总线的低位　　D2—防盗器识读线圈　　J220—发动机电控单元
J285—组合仪表电控单元　　J362—防盗电控单元　　K2—发电机充电指示灯　　K117—防盗器报警灯
T10d—10 针插头，棕色，在发动机电控单元防护内的左侧（2 号位）
T16—16 针插头，在变速杆处，自诊断插口　　T（16＋3）—19 针插头，橙/红色，
在发动机电控单元防护罩内的左侧（3 号位）　　T32a—32 针插头，蓝色，在组合仪表上
T32b—32 针插头，绿色，在组合仪表上　　T80—80 针插头，蓝色，在发动机电控单元上
T121/60—CAN – H 插孔　　T121/58—CAN – L 插孔

其实，在最初的诊断中，"发动机能起动但随即熄火"这一现象非常像防盗系统问题，但是因为碰见以往的防盗系统故障，在这一熄火故障症状的同时，还伴有防盗指示灯闪亮的故障现象，所以维修中并没有直接从防盗系统入手，因此走了弯路。需要说明的是，在防盗电控单元完好的情况下，防盗电控单元会进行自检，如果发现其他防盗系统部件的故障（如钥匙脉冲转发器和识读线圈故障），防盗器指示灯会闪烁报警。

（2）中央门锁和电动车窗玻璃升降器不能正常工作

1）故障现象。帕萨特 B5 1.8T 轿车中控锁和电动车窗玻璃升降器不能正常工作。点火开关无论开闭，都只有左前门的中控锁和电动车窗玻璃升降器可以正常工作，其他车窗的电动玻璃升降器都不工作；但是，如果按动其他车窗上控制该车窗的开关，各个车窗玻璃升降器均能正常工作。将车门关闭后，将车钥匙插入左前门的锁孔内，进行开锁和闭锁操作，也只有左前门的门锁能开闭；如果将钥匙在开锁或闭锁位置保持，也只有左前门的电动车窗玻璃升降器可以上下工作。

2）故障分析。该轿车的 4 个车门电控单元和中央舒适系统电控单元之间的信号是通过 CAN 总线传递的，舒适系统 CAN 总线通过两根相互绞合的信号线同时传递数据，一根为 CAN – H（橙/绿色），一根为 CAN – L（橙/黄色）。舒适系统所有的电控单元挂接在两根线路上进行数据交换和信号传递，如图 2-105 所示。

位于组合仪表中的数据总线诊断插口也和数据总线随时保持通畅,检测总线的工作状态。为了使信号正确、有效地传递,两根线是拧绞在一起的,并且两根电路上所传递的脉冲信号相同,但是电位相反。

如果各个车门电控单元与舒适系统中央电控单元之间的 CAN 总线无法正常通信,那么就会导致左前车门电控单元至中控开关的信号

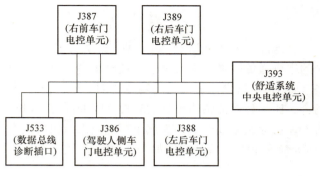

图 2-105 帕萨特舒适系统的组成

无法正常传递到其他 3 个车门电控单元,并且所有的车门电控单元只能接收直接输入到该电控单元的电动车窗玻璃升降器开关信号。

通过以上分析,初步认定该车的舒适系统有故障。

3) 查找故障原因。用 VAS 5052 车辆诊断仪对舒适系统进行检查,连接好仪器并打开点火开关,进入舒适系统中央电控单元查询故障,仪器屏幕显示故障:与左前车门电控单元 J386 没有通信、与右前车门电控单元 J387 没有通信、与左后车门电控单元 388 没有通信、与右后车门电控单元 J389 没有通信、与 CAN 总线诊断接口 J533 没有通信、舒适系统数据总线为单线运行模式、该电控单元不正确编码。

为查看舒适系统编码值,重新进入舒适系统电控单元,查看该电控单元的版本信息,发现编码为 00017,确实不正确。用 VAS 5052 对舒适系统进行正确的 00259 编码,并清除所有故障记录,此时电控单元的不正确编码和 CAN 总线单线运行模式的故障记录已经清除,但是其他故障仍然无法清除。

检查中央电控单元、各个车门电控单元与数据总线连接情况,通过 VAS 5052 进入 46-08-012,观察数据组测量值,4 组数据用 1 或 0 数值分别代表驾驶人侧车门、右前车门、左后车门及右后车门电控单元与舒适系统中央电控单元 CAN 总线的连接状态,此时 4 组数据均为 0,说明各个车门电控单元与总线通信有故障。

对地板下舒适系统和有关舒适系统的线束进行检查,重点对双绞的 CAN 总线进行整理。经过检查,没有发现故障点。估计是中央电控单元存在故障。

4) 解决方法。拆下舒适系统中央电控单元(位于驾驶人侧座位地板下),更换一个新的中央电控单元。当连接好新的中央电控单元后,打开点火开关,操作中控锁开关和电动车窗玻璃升降器开关,一切正常,故障排除。

2.3 LIN 总线系统技术分析

本节内容简介

本节将简单介绍 LIN 总线系统的技术特征、结构,LIN 总线系统的数据传输原理等知识;重点介绍 LIN 总线系统的通信协议,LIN 总线技术的应用及其故障检测与诊断。

2.3.1 LIN 总线系统的技术特征

本地互联网络（LIN）是一种将开关、显示器、传感器及执行器等简单控制设备连接起来的串行通信网络，主要用于实现汽车中的分布式电子系统控制。因其主要目标是为汽车网络（如 CAN 总线）提供辅助功能，因此通常作为子网络，用于一些不需要带宽和多功能的场合，比如智能传感器和制动装置之间的通信。LIN 总线的串行通信模式和相应的开发环境由 LIN 协会制定成标准，为汽车制造商以及供应商在研发、应用电子产品方面降低成本。奥迪 A8 轿车 LIN 总线的应用如图 2-106 所示。

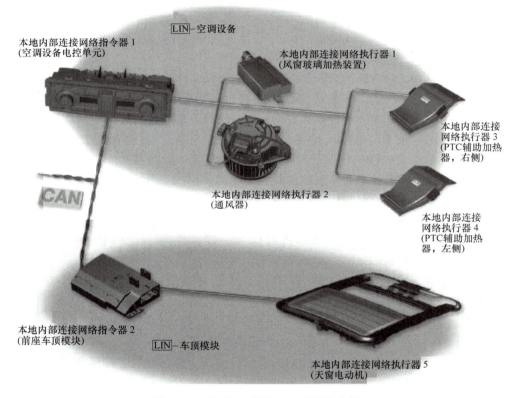

图 2-106　奥迪 A8 轿车 LIN 总线的应用

LIN 是 Local Interconnect Network（本地互联网络）的缩写，表示所有的电控单元都装在一个有限的空间（如车顶）内，所以它也被称为局域子系统。LIN 是用于汽车分布式电控系统的一种新型低成本串行通信系统，它是一种基于 SCI（UART）数据格式、主从结构的单线 12V 的总线通信系统，主要用于智能传感器和执行器的串行通信。

LIN 总线系统采用低成本的单线连接，传输速度最高可达 20kbit/s，它的媒体访问采用单主多从的机制，不需要进行仲裁，在从节点中不需要晶体振荡器而能进行自同步，采用 8 位单片机，极大地减少了硬件平台的成本。其主要目的是为现有汽车 CAN 网络提供辅助功能，目标是用于低端系统，不需要 CAN 的性能、带宽以及复杂性。可以说，LIN 是一种辅助的总线网络。

LIN 总线与 CAN 总线组成车载网络系统，如图 2-107 所示，车上各个 LIN 总线之间的数据交换是由电控单元通过 CAN 总线实现的。

一个 LIN 网络通常由一个主节点、一个或多个从节点组成，如图 2-108 所示。所有节点都有一个通信任务，该通信任务分为发送任务和接收任务。主节点除此之外还有一个主发送任务。一个 LIN 网络上的通信总是由主发送任务发起的。主控制器发送一个起始报文，该起始报文由同步断点、同步字节消息标志符所组成。

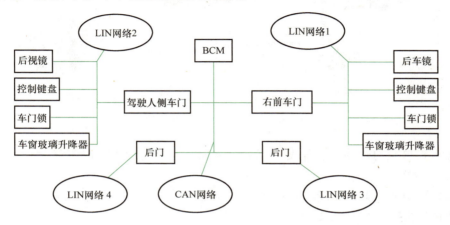

图 2-107　LIN 总线与 CAN 总线组成的车载网络系统

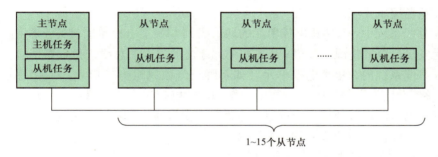

图 2-108　LIN 总线拓扑结构

LIN 网络特征：

1）极少的信号线即可实现 ISO9141 的规定，传输速率最高可达 20kbit/s。

2）不需要改变 LIN 从节点的硬件和软件就可以在网络上增加节点，通常一个 LIN 网络上节点数目小于 12 个，共有 64 个标志符。

3）主从控制管理。

4）借助于 CAN 总线通过主电控单元进行 LIN 总线之间的数据交换。

5）自诊断通过主电控单元的地址码进行。

2.3.2　LIN 总线系统的组成

1. LIN 主电控单元

LIN 主电控单元连接在 CAN 总线上，如图 2-109 所示，它执行 LIN 的主功能。

LIN 主电控单元的主要作用有：

1）监控数据传输的速率，发送信息标题。

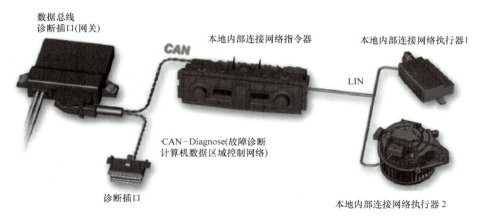

图 2-109　LIN 总线系统的组成示例

2）该电控单元的软件内已经设定了一个周期，这个周期用于决定何时将哪些信送到 LIN 总线上多少次。

3）该电控单元在 LIN 总线与 CAN 总线之间起"翻译"作用，它是 LIN 总线系统中唯一与 CAN 总线相连的电控单元。

4）通过 LIN 主电控单元进行 LIN 系统自诊断。

2. LIN 从电控单元

在 LIN 总线系统中，LIN 从电控单元的通信受到 LIN 主电控单元的完全控制，只有 LIN 主电控单元发出命令的情况下，LIN 从电控单元才能通过 LIN 总线进行数据传输。

在 LIN 总线系统内，单个电控单元（如新鲜空气鼓风机电控单元）或传感器及执行器（如水平传感器及防盗警报蜂鸣器）都可看作 LIN 从电控单元。传感器内集成有一个电子装置，该装置对测量值进行分析。测量值是作为数字信号通过 LIN 总线传递的。传感器和执行器只使用 LIN 主电控单元插头上的一个针脚。

LIN 执行器都是智能型的电子或机电部件，这些部件通过 LIN 主电控单元的 LIN 数字信号接收任务。LIN 主电控单元通过集成的传感器来获知执行器的实际状态，然后就可以进行规定状态和实际状态的对比，如图 2-110 所示。

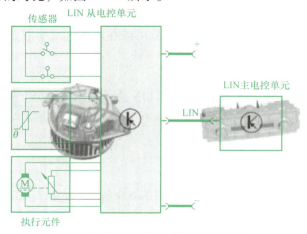

图 2-110　LIN 从电控单元的电路

2.3.3 LIN 总线系统的数据传输原理

1. 传输原理

LIN 总线传输数据线是单线，数据线最长可达 40m。在主节点内配置 1kΩ 电阻端接 12V 供电，在从节点内配置 30kΩ 电阻端接 12V 供电。各节点通过蓄电池正极端接电阻向总线供电，每个节点都可以通过内部发送器拉低总线电压。LIN 总线驱动器物理结构如图 2-111 所示。

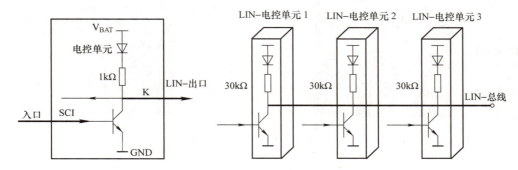

图 2-111 LIN 总线驱动器物理结构

（1）LIN 总线信号 LIN 总线信号波形如图 2-112 所示。

1）隐性电平。如果所有节点都没有驱动收发器晶体管导通，则此时在 LIN 总线上的电压就是蓄电池电压，为隐性电平，表示逻辑"1"。

2）显性电平。当有节点需要向外发送信息时，发送电控单元内的收发器驱动晶体管导通，将 LIN 总线导线搭铁，此时在 LIN 总线上的电压为 0V，为显性电平，表示逻辑"0"。

（2）总线电平抗干扰设置 在收发隐性电平和显性电平时，通过预先设定公差值来保证数据传输的稳定性，如图 2-113 所示。为了在有干扰辐射的情况下仍能收到有效的信号，接收信号的允许电压值要高一些，如图 2-114 所示。

2.3.2 主电控单元向 LIN 总线系统发信号

2. LIN 总线的数据格式

LIN 总线的数据格式如图 2-115 所示。

在 LIN 总线的信息中包含两个部分：一部分是由 LIN 主电控单元发送的信息标题，另一部分是 LIN 主电控单元或 LIN 从电控单元发送的信息内

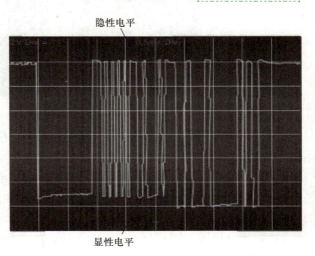

图 2-112 LIN 总线信号波形

容。发送的信息，所有连接在 LIN 总线上的节点都可以收到。

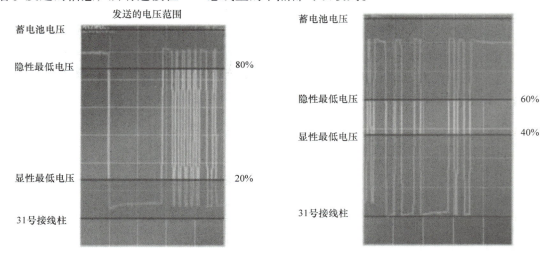

图 2-113　发送信号的电压范围　　　　图 2-114　接收信号允许的电压范围

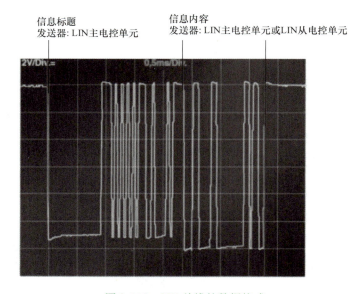

图 2-115　LIN 总线的数据格式

（1）信息标题　信息标题由 LIN 主电控单元按周期发送。信息标题分为 4 部分，如图 2-116 所示。

1）同步暂停区。同步暂停区的长度至少为 13 位（二进制），以显性电平的形式进行发送。这 13 位的长度是必需的，这样才能准确地通知所有的 LIN 从电控单元有关信息起始点的情况。其他的信息是以最长为 9 位（二进制）的显性电平来一个接一个进行传输的。

2）同步分界区。同步分界区至少为 1 位，且为隐性。

3）同步区。同步区由 0101010101 二进制位序构成，所有的 LIN 从电控单元通过这个二进制位序与 LIN 主电控单元进行匹配（同步）。

所有的电控单元同步对于保证正确的数据交换是非常必要的。如果失去了同步性，那么

模块 2　汽车车载网络技术分析

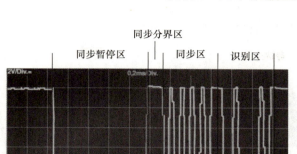

图 2-116　信息标题的格式

接收到的信息中的某一数位值就会发生错误，该错误会导致数据传输错误。

4）识别区。识别区的长度为 8 位，前 6 位是回应信息识别码和数据区的个数，回应数据区的个数在 0~8 之间；后 2 位是校验位，用于检查数据传递是否有错误。当出现识别码传递错误时，校验位可防止接收错误的信息。

（2）信息内容　信息内容有两种类型：一是从电控单元收到主电控单元发来的信息标题中带有要求从电控单元回应的信息后，LIN 从电控单元根据识别码给这个回应提供的回应信息；二是由主电控单元发出的命令信号，相应的 LIN 从电控单元会使用这些数据去执行各种功能。

1）从电控单元回应信息。如图 2-117 所示，是奥迪 A6 空调系统 LIN 总线的从电控单元回应信息传输流程图，空调电控单元（也是 LIN 总线主电控单元）在 LIN 总线上发送信息标题——查询鼓风机的转速，鼓风机读取标题后将当前的鼓风机转速信息发送到 LIN 总线上，空调电控单元得以读取此信息。

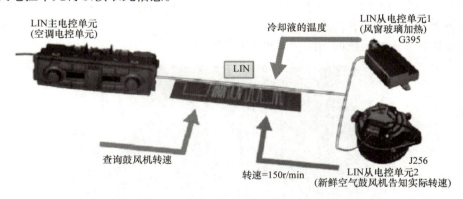

图 2-117　从电控单元回应信息传递流程

2）主电控单元命令信息。如图 2-118 所示，是奥迪 A6 空调系统 LIN 总线的主电控单元命令信息传递流程图，空调电控单元（也是 LIN 总线主电控单元）在 LIN 总线上发送信息标题——调整鼓风机的转速到 200r/min，鼓风机从 LIN 总线上读取标题后将当前的鼓风机转速相应地从150r/min调整到目标转速200r/min。

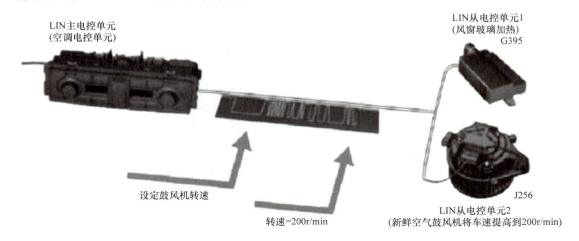

图2-118 主电控单元命令信息传递流程

信息内容由1~8个数据区构成，每个数据区是10个二进制位，其中包括一个显性起始位和一个隐性停止位。起始位和停止位是用于再同步从而避免传输错误的。

3. LIN总线信息的顺序

LIN主电控单元的软件内已经设定了一个顺序，LIN主电控单元就按这个顺序将信息标题发送至LIN总线上（若是主信息，则发送的是回应）。常用的信息会多次传递。LIN总线电控单元的环境条件可能会改变信息的顺序。环境条件举例如下：

1）点火开关接通/关闭。
2）自诊断已激活/未激活。
3）停车灯接通/关闭。

为了减少LIN主电控单元部件的种类，主电控单元将全部装备电控单元的信息标题发送到LIN总线上，如果没有安装相应设备电控单元，那么在示波器屏幕上会出现没有回应的信息标题，但这并不影响系统的功能，如图2-119所示。

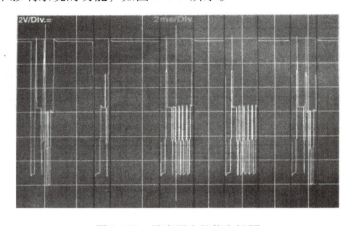

图2-119 没有回应的信息标题

模块2　汽车车载网络技术分析

4. LIN总线防盗功能

只有当LIN主电控单元发送出带有相应识别码的信息标题后，数据才会传至LIN总线。由于LIN主电控单元对所有信息进行全面监控，因此无法从车外对LIN总线进行控制。系统要求LIN从电控单元只能回应，这样就不会发生通过LIN总线打开车门的现象了。这种设置就使得在车外安装LIN从电控单元（如在前保险杠内的车库门开启电控单元）成为可能。LIN总线防盗功能示意图如图2-120所示。

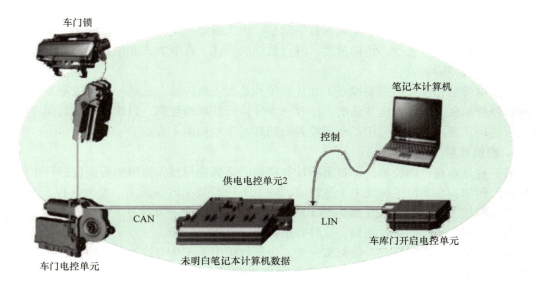

图2-120　LIN总线防盗功能示意图

5. LIN总线自诊断

当LIN总线出现故障时，可使用示波器、诊断仪等工量具进行波形分析和故障码诊断等。

对LIN总线系统进行自诊断，需使用LIN主电控单元的地址码。自诊断数据经LIN总线由LIN从电控单元传至LIN主电控单元。在LIN从电控单元上可以完成所有的自诊断功能。LIN总线系统故障列表见表2-11。

表2-11　LIN总线系统故障列表

故障位置	故障内容	故障原因
LIN从电控单元 例如：鼓风机调节器	无信号/无法通信	1）在LIN主电控单元已规定好的时间间隔内，LIN从电控单元数据传递有故障 2）电路断路或短路 3）LIN从电控单元供电有故障 4）LIN从电控单元或LIN主电控单元型号错误 5）LIN从电控单元损坏
LIN从电控单元 例如：鼓风机调节器	不可靠信号	1）校验出错，传递的信息不完整 2）LIN总线受到电磁干扰 3）LIN总线的电容和电阻值改变了（如插头壳体潮湿或脏污） 软件故障（备件型号错误）

LIN 总线系统故障原因有以下 3 类：

1）节点故障，主电控单元或从电控单元故障造成 LIN 总线通信故障。

2）LIN 数据线与电源短路或搭铁短路，造成 LIN 总线通信故障。

3）LIN 数据线断路，造成某些节点无法通信的故障。

2.3.4 LIN 总线系统的通信协议

在汽车线束设计的网络传输中，可以有数字信号和模拟信号。模拟信号是一组连续变化的数据，数字信号具有 1 与 0 连续的数字信息，如果不能决定特定的协议，那么就不可能解读信号或数据。信号长度、传输速度、网点数据的形式、存取方式和位置误差检测等有关的传输规定称为传输协议。

在数据传输和接收中需要检查 1 和 0 的信号是否正确传输。发送一方以规定方法把误差检测符号叠加在最后数据位并输出，接收一方分析所获取的数据，以确认接收的误差检测符号是否正确。误差检测符号用于奇偶校验和循环冗余检验两个方面。

1. 奇偶校验（两种方法）

第一种是垂直奇偶校验，即将重新计算得到的奇偶位与预先给出的奇偶位进行比较的冗余校验。例如：在 8 位中构成 1 个数据时，加上 1 位与数据内容无关，变为 9 位，并形成 1 组。决定附加位 1、0，以使 1 组内的 1 的个数为奇数。接收一方计算 1 组中的 1 的个数，如果是奇数，则表示数据接收正确，这种方法称为垂直奇偶校验。

第二种是水平奇偶校验，是测试一个二进制数组中 1 或 0 个数的一种校验。当数据超过 2 个时，各数据的垂直奇偶取得后，把每组数的奇偶（1 的个数为偶数）形成水平奇偶数据，数据位附加在最后再进行输送，这种方法称为水平奇偶校验。

2. 循环冗余检验

把希望发送的数据看作高次多项式，利用预定的生成多项式进行除法运算，把其余项置于数据位之后进行发送，接收一方把接收到的数据列利用相同的多项式进行除法运算，这时如无余项，则可以判断数据接收正确。生成多项式的次数越高，误差校验能力也越强。

3. LIN 报文与接收

一个 LIN 报文帧由图 2-121 所示的几个区段组成。

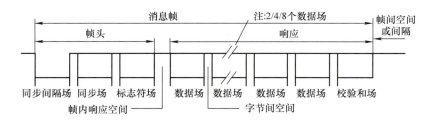

图 2-121 LIN 的数据报文帧格式

一个 LIN 报文帧是由帧头和响应组成的，帧头只能由主节点发，响应可以是主节点也可

模块 2　汽车车载网络技术分析

以是从节点发。帧头由同步间隔场、同步场和标志符场组成。同步间隔场用于表示一帧报文的起始，以便从节点能够准确地捕捉到报文的开始。其结构包括间隔信号和间隔界定符，间隔信号至少由 13 个显性位（0）组成，从节点需要连续检测到至少 11 个显性位才认为是间隔信号；间隔界定符至少由 1 个隐形位（1）组成。

同步场的作用是实现数据同步，确保所有从节点与主节点使用相同的波特率发送和接收数据。从节点通过接收主节点发出的同步段，计算出主节点的位速率，并根据计算结果对自身的位速率进行重新调整，这种同步机制确保了各个节点之间的数据传输速率的一致性，保证了通信的稳定性和可靠性。

标志符场用于识别报文的类型和确定哪个节点应该对该报文进行响应。标志符场中的前 6 位用于放置标志符，通过不同的标志符来区分不同的报文以及报文所代表的功能命令，接收节点可以根据标志符来判断是否需要对这个报文进行响应。

响应由数据场和校验和场组成。数据场用于传输实际的数据，数据场的长度是 1~8 个字节，具体长度可能会根据通信需求而变化，采用低位在前的发送方式。校验和场用于校验接收的数据是否正确，以提高数据的可靠性，校验和场长度为 1 个字节。

字节间空间用于区分报文帧中的各个字段，它位于每个字节之间，确保报文帧的各部分能够清晰地区分开来。帧内响应空间的作用是留给微控制器足够的处理时间，它位于帧头与响应之间，确保微控制器能够充分处理接收到的信息，并准备好响应。

2.3.5　LIN 总线系统的应用

1. 奥迪 A6 轿车 LIN 总线

（1）奥迪 A6 车载网络拓扑结构图　本车使用了先进的网络技术，如 CAN、LIN、MOST 以及 Bluetooth（蓝牙）等，再加上相关的车辆分配功能，标志着其使用了新一代的汽车电子技术。奥迪 A6 车载网络系统拓扑结构如图 2-122 所示。

（2）奥迪 A6 LIN 总线结构　奥迪 A6 轿车装备的 LIN 总线结构如图 2-123 所示。

在奥迪 A6 上，LIN 总线应用在防盗报警、安全气囊、轮胎压力监控、多功能转向盘和智能刮水器这些系统中，LIN 总线在系统内作为内部通信总线连接电控模块和智能传感器或执行器。LIN 总线具有以下特点：

1）最大传输率为 19.2kb/s。
2）基本色：紫色 + 标志色。
3）主、从控制器原理。
4）LIN 总线间通信需要舒适系统总线的帮助，并通过主控制器来完成。
5）用主控制器的地址来进行诊断。

（3）转向柱开关组模块（SMLS）与多功能转向盘 LIN 总线　转向柱开关组模块由转向柱电气系统电控单元、刮水器开关和带有转向角度传感器的卷簧等部件组成，其结构如图 2-124 所示。在此开关组模块中，应用了 LIN 总线和 CAN 总线，其电气连接如图 2-125 所示。

多功能转向盘上安装的喇叭开关、转向盘加热等电气电控开关产生的信号都由 LIN 总线与转向柱电气系统电控单元进行通信，再由 CAN 总线传输到其他电控单元中，如空调电控单元、安全气囊电控单元等。

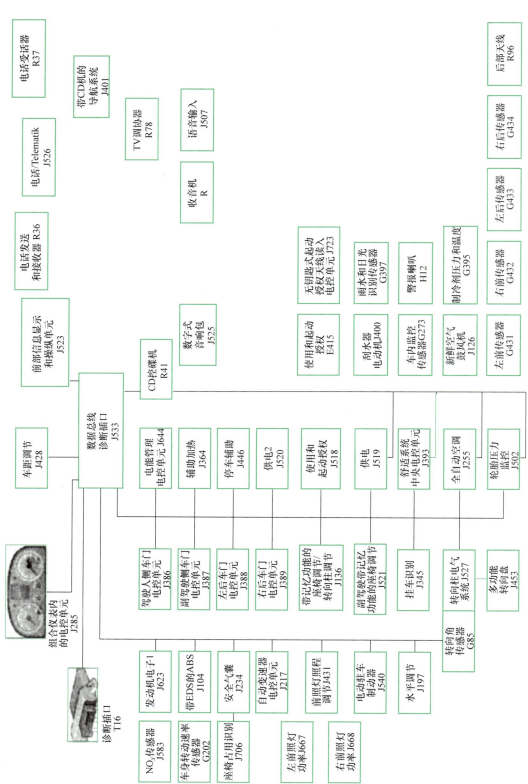

图 2-122 奥迪 A6 车载网络系统拓扑结构

模块 2　汽车车载网络技术分析

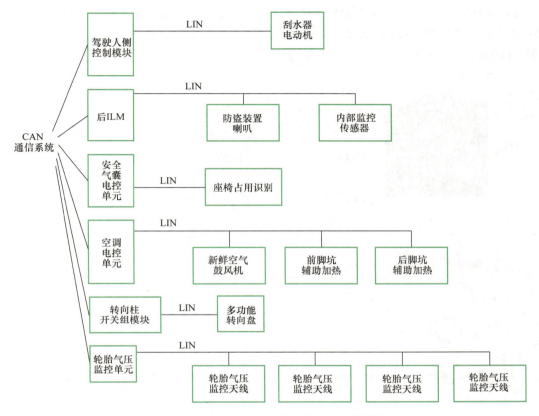

图 2-123　奥迪 A6 轿车装备的 LIN 总线结构

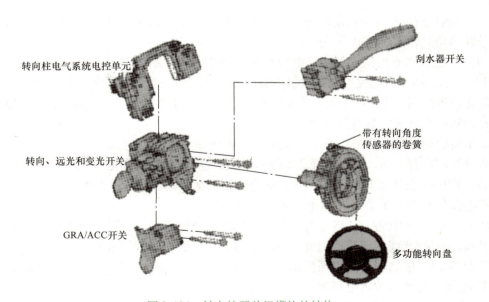

图 2-124　转向柱开关组模块的结构

转向柱电气系统电控单元 J527 在系统中起信号控制和传递的作用，具有以下功能：

1) 从舒适系统 CAN 总线上读取并传送下列数据信息：转向灯开关信号；远光灯开关信号；变光灯开关信号；GRA/ACC 开关信号；刮水器开关信号；喇叭开关信号；开关/滚轮（多功能转向盘）信号；电子转向柱位置调整开关信号。

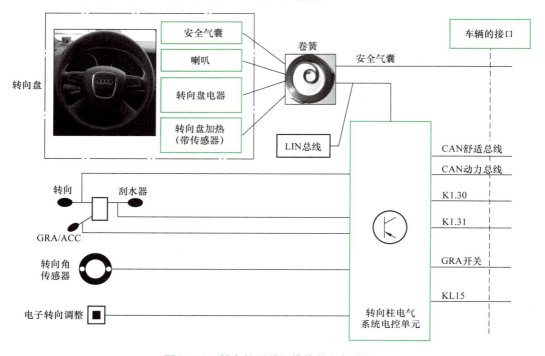

图 2-125 转向柱开关组模块的电气连接

2) 从动力 CAN 总线上读取并传送下列数据信息：转向角传感器信号、转向盘加热控制信号和多功能转向盘按键开关照明控制信号。

（4）智能刮水器控制 刮水器电控单元如图 2-126 所示，刮水器电控单元控制电路如图 2-127 所示。刮水器电控单元的控制功能如下：刮水器刮水角度控制；风窗玻璃清洗泵控制；停止位置控制；在停止位置和折返点处缓起动—缓停止控制；刮水器的速度和刮水角度调整；识别过量负荷（如雪）；阻碍保护。

刮水器控制过程示意图如图 2-128 所示，转向柱电气系统电控单元读取刮水器开关信号，如打开刮水器 1 档，则通过舒适系统 CAN 总线将 1 档刮水器起动信号送入供电电控单元 J519，供电电控单元 J519 通过 LIN 总线将 1 档刮水器起动信号送入刮水器电控单元 J400，刮水器电控单元 J400 控制刮水器电动机以 1 档工作。

（5）雨量/光线传感器 LIN 总线通信 雨量/光线传感器由光线传感装置和雨量传感器共同组成，雨量/光线传感器检测到信号后通过 LIN 总线传送到供电电控单元 J519，供电电控单元 J519 的雨量信号和光线强度信号通过 CAN 总线传送到需要该信号的其他电控单元中。雨量/光线传感器控制电路如图 2-129 所示。

1) 光线传感装置具有以下功能：自动打开/关闭行车灯；激活回家/离家功能；光线传感器识别白天/夜晚。

模块 2 汽车车载网络技术分析

图 2-126 刮水器电控单元 J400

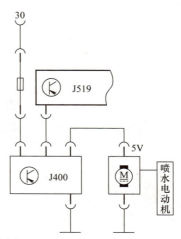

图 2-127 刮水器电控单元控制电路

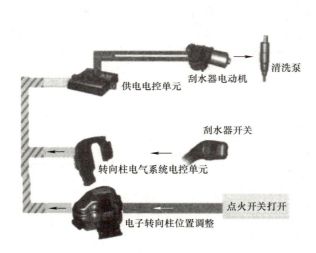

图 2-128 刮水器控制过程示意图

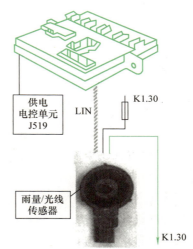

图 2-129 雨量/光线传感器控制电路

2)雨量传感器具有以下功能:在 7 个档位下,自动调整刮水器;在下雨时,自动激活行车灯;依据前风窗玻璃雨量的程度自动调节刮水档位。

3)雨量传感器激活条件:刮水器开关置于"间歇"档位;间歇档电控 4 个灵敏度档位。

(6)防盗警报控制 防盗警报控制示意图如图 2-130 所示。

当车辆进行防盗警戒状态后,舒适系统中央电控单元 J393 通过舒适系统 CAN 总线读取车门接触开关信号和发动机舱盖开关等信号,通过 LIN 总线读取车内监控传感器 G273 的信号。如果车辆被非法进入,则警报喇叭 H12 通过声光的形式示警,警报喇叭 H12 的工作是由舒适系统中央电控单元 J393 通过 LIN 总线控制的。

2. 卡罗拉 LIN 总线系统故障维修

(1)故障排除流程 对于卡罗拉 LIN 总线故障,可以按图 2-131 中的流程进行故障排除。

89

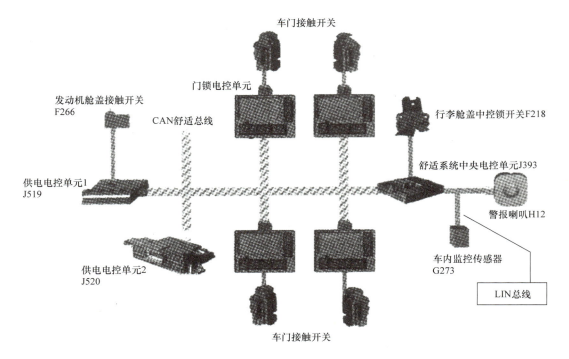

图 2-130 防盗警报控制示意图

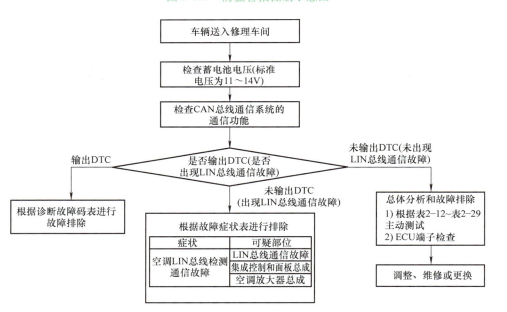

图 2-131 卡罗拉 LIN 总线故障排除流程

(2) 电控单元（ECU）端子的检查

1）检查主车身 ECU（仪表板接线盒）（不带智能上车和起动系统，不带自动灯控），如图 2-132 和图 2-133 所示。

模块 2　汽车车载网络技术分析

断开仪表板接线盒插接器 2B、2F 和 2G。

测量线束侧插接器和车身搭铁之间的电压和电阻，见表 2-12。

重新连接仪表板接线盒插接器 2B、2E、2F 和 2G。

根据表 2-13 中的值测量脉冲。

提示：如果结果不符合规定，则主车身 ECU（仪表板接线盒总成）可能有故障。

2）检查电动车窗玻璃升降器电动机总成（驾驶人侧）。断开电动机插接器 I6，如图 2-134 所示。

根据表 2-14 中的值测量电压和电阻。

提示：如果结果不符合规定，则说明线束侧可能有故障。

重新连接电动机插接器 I6。

根据表 2-15 中的值测量脉冲。

提示：如果结果不符合规定，则说明电动机可能有故障。

3）检查滑动天窗 ECU（带滑动车窗）。断开 ECU 插接器 O9，如图 2-135 所示。

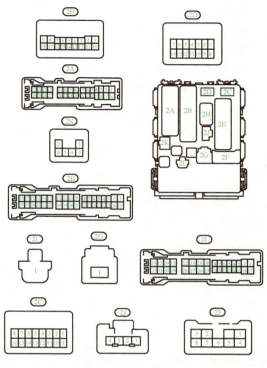

图 2-132　主车身 ECU（前侧）

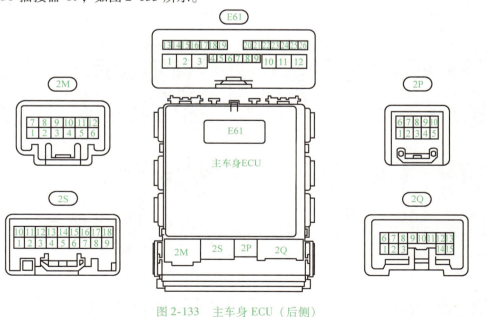

图 2-133　主车身 ECU（后侧）

根据表 2-16 中的值测量电压和电阻。

提示：如果结果不符合规定，则说明线束侧可能有故障。

重新连接 ECU 插接器 O9。

根据表 2-17 中的值测量脉冲。

提示：如果结果不符合规定，则说明 ECU 可能有故障。

4）检查认证 ECU（带智能上车和起动系统）。

断开 ECU 插接器 E36，如图 2-136 所示。

根据表 2-18 中的值测量电压和电阻。

提示：如果结果不符合规定，则说明线束侧可能有故障。

重新连接 ECU 插接器 E36。

表 2-12　插接器和车身搭铁之间的电压和电阻值表

端子号（符号）	配线颜色	端子描述	条　件	规定状态
2B-30（BECU）-车身搭铁	W-车身搭铁	蓄电池电源	始终	11~14V
2F-5（ACC）-车身搭铁	W-车身搭铁	蓄电池电源	始终	11~14V
2G1-车身搭铁	W-车身搭铁	ACC电源	始终	11~14V
2E-17（GND1）-车身搭铁	W-B-车身搭铁	搭铁	始终	<1Ω

注：如果不符合规定，则说明线束侧可能有故障。

表 2-13　仪表板接线盒插接器 LIN 端子检测表

端子号（符号）	配线颜色	端子描述	条　件	规定状态
E61-4（LIN）-2E-17（GND1）	V-W-B	LIN通信电路	点火开关置于ON（IG）位置	产生脉冲

图 2-134　电动机插接器 I6

表 2-14　插接器 I6 电源、搭铁端子检测表

端子号（符号）	配线颜色	端子描述	条　件	规定状态
I6-2（B）-I6-1（GND）	GB-W-B	蓄电池电源	始终	11~14V
I6-1（GND）-车身搭铁	W-B-车身搭铁	搭铁	始终	<1Ω

表 2-15　插接器 I6 LIN 信号检测表

端子号（符号）	配线颜色	端子描述	条　件	规定状态
I6-9（LIN）-I6-1（GND）	V-W-B	LIN通信电路	点火开关置于ON（IG）位置	产生脉冲

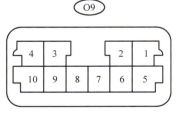

图 2-135　ECU 插接器 O9

表 2-16　插接器 O9 电源、搭铁端子检测表

端子号（符号）	配线颜色	端子描述	条　件	规定状态
O9-1（B）-O9-2（E）	V-W-B	蓄电池电源	始终	11~14V
O9-2（E）-车身搭铁	W-B-车身搭铁	搭铁	始终	<1Ω

模块 2　汽车车载网络技术分析

表 2-17　插接器 O9 LIN 信号检测表

端子号（符号）	配线颜色	端子描述	条　件	规定状态
O9-4(MPX1)-O9-2(E)	V-W-B	LIN 通信电路	点火开关置于 ON(IG) 位置	产生脉冲

图 2-136　ECU 插接器 E36

表 2-18　插接器 E36 电源、搭铁端子检测表

端子号（符号）	配线颜色	端子描述	条　件	规定状态
E36-1(+B)-E36-17(E)	W-W-B	蓄电池电源	始终	10~14V
E36-17(E)-车身搭铁	W-B-车身搭铁	搭铁	始终	<1Ω
E36-18(IG)-E36-17(E)	B-W-B	点火开关(ON)	点火开关置于 ON(IG) 位置	10~14V
E36-18(IG)-E36-17(E)	B-W-B	点火开关(OFF)	点火开关置于 OFF(IG) 位置	0V

根据表 2-19 中的值测量脉冲。

表 2-19　插接器 E36　LIN 端子检测表

端子号（符号）	配线颜色	端子描述	条　件	规定状态
E36-10(LIN)-E36-17(E)	V-W-B	LIN 通信电路	点火开关置于 ON(IG) 位置	产生脉冲

提示：如果结果不符合规定，则说明 ECU 可能有故障。

5）检查识别盒（带智能上车和起动系统）。
断开 ECU 插接器 E22，如图 2-137 所示。
根据表 2-20 中的值测量电压和电阻。

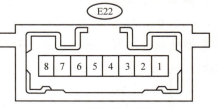

图 2-137　ECU 插接器 E22

表 2-20　插接器 E22 电源、搭铁端子检测表

端子号（符号）	配线颜色	端子描述	条　件	规定状态
E22-1(+B)-E22-8(GND)	W-BR	蓄电池电源	始终	11~14V
E22-8(GND)-车身搭铁	BR-车身搭铁	搭铁	始终	<1Ω

提示：如果结果不符合规定，则说明线束侧可能有故障。
重新连接 ECU 插接器 E22。
根据表 2-21 中的值测量脉冲。

93

表 2-21　插接器 E22 脉冲信号检测表

端子号(符号)	配线颜色	端子描述	条　件	规定状态
E22 – 3(LIN) – E22 – 8(GND)	V – BR	LIN 通信电路	点火开关置于 ON(IG) 位置	产生脉冲

提示：如果结果不符合规定，则说明 ECU 可能有故障。

6) 检查转向锁 ECU（带智能上车和起动系统）。

断开 ECU 插接器 E39，如图 2-138 所示。

根据表 2-22 中的值测量电压和电阻。

提示：如果结果不符合规定，则说明线束侧可能有故障。

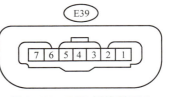

图 2-138　ECU 插接器 E39

表 2-22　插接器 E39 电源、搭铁端子检测表

端子号（符号）	配线颜色	端子描述	条　件	规定状态
E39 – 1(GND) – 车身搭铁	W – B – 车身搭铁	搭铁	始终	<1Ω
E39 – 6(IG2) – E39 – 1(GND)	B – W – B	点火开关（ON）	点火开关置于 ON（IG）位置	10 ~ 14V
E39 – 6(IG2) – E39 – 1(GND)	B – W – B	点火开关（OFF）	点火开关置于 OFF（IG）位置	0V
E39 – 7(B) – E39 – 1(GND)	L – W – B	蓄电池电源	始终	10 ~ 14V

重新连接 ECU 插接器 E39。

根据表 2-23 中的值测量脉冲。

表 2-23　插接器 E39 脉冲信号检测表

端子号（符号）	配线颜色	端子描述	条　件	规定状态
E39 – 5(LIN) – E39 – 1(GND)	V – W – B	LIN 通信电路	点火开关置于 ON（IG）位置	产生脉冲

提示：如果结果不符合规定，则说明 ECU 可能有故障。

(3) DTC 检查与清除提示　点火开关置于 OFF 位置，使用智能检测仪进行故障排除时，将智能检测仪连接至车辆，并每隔 1.5s 打开和关闭门控灯开关，直至检测仪和车辆之间开始通信。

1) 检查 DTC。

① 将点火开关置于 OFF 位置。

② 将智能检测仪连接到 DLC3。

③ 点火开关置于 ON（IG）位置，并接通智能检测仪。

④ 按照检测仪屏幕上的指示读取 DTC。

2) 清除 DTC。

① 将点火开关置于 OFF 位置。

② 将智能检测仪连接到 DLC3。

③ 点火开关置于 ON（IG）位置，并接通智能检测仪。

④ 按照检测仪屏幕上的指示读取 DTC。

(4) 读取数据表/主动测试　在表 2-24 中，"正常状态"下列出的值为参考值。在确定零件是否出现故障时，不能仅依赖这些参考值。

模块 2　汽车车载网络技术分析

1）使发动机暖机。
2）点火开关置于 OFF 位置。
3）将智能检测仪连接到 DLC3。
4）点火开关置于 ON（IG）位置。
5）打开检测仪。

进入以下菜单："智能检测仪 – 选择：Diagnosis/Body/Main body//Data list/"
根据检测议上的显示，读取"Data List"。

表 2-24　"正常状态"下 DTC 检测参考表

检测仪显示	测量项目范围	正常状态	诊断备注
COM D – 1DOOR MTR	电动车窗玻璃升降器电动机（驾驶人侧）和主车身 ECU 之间的连接状态参数；OK 或 STOP	OK：连接 STOP：未连接	如果 LIN 通信过程中发生错误，将输出 DTC
COM SLIDE ROOF	滑动天窗 ECU 和主车身 ECU 之间的连接状态参数；OK 或 STOP	OK：连接 STOP：未连接	如果 LIN 通信过程中发生错误，将输出 DTC
COM DOUBLE LOCK	双重门锁 ECU 和主车身 ECU 之间的连接状态参数；OK 或 STOP	OK：连接 STOP：未连接	如果 LIN 通信过程中发生错误，将输出 DTC

（5）诊断故障码表　诊断故障码表见表 2-25。

表 2-25　诊断故障码表

诊断故障码（DTC）	检测项目	故障部位
B1273	滑动天窗 ECU 通信终止	滑动天窗 ECU 主车身 ECU 线束或插接器
B2287	LIN 总线主电控单元故障	认证 ECU 主车身 ECU 线束或插接器
B2321	驾驶人侧车门 ECU 通信终止	左前电动车窗玻璃升降器电动机总成 主车身 ECU 线束或插接器
B2325	LIN 通信总线故障	左前电动车窗玻璃升降器电动机总成 滑动天窗 ECU 主车身 ECU 线束或插接器
B2785	通过 LIN 连接的 ECU 之间的通信故障	认证 ECU 主车身 ECU 转向锁 ECU 识别码盒 线束或插接器
B2786	转向锁 ECU 没有响应	转向锁 ECU 认证 ECU 线束或插接器
B2789	识别码盒没有响应	识别码盒 认证 ECU 线束或插接器

(6) LIN 主电控单元故障的排除方法 当主车身 ECU 和认证 ECU 之间存在断路、短路或 ECU 通信故障时,会输出 DTC B2287,其故障部件主要在认证 ECU、主车身 ECU、线束或插接器。相关电路如图 2-139 所示。

注意:点火开关置于 OFF 位置,使用智能检测仪进行故障排除时,将智能检测仪连接至车辆,以 1.5s 的间隔打开和关闭门控灯开关,直至检测仪和车辆之间开始通信。

检查步骤如下:清除 DTC→检查 DTC→重新检查有无 DTC,如果未输出 B2287 故障码,则说明系统正常;如果输出故障码,则进行下一步检查。

检查线束和插接器(认证 ECU—主车身 ECU)。

断开插接器 E36 和 2C,如图 2-140 所示。

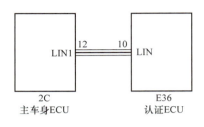

图 2-139 相关电路

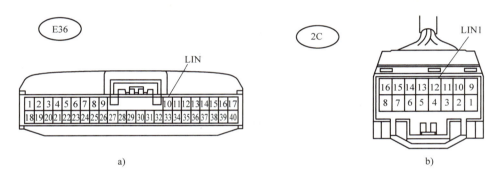

图 2-140 插接器 E36 和 2C
a)线束插接器前视图(到认证 ECU) b)线束插接器前视图(到主车身 ECU)

根据表 2-26 中的值测量电阻和电压。

表 2-26 插接器 E36 LIN 总线端子检测表

检测仪连接	条件	规定状态
E36 – 10(LIN) – 2C – 12(LIN1)	始终	<1Ω
E36 – 10(LIN)或 2C – 12(LIN1) – 车身搭铁	始终	10kΩ 或更大
E36 – 10(LIN) – 车身搭铁	始终	<1V

如果有异常,则维修或更换线束或插接器,或更换主车身 ECU(仪表板接线盒),或更换一个主车身 ECU,清除 DTC。

重新检查有无 DTC,如果输出 B2287 故障码,则更换认证 ECU。

(7) LIN 总线通信故障 主车身 ECU 监视所有连接到车门系统 LIN 总线的 ECU 之间的通信。若主车身 ECU 以 2.6s 间隔连续 3 次检测到任何连接到车门系统 LIN 总线的 ECU 出现通信错误,则会输出故障码 B2325。故障部件主要是左前电动车窗玻璃升降器电动机总线、滑动天窗 ECU(带滑动天窗)、主车身 ECU、线束或插接器。相关电路如图 2-141 所示。

检查步骤如下:清除故障码→检查故障码(如果输出故障码 B2325,则进行下一步的检查)→检查线束和插接器(主车身 ECU – 各 ECU),如图 2-142 所示。

模块 2　汽车车载网络技术分析

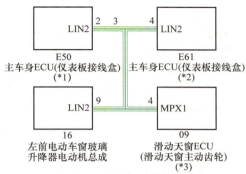

*1：带智能上车和起动系统，带自动灯控
*2：除*1外
*3：带滑动天窗

图 2-141　相关电路

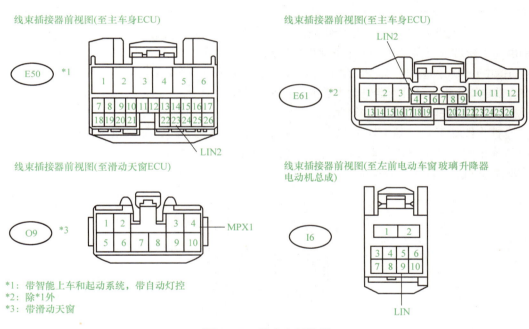

*1：带智能上车和起动系统，带自动灯控
*2：除*1外
*3：带滑动天窗

图 2-142　线束和插接器

如果有异常，则维修或更换线束或插接器，或断开插接器 E50 或 E61，或断开插接器 I6，或断开插接器 O9，根据表 2-27 中的值测量电阻。

表 2-27　插接器 E50、E61 LIN 线端子检测表

检测仪连接	条　件	规　定　状　态
E50 – 23(LIN2) – 16 – 9(LIN) E61 – 4(LIN2) – 16 – 9(LIN)	始终	<1Ω
E50 – 23(LIN2) – 09 – 4(MPX1) E61 – 4(LIN2) – 09 – 4(MPX1)	始终	<1Ω
E50 – 23(LIN2) – 车身搭铁 E61 – 4(LIN2) – 车身搭铁	始终	10kΩ 或更大

1）系统检查。根据车辆的规格进行检查，对于带滑动天窗的车型，进行步骤2）的检查；对于不带滑动天窗的车型，进行步骤3）的检查。

2）检查故障码。重新连接插接器 E50、E61 和 I6，检查有无故障码输出。如果输出 B2325 故障码，则转入步骤3）的检查；如果未输出 B2325 故障码，则转入步骤4）的检查。

3）检查故障码。断开插接器 I6，重新检查有无故障码。如果输出 B2325 故障码，则转入步骤6）的检查；如果未输出故障码，则更换主车身 ECU（仪表板接线盒）。

4）更换滑动天窗主动齿轮。

5）重新检查故障码。如果再次输出故障码，则更换主车身 ECU；如果未输出故障码，则检查步骤结束。

6）更换左前电动车窗玻璃升降器电动机总成。

7）再次检查故障码。如果输出故障码 B2325，则更换主车身 ECU，如果未输出故障码，则检查结束。

（8）驾驶人侧车门 ECU 通信中止故障的排除方法　当左前电动车窗玻璃升降器电动机总成和主车身 ECU 之间的 LIN 通信中止 10s 以上时，会输出故障码 B2321，故障部位主要在左前电动车窗玻璃升降器电动机总成、主车身 ECU、线束或插接器。相关电路如图 2-143 所示。

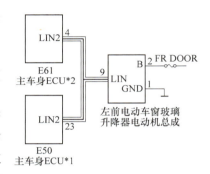

图 2-143　相关电路

检查步骤如下：清除 DTC→检查 DTC→重新检查有无 DTC，如果未输出故障码 B23217，说明系统正常；如果输出故障码，则检查线束和插接器（主车身 ECU—左前电动车窗玻璃升降器电动机），如图 2-144 所示。

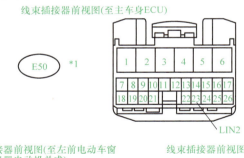

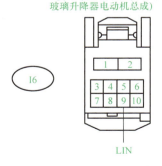

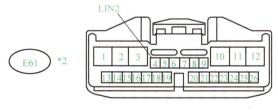

图 2-144　线束和插接器

1）断开插接器 E50（或 E61）。

模块2　汽车车载网络技术分析

2）断开插接器I6。

3）根据表2-28的值测量电阻。

如果有异常，则维修或更换线束或插接器。检查左前电动车窗玻璃升降器电动机总成，或断开插接器I6，如图2-145所示，根据表2-29中的值测量电阻和电压。

表2-28　插接器I6 LIN线端子检测表

检测仪连接	条件	规定状态
E50-23(LIN2)-16-9(LIN) E61-4(LIN2)-16-9(LIN)	始终	<1Ω
E50-23(LIN2)-车身搭铁 E61-4(LIN2)-车身搭铁	始终	10kΩ或更大

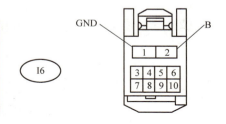

图2-145　插接器I6

表2-29　插接器I6搭铁端子检测表

检测仪连接	条件	规定状态
16-1(GND)-车身搭铁	始终	<1Ω
16-2(B)-车身搭铁	始终	11~14V

如果有异常，则维修或更换线束或插接器，或更换左前电动车窗玻璃升降器电动机总成，清除DTC。重新检查有无DTC，如果输出B2321故障码，则更换主车身ECU（仪表接线盒）。

2.4　MOST总线系统技术分析

本节内容简介

本节将简单介绍MOST总线系统的技术特征、结构，MOST总线系统的数据传输原理等知识；重点介绍MOST总线系统的通信协议，MOST总技术的应用及其故障检测与诊断。

2.4.1　MOST总线系统的技术特征

1. 光纤传输原理

（1）光纤传输的优点　在当今汽车中，要传输的数据量越来越大，光纤能传输大量数据，还有质量小、维修方便的优势。

使用铜导线进行数据传输时，若数据传输率较高，会形成很强的电磁辐射，这些辐射会干扰车辆电控系统的正常工作。

光纤传输的是光线，能借助光波在显著提高传输速度的同时，减少缆线的数量。与铜导线传输的电信号相比，光波的波长十分短，不会产生电磁干扰，而且对电磁干扰不敏感。这种传输方式使光纤具有较高的传输速率和抗干扰能力。光纤传输的光波波长为650nm，是可见红光，如图2-146所示。

图2-146 光纤传输650nm的可见红光

（2）光学传输原理 光纤电控单元的内部结构如图2-147所示。

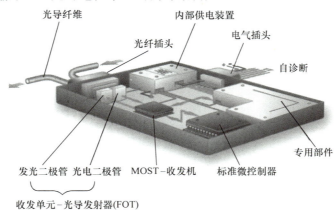

图2-147 光纤电控单元的内部结构

光纤插头：光信号通过该插头进入电控单元，或产生的光信号通过该插头传往下一个总线用户。

电气插头：该插头用于供电、自诊断以及输入/输出信号。

内部供电装置：由电气插头送入的电再由内部供电装置分送到各个部件。这样就可单独关闭电控单元内的某一部件，从而降低静态电流。

收发机：由发射机和接收机两个部件组成。发射机将要发送的信息作为电压信号传至光导发射器。接收机接收来自光导收发器的电压信号并转换成相关的数据传至电控单元内的标准微控制器（CPU）。

收发单元－光导发射器（FOT）：该装置由一个光电二极管和一个发光二极管构成。到达的光信号由光电二极管转换成电压信号后传至MOST收发机。发光二极管的作用是把MOST收发机的电压信号再转换成光信号，产生的光波波长为650nm，是可见红光。

1）光信号的发送。如图2-148所示，光信号的传输类似于电信号的传输，发光二极管将收发机送来的数

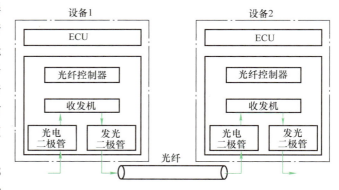

图2-148 光信号的传输

字信号转换为光信号（如数字信号为010101，转换成光信号为亮灭亮灭亮灭）。这些光信号通过

模块 2　汽车车载网络技术分析

光纤传到下一个电控单元后，由该电控单元内部的光电二极管将光信号重新转换为数字信号。

2）光信号的接收。光电二极管的作用是将光波转换成电压信号。如果光或红外线辐射照到 PN 结上，那么就会产生自由电子和空穴，从而形成一个穿越 PN 结的电流。也就是说，作用到光电二极管上的光越强，流过光电二极管的电流就越大。这个过程称为光电效应。

光电二极管反向与一个电阻串联。如果照射光的强度增大，流过光电二极管的电流增大，那么电阻上的电压降也就增大，于是光信号就被转换成电压信号，如图 2-149 所示。

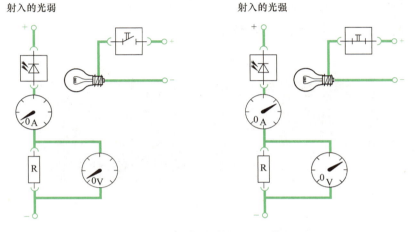

图 2-149　光信号转换为电压信号

2. 光纤

光导纤维（以下简称光纤）的任务是将某一电控单元发射器内产生的光波传送到另一个电控单元的接收器，如图 2-150 所示。

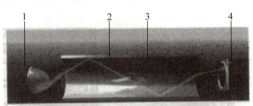

图 2-150　光信号在光纤内的传输
1—发射二极管　2—外壳　3—光纤　4—接收二极管

2.4.1　光波在光纤中的传送

（1）光纤的种类　常用的光纤有塑料光纤和玻璃纤维光纤两种，在汽车上应用的是塑料光纤。与玻璃纤维光纤相比，塑料光纤具有以下优点：

1）光纤横断面较大。

2）制造过程简单。

3）更易于使用，因为塑料不会像玻璃一样脆弱。

4）更容易加工处理，在线束制造时以及在进行售后服务维修时具有较大的优势。

（2）车载光纤的特点　为了传送光信号，光纤应该具有下述特点：

1）光波在光纤中传送时的衰减应小。

2）光波应能通过弯曲的光纤来传播。

101

3）光纤应是柔性的。

4）在 -40~85℃ 的温度范围内，光纤应能保证性能。

（3）光纤的结构　光纤的结构如图 2-151 所示，光纤由以下 4 个部分制作而成：

1）纤芯是光纤的核心部分，它是用有机玻璃制成的，是光导线。纤芯内的光根据全反射原理几乎无损失地传导。

2）透光的涂层是由氟聚合物制成的，它包在纤芯周围，对全反射起关键作用。

3）黑色包层是由尼龙制成的，它用来防止外部光照射。

4）彩色包层起到识别、保护及隔温作用。

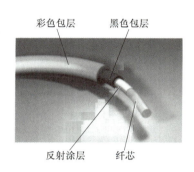
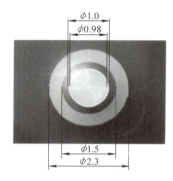

图 2-151　光纤的结构

（4）光波在光纤中的传送

1）在直的光纤中传送。在直的光纤中，光信号以全反射的方式传递，光纤将一部分光波沿直线传送，但绝大部分光波是按全反射原理在纤芯表面以之字形曲线传送的，如图 2-152 和图 2-153 所示。

2）在弯的光纤中传送。在弯的光纤中，光波通过全反射在纤芯的涂层界面上反射，从而可以弯曲传送，如图 2-154 所示。

图 2-152　光信号在光纤里以全反射的方式传递

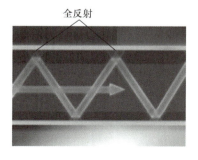

图 2-153　光波在直的光纤中传送

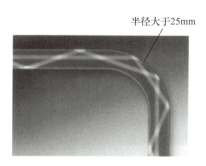

图 2-154　光波在弯的光纤中传送

3. 光纤使用中的注意事项

进行车辆光纤线束方面的工作时必须非常细心，因为与铜导线相比，光纤损坏时可能不会导致故障立即发生，而是在客户以后使用车辆时才表现出来。

光纤内光脉冲的发射距离越大,功率损失也越大,这种自然形成的功率损失被称为衰减。衰减量不允许超过某个规定值,否则相应电控单元内的接收模块将无法处理这个光脉冲。

有两种基本形式的衰减:自然衰减和故障衰减。

自然衰减是由光脉冲从发射模块至接收模块走过的距离而产生的(为防止衰减过度,严禁使用过长的光纤)。故障衰减是因为光脉冲传输区域有缺陷而产生的,如图2-155所示。

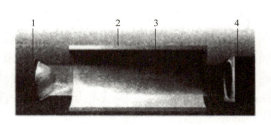

图2-155 光纤内光线的衰减
1—发射二极管 2—外壳 3—光纤 4—接收二极管

4. 光纤的维护

(1) 光纤的防弯折装置　在铺设光纤时,应安装防弯折装置(波形管),用以保证最小25mm的曲率半径,如图2-156所示。

(2) 光纤插头连接要规范　为了使光波在光纤插头中无大的衰减,在连接插头时一定要规范,不能有端面错位(插头壳体碎裂)、端面未对正(角度不对)、光纤的端面与电控单元的接触面之间有空隙(插头壳体碎裂或未定位)和端套变形的现象。光纤插头的结构如图2-157所示。

(3) 只能用专用工具切割光纤　光纤在维修和使用中,为了能使传输过程中的损失尽量小,光纤的端面应该光滑、垂直、洁净,要达到这种要求只能使用专用光纤切割工具来实现。切削面上的污垢和刮痕会加大传送损失(衰减)。

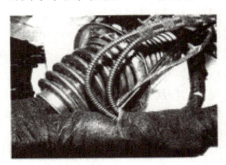

图2-156 光纤的防弯折装置

(4) 维护注意事项　维护光纤及其构件时,应注意如下几点:不允许用热处理之类的维修方法,如钎焊、热黏结及焊接;不允许用化学及机械方法,如粘贴、平接及对接;不允许将两条光纤线绞合在一起,或者一根光纤与一根铜线绞合在一起;不允许对包层进行打孔、切割和压缩变形等操作,另外装入车内时不可有物体压到包层;端面上不可脏污,如液体、灰尘和工作介质等,只有在插接和检测时才可小心地取下保护盖;在车内铺设光纤时不可打结,更换时注意其正确的长度。

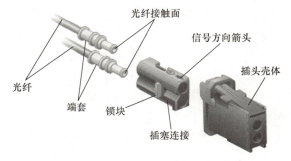

图2-157 光纤插头的结构

2.4.2 MOST总线系统的结构

1. MOST分层模型

开发MOST(Media Oriented System Transport)系统时,汽车制造商对这种娱乐总线系统的功能有两个基本的要求：面向功能的简单系统设计；能够传输流数据、包数据和控制信息。

为了满足第一个要求，对 MOST 结构的开发以功能块作为最核心的部分。功能块集成了所有控制 MOST 设备所必需的属性和方法，通过应用层协议与这些功能块进行通信。这些协议由可自解析的助记符构成，不需要 MOST 设备的地址，在高度抽象的层次上，实现娱乐功能这种简单、快速的系统设计。

功能块具有与应用层连接的接口，属于 ISO/OSI 模型的第 7 层，如图 2-158 所示。

第二个要求是可以通过帧的结构来实现。帧能够同步地传送多媒体数据，能够在不影响同步数据传输的情况下，在第二个时间片域传送异步数据，并且与应用层协议一样，为控制命令和状

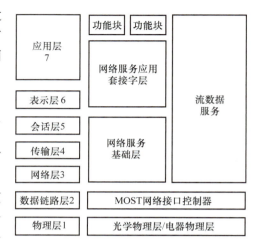

图 2-158　MOST 与 ISO/OSI 模型分层对应关系

态消息提供一个传输信道。数据帧的同步传输以数据链路层为基础，由 MOST 网络接口控制器实现。物理层可以采用光纤，也可以采用铜线电缆。

MOST 系统的驱动软件（即网络服务）介于功能块与数据链路层之间。它覆盖了 ISO/OSI 模型的第 3～7 层。

由于 MOST 系统是专门为同步传输视频和音频数据而开发的，为了实现这种传输还需要流服务，但是实际上它不属于 OSI 模型。

2. 应用层架构

应用层架构的核心元素是上面提到的功能块以及它们的动态特性。在 MOST 网络中，功能块用来控制特定的功能。有的功能块用于控制具体应用，如 CD 机和音频放大器；还有的功能块用于网络管理。功能块提供了一个综合工具来完成复杂的音频功能。它们使得功能设计工程师在高度抽象层次上，相对容易地实现了相关的音频应用功能。

功能块定义了与那些被控制的应用层的接口。它由"属性（Property）"和"方法（Method）"构成。属性用于描述或改变被控制的功能的状态，方法用于执行动作，应用时在一个指定的时间后得到结果。MOST 规范中使用的"功能（Function）"这个词既包括了"属性"也包括了"方法"。

为了确保能够统一，每个功能块都有一个通用格式的 XML 描述。这个描述可以由 MOST 编辑器进行编辑。

图 2-159 显示了从 CD 播放器（音频播放器）的功能块中提取的"属性"和"方法"的例子。

MOST 规范从相互关系上把功能块分为三个层次，如图 2-160 所示：人机接口（HMI）、控制器（Controller）和被控设备（Slave）。

被控设备是 MOST 系统中的设备，受控制器的控制。被控设备通过自身功能块的"属性"和"方法"实现它自己能够完成的功能。被控设备完全不知道整个系统的信息，也不存储关于其他设备的信息，因此一个被控设备不能控制其他的设备。被控设备可以方便地在

模块 2　汽车车载网络技术分析

图 2-159　CD 播放器功能块（Audio Disk Player）

MOST 系统中增添或者移除，不用修改软件或者影响其他被控设备。在实际应用中，这意味着如果 CD 播放器或者放大器被配置为被控设备，那么就可以方便地应用于不同的汽车平台。

图 2-160　MOST 系统层次

控制器完成 MOST 系统功能部件的管理，是控制一个或多个被控设备的功能块，如一个调谐器可以控制相关的放大器。为了达到这个目的，控制器需要一部分系统的信息，这意味着它需要知道被控设备的对应功能块。控制器访问的被控设备功能块的一个代理（或者栈）被称为这个功能块的映像（Shadow）。除此之外，控制器也有自己的功能块。MOST 系统各层的相互关系如图 2-161 所示。

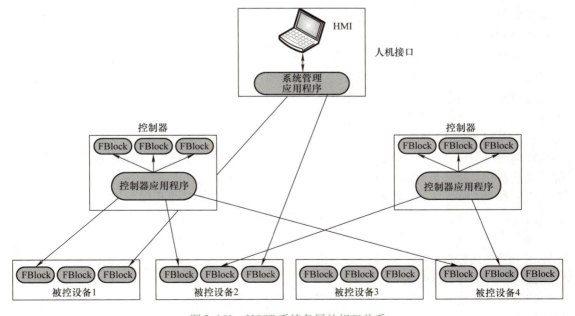

图 2-161　MOST 系统各层的相互关系

人机接口（HMI）是 MOST 系统提供给用户的接口，给出高度抽象的系统功能描述。它对应着各个控制器。

控制器使用应用层协议来控制功能块，如图 2-162 所示。它通过控制信道或者在异步信道传输的 MOST 高层协议传输控制信息。它不必知道被访问的功能块的设备地址，寻址由网络服务完成。

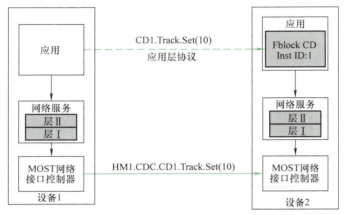

图 2-162　应用层协议

信息序列流程图（Message Sequence Chart，MSC）语言用于描述动态的行为以及功能块的使用过程。MSC 是国际电信联盟（International Telecommunications Union，ITU）定义的用于说明和描述系统组件间的通信行为的技术语言。MSC 独立于通信协议。

3. 网络服务

网络服务是 MOST 标准化的协议栈，覆盖 OSI 模型的第 3～7 层，通常被分为两层。网络服务也包括 MOST 高层传输协议（MOST High Protocol）和将 TCP/IP 栈映射到 MOST 上的适配层 MAMAC。

网络服务由 MOST 网络接口控制器（MOST Network Interface Controller）完成，并为具体应用提供由功能块构成的可编程接口。网络服务包括在异步时间片内传输数据包的组件和通过控制信道控制网络的组件。网络服务在外部主控制器（External Host Controller，EHC）上实现。尽管同步数据的传输不属于网络服务，但同步信道的控制也属于网络服务的一部分。

4. MOST 数据链路层

数据链路层定义了 MOST 总线的基本传输机制，包括具体的数据帧结构的定义，还包括时间主节点和时间从节点的功能。

（1）MOST 帧　MOST 系统的第二个需求是多媒体数据的同步传输能够在帧结构中直接反映出来。一个帧包括一个用于同步传输流数据的区域、一个用于异步传输数据包的区域和一个用于传输控制数据的区域，如图 2-163 所示。在同步区域中，一个源和一个或多个目的之间在 48kHz 的采样频率下建立静态连接（也被称为一个信道）。目前，应用 MOST 技术的汽车使用 44.1kHz 的采样频率。

控制连接的建立和切断，以及功能块之间控制信息的交换，是通过控制信道实现的。通过控制信道传输的命令信息，在被分为连续若干个帧后，依次传输。在 MOST 25 中，每个帧为这种方式划分出 2 个字节的区域。

模块 2　汽车车载网络技术分析

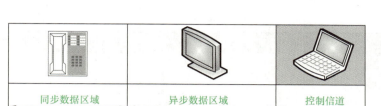

图 2-163　MOST 帧的基本结构

注：为了更好地理解，介绍一下"区域（Area）"与"信道（Channel）"之间的区别。在规范中，只使用信道（Channel）这个词。在本书中，同时使用"信道（Channel）"与"连接（Connection）"用于描述在同步传输中流数据的源和目的之间的连接。

在异步区域传输数据时，如传输导航系统配置期间的数据包时，一点也不影响同步数据的传输。为了达到这个目的，数据链路层协议对异步区域的传输进行管理。

同步区域与异步区域的边界通过边界描述符来标识。

（2）时间主节点和时间从节点　由于 MOST 是一点对多点的数据流系统（即流数据只有一个源，但有任意多的目的），所有设备共享一个由数据流中衍生出来的系统时钟脉冲，据此它们彼此协调，实现同步数据的传输。这也是信号缓冲和冗余处理的基础。

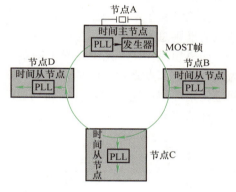

系统时钟由时间主节点发出，在汽车上，通常是由娱乐系统的人机界面节点担当时间主节点。其他的所有节点通过 PLL 与这个系统时钟同步，被称为时间从节点，如图 2-164 所示。

当时间主节点在 MOST 环网的末端接收到帧，它通过 PLL 连接的方式收回信号，随后发出下一帧。

图 2-164　带有一个时间主节点和时间从节点的 MOST 环

锁/解锁：如果时间从节点的输入端接收到一个信号并与 PLL 同步，那么它进入"锁"状态；如果没有同步，那么它处于"解锁"状态。

如果时间主节点能够从环的末端返回的信号再生帧的话，那么它处于"锁"状态。

如果使用光介质物理层，那么处于"锁"状态就意味着在环网中有光信号（Light On）。

5. 物理层

表 2-30 列出了物理层中最重要的参数。在 MOST 25 标准中使用光学物理层，数据流的传输速率约为 25Mbit/s。准确的数据传输速率依赖于系统的采样频率。在 44.1kHz 的采样频率下，每秒发送 44100 个 MOST 帧。在帧长是 512bit 的情况下，数据传输速率是 22.58Mbit/s。这同样适用于 MOST 50，其帧长是 1024bit，同样的采样频率下，其数据传输速率是 MOST 25 的 2 倍。电气物理层是 MOST 50 附加的规定。

第一代网络接口控制器（Network Interface Controllers，NIC）只能用于 MOST 25，第二代智能网络接口控制器（Intelligent Network Interface Controllers，INIC）可用于 MOST 25 和 MOST 50。

表 2-30 物理层中最重要的参数

标准	MOST 25	MOST 50
传输速率	约 25Mbit/s	约 50Mbit/s
物理层	光学	电学
NIC	OS8104；OS8104A	光学
INIC	OS81050	OS81082

MOST 使用塑料光纤（Plastic Optical Fibers，POF）作为物理传输介质，具有很好的电磁兼容（EMC）特性。

MOST 网络的基本结构是逻辑环，从一个设备到另一个设备进行传输。逻辑环通常被实现为一个物理环，如图 2-165 所示，但不是强制的。例如：可以利用一个路由器来实现组合环和星形结构。在星形的拓扑结构中，可以在不影响其他节点的情况下方便地添加或者移除某个节点，这样可以增加系统的可靠性。

无论是在星形结构或者任意的环状和星状的组合结构中，一个节点向下一个节点发送数据流的准则总是不变的。

如果想使 MOST 系统在发生错误的情况下保持高度的可用性，可以利用双环网来实现。为此，每个节点必须有两个光学接收器和发送器，如图 2-166 所示。如果两个节点之间出现问题，则环网将通过冗余段重新构成环路。博世公司的会议系统（PRAESIDEO）就是采用了这样的双环网。它可以在巨大的、复杂的建筑物中使用，符合欧洲安全标准 EN 60849。

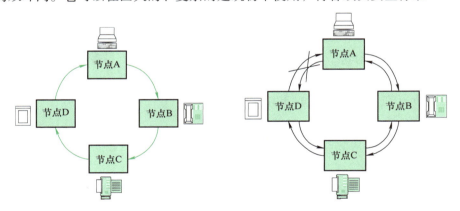

图 2-165　简单 MOST 环　　　　图 2-166　双 MOST 环

6. MOST 设备

图 2-167 给出了一个带有光介质物理层的设备。塑料光纤接收器（Fiber Optic Receiver，FOR）将光信号转换为电信号，并将其发送给接口控制器的 RX 输入端。接口控制器的 TX 信号通过塑料光纤发送器（Fiber Optic Transmitter，FOT）转换为光信号。规范中把接收器和发送器综合成为光纤收发器（Fiber Optic Transceivers，FOT），它是一个物理层接口。

数据链路层由 MOST 网络接口控制器实现，网络接口控制器控制对一帧中 3 个不同区域的存取。网络服务和功能块在微控制器上实现，就是所谓的外部主控制器（External Host Controller，EHC）。EHC 对于异步区域和控制信道的访问都是通过 MOST 网络接口控制器的控制端口（Control Port，CP）来实现的。

模块 2　汽车车载网络技术分析

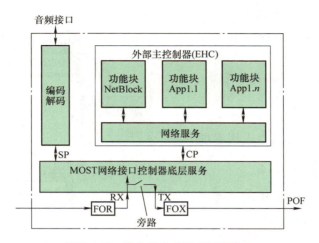

图 2-167　带有光介质物理层的设备

对于流服务，在最简单的情况下可以使用不带处理器的解码器完成，在高级系统中可以用信号处理器。MOST 网络接口控制器的接口是源端口（Source Port，SP）（在 NIC 的情况下）或者是流端口（Streaming Port）（INIC 情况下）。除此之外，INIC 通过 MediaLB 提供了一个广泛的、有效的接口，这个接口可以访问所有信道。

MOST 网络接口控制器具有"旁路"功能，当控制器出现异常时，它能保持数据通路的连通，使输入的数据流不必通过 TX 而能直接向下转发。在发生错误或者设备刚启动时，这个功能是非常有用的。

7. 网络管理

除了具体应用的功能块以外（如 CD 机或者调谐器），还有一些功能块用于完成网络管理功能，如设备网络块（Net Block）、电源管理块（Power Master）、网络主控块（Network Master）和连接管理块（Connection Master）。

每个设备上必须有设备网络块（Net block），而用于网络管理的其他功能块在系统中只需要在一处有就可以了。规范中没有说明这些功能块需要安装在哪个设备上。它们可以分布在系统中，但是经常安装在人机接口（HMI）中。

（1）设备网络块　设备网络块负责设备的管理。它有一个能够在该设备上完成的功能块的列表，并管理设备的所有地址（物理地址、逻辑地址和组地址）。

（2）电源管理　电源管理功能块在 MOST 网络中负责网络的启动和关闭，以及监控网络的供电状态。它本身并没有具体的功能块，但是有功能块标志符用来标志这个设备。

网络可以被任意节点唤醒。不是由电源管理功能完成的唤醒（如被网关唤醒），称为从唤醒（Slave Wake Up）。

（3）网络主节点和网络从节点　网络主节点［安装运行网络主控块（Network Master）的节点］启动系统，管理系统的状态和中心注册（Central Register）。网络主节点可以列出存在于网络中的所有功能块，以及这些功能块所属的每个设备的各自地址。

在环网上的所有其他设备都称为网络从节点，它可以有作为中心注册子集的分散注册机制（Decentralized Registry），包括了参与通信的设备的功能块。网络主节点对应的功能块是网络主控块（Network Master），如图 2-168 所示。

（4）连接管理　图2-169显示了连接管理的基本操作方式，一个发起命令启动连接管理功能块执行建立连接过程。它在同步区域保留了必要的带宽，报告数据源和目的信道的数量。释放连接的过程与此类似。

连接管理对应的功能块是连接管理块（Connection Master）。

8. 多媒体数据的传输

对于在同步信道发送的内容，必须确定编码方式以及版权保护。

MOST支持当前流行的一些编码方式（如PCM、MPEG），具体的实施方法参见MOST规范中的"关于流传输的规范（Specification for Stream Transmission）"。

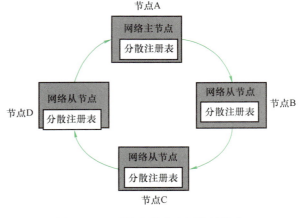

图2-168　网络主节点和网络从节点

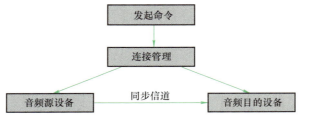

图2-169　连接管理的基本操作方式

MOST使用数据传输内容保护标准（Digital Transmission Content Protection，DTCP）进行传输内容版权的保护。这项技术是由英特尔公司、松下电器公司、东芝公司、索尼公司和日立公司5家重要的设备制造商联合开发。DTCP开发的目的是确保从机顶盒到DVD盘上信号传输的安全。著名的索尼和华纳公司也使用这项技术在数字网络上传输电影。

MOST规范中，基于DTCP的MOST内容保护（MOST Content Protection Scheme DTCP Implementation）［Cont–Prot 2.1］定义了能够应用这项技术所需要的功能和服务。

2.4.3　MOST总线系统的数据传输原理

1. 系统启动（唤醒）

如果MOST总线处于睡眠模式，那么首先需要通过唤醒程序将系统切换至备用模式。如果一个电控单元（系统管理器除外）唤醒了MOST总线，那么该电控单元就会向下一个电控单元发射一种专门调制的光（称为伺服光）。

环状总线上的下一个电控单元通过在睡眠模式下工作的光电二极管来接收这个伺服光并将此光继续下传，如图2-170所示。

该过程一直进行到系统管理器为止，系统管理器根据传来的伺服光来识别是否有系统启动的请求。

然后，系统管理器向下一个电控单元发送一种专门调制的光（称为主光），这个主光由所有的电控单元继续传递，光导发射机（FOT）接收到主光后，系统管理器就可识别出环形总线已经封闭，可以开始发送信息帧了，如图2-171所示。

首批信息帧要求MOST总线上的电控单元提供标志符。系统管理器根据标志符向环形总线上的所有电控单元发送实时顺序（实际配置），这使得面向地址的数据传递成为可能。

模块 2　汽车车载网络技术分析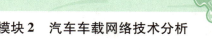

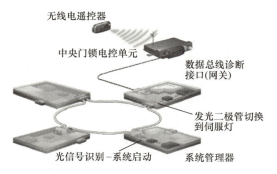

图 2-170　伺服光的传送

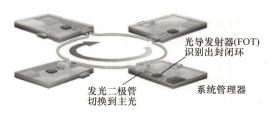

图 2-171　主控制光的传送

诊断管理器将报告上来的电控单元（实际配置）与一个安装的电控单元存储表（规定配置）进行比较。如果实际配置与规定配置不相符，则诊断管理器存储相应的故障码。至此整个唤醒过程结束，可以开始数据传送了，如图 2-172 所示。

2. 音频与视频作为同步数据的传送

为了方便理解，这里以奥迪 A8 轿车 03 车型上播放音乐 CD 为例来进行说明，如图 2-173所示。

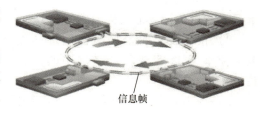

图 2-172　系统管理器发送信息帧

用户通过多媒体操纵单元 E380 和信息显示屏 J685 来选择 CD 上的曲目。多媒体操纵单元 E380 通过一根数据线将控制信号传送至前部信息电控单元 J523 的系统管理器中。然后，系统管理器在连续不断传送的信息帧内加入一个带有以下校验数据的信息组（=16 信息帧）插入：

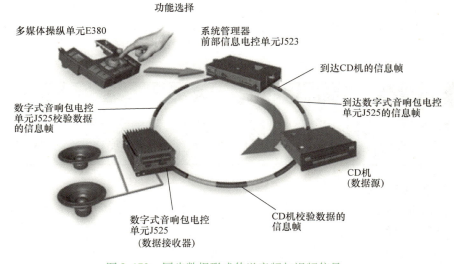

图 2-173　同步数据形式传送音频与视频信号

（1）发射器地址　发射器地址是系统管理器前部信息电控单元 J523 环形结构中的位置 3。

（2）数据源的接收器地址　数据源的接收器地址是 CD 机，位于环形位置 3（取决于装备情况）。

111

（3）控制命令　控制命令是播放第 10 个曲目、分配传送通道。

CD 机（数据源）确定数据区中有哪些字节可以用来传送它的数据。然后，它插入一个带校验数据的数据组。

数据源的发射器地址：CD 机在环形结构中的位置（取决于装备情况）。

系统管理器的接收器地址：前部信息电控单元 J523 在环形结构中的位置（位置 1）。

控制命令：把 CD 的数据传送至通道 01、02、03、04（立体声）。

3. 同步传送的数据管理

如图 2-174 所示，前部信息电控单元 J523 使用下列带校验数据的数据组：

1）发射器地址。发射器地址是前部信息电控单元 J523，位于环形结构中的位置 1。

2）接收器地址。接收器地址是数字式音响包电控单元 J525 在环形结构中的位置（取决于装备）。

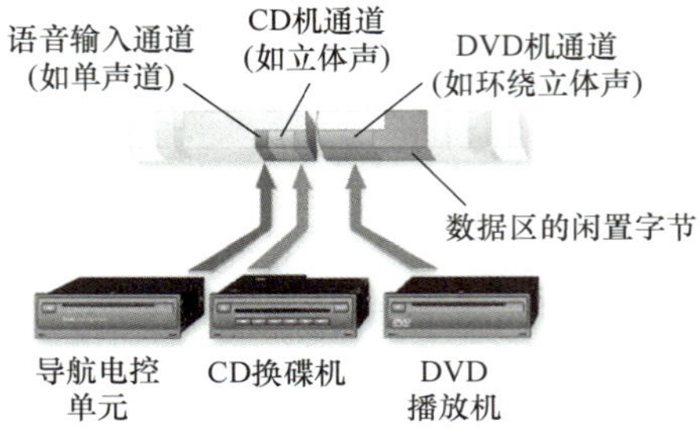

图 2-174　同步传送的数据管理

3）控制命令。控制命令是读出数据通道 01、02、03、04，并通过扬声器播放出来；对当前的音响效果进行设定，如音量、前后音量平衡、左右音量平衡、低音、高音和中音；关闭静音切换，向数字式音响包电控单元 J525（数据接收器）发出播放音乐的指令。CD 机上的数据被保留在数据区内，直到信息帧通过环形总线又到达 CD 机（即数据源）为止。这时，这些数据被新的数据替代并且重新开始新的循环。这样使得 MOST 总线中的所有输出装置（声响包和耳机）都可以使用同步数据。另外，系统管理器通过发送相应的校验数据来确定哪个装置在使用数据。

4）传送通道。音频与视频传送需要每个数据区中的几个字节，数据源会根据信号类型预定一些字节，这些已被预定的字节称为通道，一个通道包含一个字节的数据。

5）传递通道的数量。传递通道的数量见表 2-31，这些存储的通道可以同时传送几个数据源的同步数据。

表 2-31　传递通信的数量

信　　号	通道字节
单声道	2
立体声	4
环绕立体声	12

4. 异步数据形式的传送

用异步数据形式传送的信息和功能数据如图 2-175 所示，其传送数据有导航系统地图显示、导航计算、互联网站点和电子邮件。

它们都是以异步数据的形式传送的。异步数据源是以不规则的时间间隔来发送这些数据的。为此，每个数据源将其异步数据存储到缓冲寄存器内。然后，数据源开始等待，直至接收到带有接收器地址的信息组。数据源将数据记录到该信息组数据区的空闲字节内。记录是以每 4 个字节为一个数据包的形式进行的。接收器读取数据区中的数据包，并处理这些信息；异步数据停留在数据区，直至信息组又到达数据源；数据源从数据区提取数据，在合适

模块2　汽车车载网络技术分析

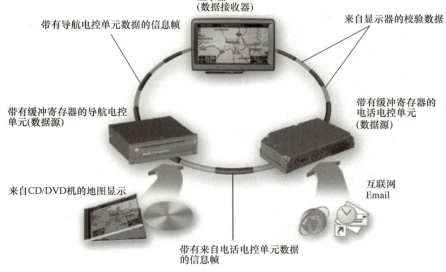

图 2-175　用异步数据形式传送的信息和功能数据

的时候用新数据取代这些数据。

2.4.4　MOST 总线系统的通信协议

1. MOST 网络协议介绍

MOST 网络协议是一种高速媒体总线协议，是使媒体网络中众多信息娱乐设备互联并且共享音频、视频和数据的规范。MOST 技术不仅提供了音频和视频数据的同步传输，而且为应用框架做好了准备。为了解决复杂问题，该应用框架还定义了信息娱乐系统高层抽象层的接口和功能。MOST 可以在一个环中连接多种多媒体设备，设备连接如图 2-176 所示。

另外，对 MOST 结构的开发是以功能模块作为核心。功能模块集成了所有控制 MOST 设备所必需的属性和方法。通过应用层协议与这些功能模块进行通信。这些协议由可自解析的助记符构成，不需要 MOST 设备的地址。在高度抽象的层次上，就可以实现娱乐功能这种简单、快速的系统设计。

2. MOST 网络的拓扑结构

MOST 网络主要采用两种拓扑结构：一种是单向的点对点连接，另一种是环形的网络拓扑。单向的点对点连接方式效率较高，通常用于网络中单边的收发。这种拓扑结构非常适合同步数据的单向传输。而环形的网络拓扑结构比较灵活，两个节点就可以组网，节点数最多可以达到 64 个，并且支持 MOST 网络中节点设备的即插即拔。由于环形网络拓扑结构的这些特点，使开发商在研发产品时都倾向于这种拓扑结构。

3. MOST 网络时钟同步

MOST 是一点对多点的数据流系统，即流数据源只有一个，但目的可以有多个，所有节点共享一个由数据流中衍生出来的系统时钟脉冲，它们彼此协调实现同步数据的传输。这也是信号缓冲和冗余处理的基础。因此，MOST 网络可以划分为两种节点：时间主节点（time-

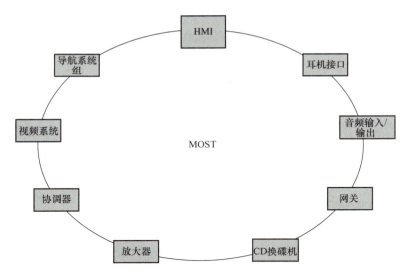

图 2-176　多媒体系统的 MOST 环

master）和时间从节点（time-slave）。任何一个网络节点都可以作为时间主节点，但在系统工作时，时间主节点只能有一个，其他从节点与时间主节点同步。由时间主节点的晶振为整个网络通信提供时钟基准；另外，时间主节点还设定了同步数据和异步数据的边界。从节点在网络启动、复位或丢失锁相时根据接收到的第一个帧起始域，由锁相环对输入位流进行锁相，从而实现网络的同步。

4. MOST 网络的数据帧结构

由于本书对 MOST 网络的研究是基于 MOST 25 的标准，这里只介绍 MOST 25 数据帧结构。MOST 25 帧结构如图 2-177 所示。

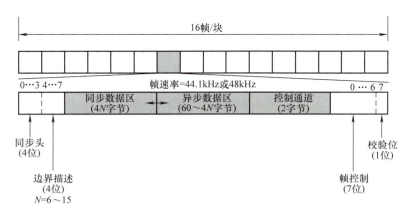

图 2-177　MOST 25 帧结构

为了方便网络管理和控制数据的传输，MOST 网络上的数据是以信息块的模式传输的。每个信息块由 16 个数据帧组成，每个数据帧由 64 个字节构成，包含了同步数据、异步数据和控制数据。

表 2-32 对数据帧的每一部分进行了详细说明。

表 2-32 MOST 帧描述

字节	比特	标志	描述
0	0～3	同步头	实现 MOST 网络比特流同步
	4～7	边界描述符	表示 60 个字节中同步数据的字节数
1	8～15	数据字节 0	同步数据区最少为 24 个字节，最多为 60 个字节，异步数据区 = 60 个字节 – 同步数据区
2	16～23	数据字节 1	
…	…	…	
60	480～487	数据字节 59	
61	488～495	控制帧字节 0	控制数据
62	496～503	控制帧字节 1	一个数据由 32 个控制字节构成一个控制报文

5. MOST 网络数据传输及带宽

数据传输通道是由连续传送的多个信息帧的相同数据域组合构成的，按照网络中传输的信息流来划分，三种数据可分为三个相互独立的通道。这些通道同时传输，互不干扰。通道只是逻辑上的概念，三种数据传输时使用的是同一个物理通道。

下面对三种数据的传输与带宽分别进行解析：

（1）同步数据　同步数据区用来实时传输多媒体数据流。在通道中，可以采用分时多路复用（Time Division Multiple Access，TDMA）的模式建立连接。在指定的时间模式下，数据帧中相同位置可以周期性地传输数据。在同一周期内，数据传输发生错误时不重发，待下一个传输周期继续传输有效值数据。数据传输前要进行同步信道的申请，必须由连接管理功能模块通过控制信道建立连接，连接管理功能模块把配置数据发送到路由器上，由路由器来配置地址，配置完成后，数据通过 I2S 接口送入播放器。而使用了 INIC 芯片的网络控制器 OS81050 则不需要配置路由器，只需创建一个 socket，socket 能自动完成数据帧与本地信息源的连接。同步数据在信道上传输时可以有多个目的地址，针对每个目的地址都有一个完整的数据副本。基于这样的传输原理，使得 MOST 网络的线束负载较小。

（2）异步数据　异步数据区与同步数据区共享 60 个字节。异步数据带宽由同步数据决定，取值范围为 0～36 字节。异步数据域在数据链路层以信道共享方式非周期性地传输数据包（如 internet 数据、网关协议等）。

异步数据链路层协议使用两种数据区长度：一种协议可传输 48 个字节的数据，而另一种可以传输 1014 个字节的数据。网络接口控制器（NIC）同时支持上述两种协议，但是受内部缓存空间的限制，只对传输 48 个字节的协议有效。智能网络接口控制器（INIC）使用 I2C 总线通信时，采用前者；使用媒体本地总线（MediaLB）通信时，采用后者。

异步数据的格式如图 2-178 所示，校验位负责对数据进行校验，当出现校验错误时，数据不会自动重发，而是由更高的协议层进行处理。

异步数据访问采用令牌环的方式，仲裁工作由网络收发器自动执行。若某一时刻没有节点准备发送数据，则令牌在节点之间依次传递。当某节点准备发送数据时，必须等待获得令牌。从总线上取得令牌后，便获得了对异步数据区的专用权。每发送完一个数据包后释放令牌。如果想要发送若干数据包，那么必须再次获得令牌。通过令牌访问拒绝模式，可确保

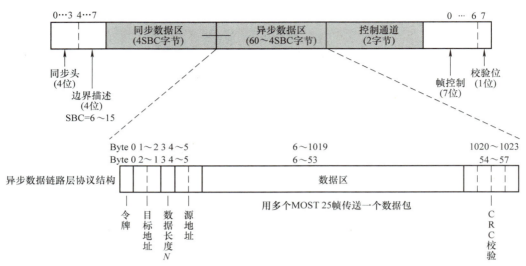

图 2-178 异步数据的格式

高优先级节点总能率先得到令牌；优先级低的节点即使准备就绪，也必须等令牌在总线上继续传输直至被高优先级节点完全释放后才能获得，这样就实现了数据传输的优先级。

(3) 控制数据　控制数据是 MOST 网络协议的主体部分，也是网关需要进行数据转换的主体部分。网络中的控制指令、节点状态及诊断信息都是通过控制数据传输的，这种传输和另外两种数据传输同时进行。控制数据的发送采用载波监听多路访问（Carrier Sense Multiple Access，CSMA）的方式，控制数据通道采用 ACK/NAK 的机制，并能够自动重发，每秒钟可以提供将近 3000 个控制和状态信息（取决于 MOST 网络的帧采样率）。控制数据的发送、接收、仲裁都是由 MOST 收发器自动完成的。一条完整的控制数据是由 16 个帧的控制字节构成的，共 32 个字节。控制数据格式如图 2-179 所示。

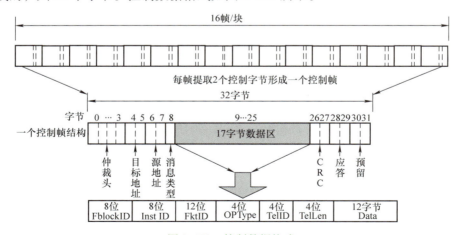

图 2-179 控制数据格式

网络中控制数据有两种：标准控制数据和系统控制数据。标准控制数据包含了与控制服务有关的数据，如修改属性、调用功能模块和处理回调函数等。系统控制数据主要用来进行网络管理，如对资源进行分配与释放、获取远程数据源等。控制数据类型如图 2-180 所示。

模块 2　汽车车载网络技术分析

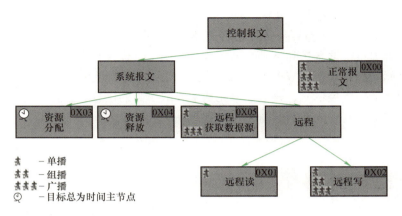

图 2-180　控制数据类型

2.4.5　MOST 总线系统的应用

MOST 总线系统是一种用于多媒体数据传送的网络系统，该技术用于信息娱乐系统的数据传递。例如奥迪 2003 款 A8 和 2005 款 A6 的 Infotainment 系统，Infotainment 系统能提供很多信息及娱乐多媒体服务，如图 2-181 所示。

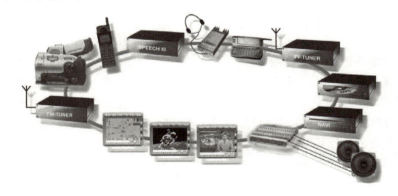

图 2-181　奥迪装备的 MOST 光纤系统

MOST 光纤系统数据传输对于实现信息系统的所有功能具有重要意义，因为以前所使用的 CAN 总线系统的传输速度是不够快的，无法满足相应数据量的传送。视频和音频仅仅是带有立体声的数字式电视信号，就需要约 21.2Mbit/s 的传输速度。MOST 光纤系统数据以 50Mbaud、双相编码的方式发送，最高传输速率为 50Mbit/s。

以前的视频和音频信号都只能作为模拟信号来传送，这就使得线束的用量很大。CAN 总线系统的最大传输速率为 1Mbit/s，因此，CAN 总线只能用来传递控制信号。

MOST 总线中，相关部件之间的数据交换是以数字方式来进行的，通过光波进行数据传递。MOST 总线具有导线少且质量小的优点，另外，传输速度也快得多。

与无线电波相比，光波的波长更短，因此它不会产生电磁干扰，同时对电磁干扰也不敏感。这些特点决定了其传输速率很高且抗干扰性强。

1. 奥迪 MOST 系统拓扑结构

MOST 总线系统的一个重要特征就是它的环形拓扑结构，如图 2-182 所示。电控单元通过光纤沿环形方向将数据发送到下一个电控单元。这个过程一直在持续进行，直至首先发出数据的电控单元又接收到这组数据，从而形成了一个封闭环。光纤上的数据流就如同一列火车。数据流到达某一电控单元，该电控单元从中收取所需的信息，并且把自己处理的信号也发送到数据流中，从而构成新的数据流，传到下一个电控单元，如图 2-183 所示。

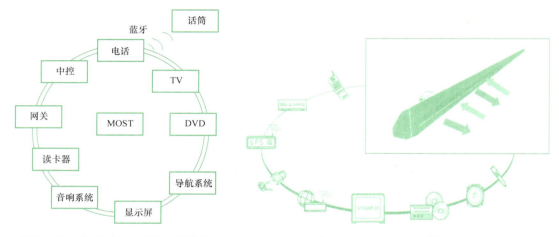

图 2-182　奥迪 MOST 系统拓扑结构　　　　　图 2-183　MOST 总线数据流示意

2. MOST 网络环形结构的特点

1）MOST 系统中只要有一个节点或者有一节光纤出现故障，就会影响到整个网络系统。

2）MOST 网络系统可利用即插即用原则，非常简单地通过增加部件扩展系统。

3）可以通过数据总线自诊断接口和诊断 CAN 来对 MOST 总线进行诊断。

3. MOST 系统的数据结构

如图 2-184 所示，一个 MOST 信息帧的大小为 64 字节，可分成以下几部分（1 个字节等于 8 位）：

1）起始区。起始区表示一个信息帧的开始。每段信息帧都有自己的起始区。

2）分界区。分界区用于区分起始区和紧跟着的数据区。

3）数据区。MOST 总线在数据区最多可将 60 个字节的有效数据发送到电控单元。数据分为两种类型：声音和视频，作为同步数据；图片、用于计算的信息及文字作为异步数据。

数据区的分配是可变的，数据区的同步数据在 24～60 个字节之间。同步数据的传递具有优先权。

4）校验字节。两个校验字节传递以下信息：发射器、接收器地址（标志符）；接收器的控制指令（如放大器声大、声小）。校验字节内包含有控制和诊断数据，这些数据由发射器传送到接收器，称为根据地址进行的数据传递。

5）状态区。状态区包含用于给接收器发送信息帧的信息。

6）奇偶校验区。奇偶校验区用于最后检查数据的完整性。该区的内容将决定是否需要重复一次发送过程。

模块 2　汽车车载网络技术分析

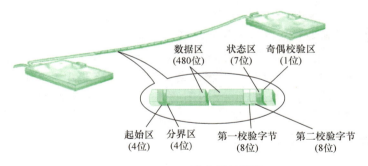

图 2-184　MOST 信息帧的结构

4. 奥迪 A6L 3.0 轿车故障分析

1）故障现象。一汽奥迪 A6L 3.0 轿车，充好电后只要关闭点火开关一段时间，多媒体交互（MMI）系统再打开时就无法工作。

2）故障分析。连接故障诊断仪 VAS 5052 对车辆各个电控单元进行故障查询，除电源管理器电控单元中存储有电流关闭级 1、电流关闭级 2 的故障码外，其他电控单元中的故障存储都存有含义为"电压低"这个偶发性故障码。将所有电控单元中的偶发性故障码清除后，打开 MMI 系统，可以正常工作，测量车辆静态放电电流为 56mA，比正常数值偏大，超过 20mA。

连接故障诊断仪 VAS 5052 对该车网关安装列表进行故障诊断，在网关的安装列表中，显示信号无法到达与光纤环路相连接的各个电控单元。数据总线的诊断插口即网关 J533 电控单元中有光纤环路断路的故障记录。

根据该车光纤系统（MOST 总线，媒体系统数据交换总线）的结构可知（图 2-185），如果系统无法开机，则说明光纤系统中的个别电控单元无法正常工作，或各电控单元间的光纤出现了断路、破损等情况，使光纤环路不能形成回路。

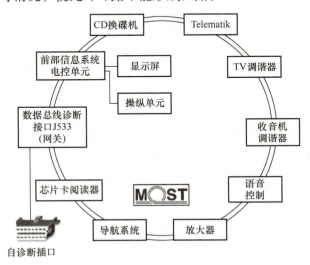

图 2-185　MOST 总线结构

利用 VAS 5052 的功能导航模块对网关 J533 进行光纤环路断路诊断，发现光纤环路故障诊断和光波衰减 3dB 断环诊断均无法进行，说明故障在光纤系统。

119

在奥迪车辆的信息系统中装备了大量的现代信息娱乐媒体，为此，信息娱乐系统中采用光纤传导技术构成的MOST总线（媒体系统数据交换总线）网络结构进行信息数据传输。在光纤环路系统中，信息显示电控单元J523、数据总线诊断插口（网关）J533、电话的发射/接收器R36、导航电控单元J401、电视调谐器R78、收音机电控单元R、音响电控单元J525及CD转换盒R41通过光纤组成一个封闭的环形结构，电路原理如图2-186所示，各电控单元通过光纤（LWL）以相同的方向在环路中发送数据到相邻的下一个电控单元。在

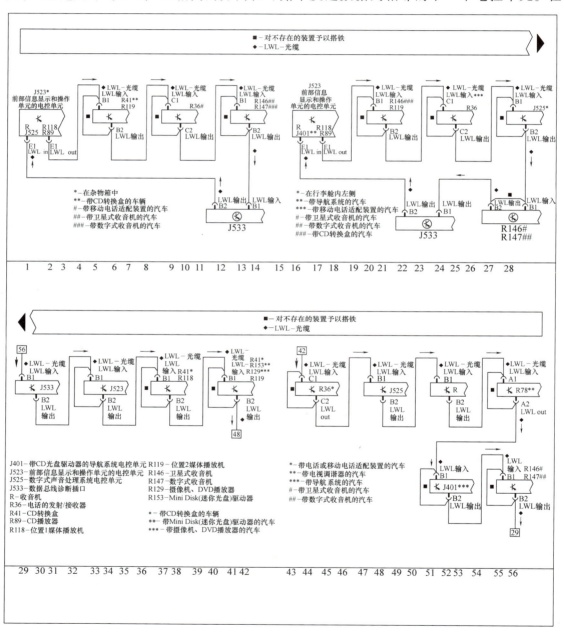

图2-186　奥迪A6L 3.0轿车信息娱乐系统数据总线电路原理

MOST 总线中，各电控单元的内部结构由光波导体、光纤插头、发光二极管、光电二极管、MOST 传输接收器（媒体系统数据对换）、仪器内部的电源、标准的微型电控单元、电气插座连接和仪器特殊部件等组成。在每个电控单元中，各有 1 个光纤导体（FOT，发射单元）来负责光波的传递。

经分析认为，故障是由于在 MOST 总线中的某一个电控单元无法正常工作而导致光波信号不能正常传输，造成了整个系统无法打开。使用 VAS 5052 对该车进行光纤环路断开故障诊断和光波衰减 3dB 断环诊断均无法执行，这说明在 MOST 总线中的系统诊断导线上有故障。

根据 MOST 总线系统和其环路断开诊断电路的布局结构来分析，造成诊断导线故障的可能原因有环路断开诊断电路中存在搭铁短路、有故障的电控单元导致环路断开、诊断电路搭铁、在环路断开诊断电路中存在对正极短路。

3）查找故障原因。测量环路断开诊断电路。由于环路断开诊断电路是以星形结构布置的，所以可以在任何电控单元处测量拔下的电控单元插头处的电压。

使用 VAS 5052 对该车进行环路断开诊断电路的测量。先从行李舱的左后衬板内断开音响电控单元 J525，测量其电器插头上的环路断开诊断电路的电压。发现环路断开诊断电路与搭铁线之间的电压为 13.5V（标准值为 5V），说明在环路断开诊断电路中存在对正极短路的故障。

其故障原因有：环路断开诊断电路本身存在电路故障；MOST 总线中的某一个电控单元内部存在对正极短路的故障。

对 MOST 总线中的各个电控单元逐一断开，再测量环路断开诊断电路的电压。当断开前部信息电控单元 J523 时，发现环路断开诊断电路的电压降低到了 5V，从而说明正是由于前部信息电控单元 J523 内部元件有对正极短路的故障，从而进一步导致 MMI 系统无法工作，以及光纤环路断开故障诊断和光波衰减 3dB 断（路）环诊断均无法执行的故障现象。

4）解决方法。更换前部信息电控单元 J523 后，故障消失，MMI 系统恢复正常工作。再次检查车辆静态放电电流为 20mA，在标准范围内。

维修小结：由于前部信息电控单元 J523 内部元件有对正极偶然短路故障，造成诊断导线对正极短路，从而出现 MMI 系统有时无法工作的现象。MMI 系统无法进入休眠状态，会致使车辆静态放电电流增加。

实训项目

实训项目 1　CAN 总线系统的万用表检测

1. 实训内容及目的

CAN 总线系统的万用表检测与分析。

2. 实训器材

待测大众系列轿车动力系统和舒适系统（实车或试验台架）各 1 套，数字万用表 4 套，可调电阻 2 个，导线若干。

3. 操作步骤及工作要点

（1）检测电路连接

（2）动力 CAN 总线的万用表检测　主要完成以下几种情况下的测试：

1）CAN－H 线与 CAN－L 线正常。
2）CAN－H 线与 CAN－L 线之间短路。
3）CAN－H 线对正极短路。
4）CAN－H 线对负极短路。
5）CAN－L 线对负极短路。
6）CAN－L 线对正极短路。
7）CAN－L 线断路。
8）CAN－H 线断路。

（3）舒适 CAN 总线的万用表检测　主要完成以下几种情况下的测试：
1）CAN－H 线与 CAN－L 线正常。
2）CAN－H 线与 CAN－L 线之间短路。
3）CAN－H 线对负极短路。
4）CAN－H 线对正极短路。
5）CAN－L 线对负极短路。
6）CAN－L 线对正极短路。
7）CAN－L 线断路。
8）CAN－H 线断路。
9）CAN－H 线通过连接电阻对正极短路。
10）CAN－H 线通过连接电阻对负极短路。
11）CAN－L 线通过连接电阻对正极短路。
12）CAN－L 线通过连接电阻对负极短路。
13）CAN－H 线与 CAN－L 线之间通过连接电阻短路。

4. 考核要求
1）故障情况下的万用表检测。
2）根据测量结果判断故障类型。

实训项目 2　动力 CAN 总线系统的波形分析

1. 实训内容及目的
动力 CAN 总线系统的故障波形检测与分析。

2. 实训器材
待测大众系列轿车动力系统（实车或试验台架）2 套，汽车专用示波器 2 台，可调电阻 2 个，导线若干。

3. 操作步骤及工作要点
（1）检测电路连接
（2）动力 CAN 总线的故障波形检测　当故障存储器记录动力 CAN 总线故障时，用示波器进行检测可以确定故障点的位置以及故障引发的原因。本实训主要测试以下内容：
1）CAN－H 线与 CAN－L 线的正常波形。
2）CAN－H 线与 CAN－L 线之间短路的信号波形。
3）CAN－H 线对正极短路的信号波形。

4）CAN–H 线对负极短路的信号波形。

5）CAN–L 线对负极短路的信号波形。

6）CAN–L 线对正极短路的信号波形。

7）CAN–L 线电路断路的信号波形。

8）CAN–H 线电路断路的信号波形。

4. 考核要求

1）故障波形检测。

2）根据故障波形判断故障类型。

实训项目 3　舒适 CAN 总线系统的波形分析

1. 实训内容及目的

舒适 CAN 总线系统的故障波形检测与分析。

2. 实训器材

待测大众系列轿车车身舒适系统（实车或试验台架）2 套，汽车专用示波器 2 台，可调电阻 2 个，导线若干。

3. 操作步骤及工作要点

（1）检测电路连接

（2）舒适 CAN 总线的故障波形检测　当故障存储器记录舒适总线故障时，用示波器进行检测可以确定故障点的位置以及故障引发的原因。此外，舒适 CAN 总线具有单线工作能力，当故障存储记录中有舒适 CAN 总线单线工作故障时，可以用示波器进行检测，确定两条 CAN 总线中哪一条有故障。本实训主要测试以下内容：

1）CAN–H 线与 CAN–L 线的正常波形。

2）CAN–H 线与 CAN–L 线之间短路的信号波形。

3）CAN–H 线对负极短路的信号波形。

4）CAN–H 线对正极短路的信号波形。

5）CAN–L 线对负极短路的信号波形。

6）CAN–L 线对正极短路的信号波形。

7）CAN–L 线电路断路的信号波形。

8）CAN–H 线电路断路的信号波形。

9）CAN–H 线通过连接电阻对正极短路的信号波形。

10）CAN–H 线通过连接电阻对负极短路的信号波形。

11）CAN–L 线通过连接电阻对正极短路的信号波形。

12）CAN–L 线通过连接电阻对负极短路的信号波形。

13）CAN–H 线与 CAN–L 线之间通过连接电阻短路的信号波形。

4. 考核要求

1）故障波形检测。

2）根据故障波形判断故障类型。

实训项目 4　终端电阻的检测与 CAN 总线维修

1. 实训内容及目的

1）终端电阻的检测。

2）CAN 总线维修。

2. 实训器材

待测大众系列轿车车身动力系统 2 套（实车或试验台架），万用表 4 套，导线若干。

3. 操作步骤及工作要点

（1）终端电阻的检测　在动力 CAN 总线上的终端电阻可以用万用表进行测量，但是在舒适 CAN 总线和信息 CAN 总线上不能用万用表测量。

终端电阻的检测电路如图 2-187 所示。

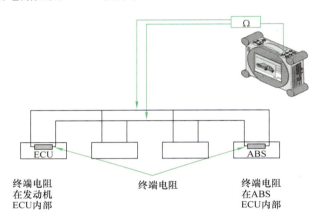

图 2-187　终端电阻的检测电路

（2）终端电阻的测量步骤

1）将蓄电池的电极线拔除。

2）等待约 5min，直到所有的电容器都充分放电为止。

3）连接测量仪器并测量总阻值。

4）将一个带有终端电阻电控单元的插头拔下来。

5）检测总阻值是否发生变化。

6）将第一个电控单元（带有终端电阻）的插头连接好，再将第二个电控单元的插头拔下来。

7）检测总阻值是否发生变化。

8）分析测量结果。

对总阻值测量后，还需要将一个带有终端电阻电控单元的插头拔下，进行两次单个电阻的测量。如果在电控单元被拔取后测量的阻值发生了变化，则说明两个阻值都正常。

4. 考核要求

1）终端电阻的检测。

2）CAN 总线维修。

模块 2　汽车车载网络技术分析

实训项目 5　LIN 总线系统的检测与维修

1. 实训内容及目的

LIN 总线系统的检测与维修。

2. 实训器材

待测 LIN 总线系统（实车或试验台架）2 套，数字万用表 4 套，示波器 2 台，可调电阻 2 个，导线若干。

3. 操作步骤及工作要点

1）万用表检测电路连接。
2）LIN 总线的万用表检测。
3）示波器检测电路连接。
4）LIN 总线的示波器检测。

4. 考核要求

1）故障情况下用万用表检测，并根据测量结果判断故障类型。
2）故障情况下用示波器检测，并根据测量结果判断故障类型。

本模块知识点

1. 汽车电控单元控制系统工作原理。
2. 多路传输系统工作原理及通信协议标准。
3. CAN 总线数据传输原理及通信协议。
4. CAN 总线故障分析。
5. LIN 总线数据传输原理及通信协议。
6. LIN 总线故障分析。
7. MOST 总线数据传输原理及通信协议。
8. MOST 总线故障分析。

思考与习题

1. 按照你的理解，说一说汽车为什么要使用网络系统？
2. 说明典型车载网络系统的组成。
3. 车载网络系统在汽车上的应用有哪些？
4. 解释 CAN、多路传输、数据总线的含义。
5. 什么是通信协议？车载网络协议标准有哪些？
6. CAN 报文有哪几种形式？数据帧由哪些位域组成？各位域的功能是怎样的？
7. 车载网络根据通信速率的高低分为哪几类？各类的通信速率范围是多少？每一类有哪些典型协议的网络？
8. 车载网络可以应用于车上的哪些系统？这些系统可采用哪些协议的网络？
9. 动力 CAN 总线系统一般可以连接哪些 ECU？其通信速率是多少？其优先权顺序是怎样的？
10. 动力 CAN 总线系统由哪些部分构成？各部分的功能是什么？

11. 动力CAN总线系统是如何实现电磁兼容（即抗干扰和不干扰外界）的？
12. LIN主控单元可以执行哪些功能？
13. 舒适CAN总线系统的通信速率一般是多少？它的信号电平是如何确定的？
14. 舒适CAN总线系统与动力CAN总线系统相比有哪些区别？
15. 在帕萨特轿车上，舒适CAN总线系统连接了哪些ECU？其优先权顺序是怎样的？
16. 如何检测舒适CAN总线系统的波形？其正常工作波形具有哪些特点？其故障波形有哪些？各具有什么特点？

模块3

汽车车载网络系统故障的检测与诊断

 学习目标

1. 掌握汽车车载网络系统的故障类型。
2. 掌握专用诊断仪在汽车车载网络系统故障检测中的应用。
3. 掌握汽车车载网络系统故障诊断方法。
4. 了解 OBD-Ⅱ 标准协议。
5. 理解工匠精神内涵，搜集案例提高职业素养和职业道德。

 情景导入

准备一辆设有总线典型故障的汽车，让读者（学生）按照要求操作汽车的不同系统，如起动系统、中控门锁、车窗、灯光系统、报警系统等。让体验者分析造成这些系统不能正常工作的原因，针对体验者的分析情况，教师做详细分析。

3.1 汽车车载网络系统的故障检测

 本节内容简介

本节将简单介绍汽车车载网络系统的故障类型，以及故障检测时的注意事项；重点介绍专用诊断仪在汽车车载网络系统故障检测中的应用，结合专用诊断仪的使用方法讲解汽车车载网络系统故障检测过程。

3.1.1 汽车车载网络系统的故障类型

如果多路传输系统有故障，则整个汽车多路传输系统中的有些信息将无法传输，接收这些信息的电控模块将无法正常工作，从而为故障诊断带来困难。一般说来，引起汽车车载网络信息传输系统故障的原因有三类：电源系统故障；车载网络信息传输系统的链路（或通信电路）故障；车载网络信息传输系统的节点（电控模块）故障。

1. 车载网络电源系统故障

汽车车载网络信息传输系统的核心部分是含有通信 IC 芯片的电控模块（ECM）。电控模块（ECM）的正常工作电压在 10.1～15.0V 的范围内。如果汽车电源系统提供的工作电压低于该值，就会造成一些对工作电压要求高的电控模块（ECM）出现短暂的停工，从而使整个汽车多路信息传输系统出现短暂的无法通信。

这类故障产生的原因主要是由蓄电池、发电机、供电电路和熔断器等元器件损坏造成的。

2. 车载网络节点故障

节点是汽车车载网络信息传输系统中的电控模块，因此节点故障就是电控模块（ECM）的故障。节点故障包括软件故障和硬件故障两类。软件故障即传输协议和软件程序有缺陷或冲突，从而使汽车多路信息传输系统通信出现混乱或无法工作。这种故障一般成批出现，且无法维修。硬件故障一般是指由通信芯片或集成电路故障而造成汽车多路信息传输系统无法正常工作。对于采用低版本信息传输协议（即点到点信息传输协议）的汽车多路信息系统，如果有节点故障，则将出现整个汽车多路信息传输系统无法工作。

这类故障主要是由于各类电控单元、传感器等元器件损坏造成的。

3. 车载网络链路故障

当汽车车载网络信息传输系统的链路（或通信电路）出现故障时，如通信电路的短路、断路以及电路物理性质引起的通信信号衰弱或失真，都会引起多个电控单元无法工作或电控系统错误，使多路信息传输系统无法工作。车载网络链路故障类型如图 3-1 所示。

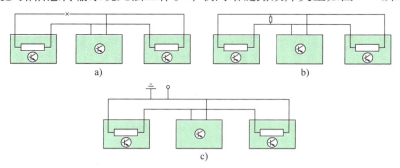

图 3-1　车载网络链路故障类型
a）通信电路断路　b）通信电路短路　c）通信电路搭铁或正极短路

3.1.2 汽车车载网络系统故障诊断的一般程序

1）基本检查。检查汽车蓄电池的静态电压、各插头之间的连接情况、相关的熔丝以及发动机与车身的搭铁情况等。

模块3　汽车车载网络系统故障的检测与诊断

2）连接专用诊断仪，与出现故障的各电控系统进行通信，并读取故障码。

3）如有故障码，按故障码提示进行检查。在CAN系统故障码与其他故障码同时出现时，应优先对CAN系统进行故障诊断。如故障诊断设备也具有对电控单元（ECU）进行CAN系统的故障诊断和支持监视器的功能，则通过诊断设备的这个功能可以用来帮助判断故障位置。

4）检查控制模块的电源供应及搭铁回路是否良好。

5）检查CAN总线的两根线路是否良好，最好用多通道示波器对其进行波形检测，如不正常，再用万用表检查是否存在断路、短路。

6）拔下控制模块线束插头，对控制模块CAN总线接口两端的数据传递终端电阻进行检测，如不符要求，则为控制模块内部不良。

7）再拔下控制模块线束插头，检查CAN总线接口的接触情况，并在该控制模块不接入车内网络系统的情况下，观察故障现象的变化，如故障消失，则控制模块硬件损坏或内部软件故障（如未进行相应编程、设定等）。

8）先对该控制模块进行重新设定，如故障不能消失，则更换新模块再视情进行重新编程设定。

3.1.3　汽车车载网络系统的故障检测注意事项

汽车车载网络系统中使用了大量的电子设备，在进行故障检测时必须按照操作规则进行，以保证电子设备和电路的安全。

1）在检查电路之前确保关闭点火开关，断开蓄电池负极电缆。禁止在点火开关接通时断开或重新连接动力系统接口模块线束插接器。

2）为避免损坏线束插接器端子，在对动力系统接口模块线束插接器进行测试时，务必使用合适的线束测试引线。不要触摸动力系统接口模块插接器端子或动力系统接口模块电路板上的锡焊元件，以防静电放电造成损坏。

3）确保所有线束插接器正确固定。确保蓄电池电缆端子坚固。

4）使用测试器时，其开放端口电压应为7V或更低。不要在测量端口施加7V或更高的电压。

5）在利用电焊设备进行焊接时，必须从动力系统接口模块上断开线束插接器。

6）动力系统接口模块对电磁干扰（EMI）极其敏感，在执行维修程序时，要确保动力系统接口模块线束布设正确，且牢固地装在安装夹上。由于动力系统接口模块电路具有一定的敏感性，因此制订了专门的电路修理程序，要严格执行。

7）在安装新的动力系统接口模块前，确保要安装的类型正确，务必参见最新的备件信息。

8）当插头需要更换时，只能更换认可的电气插头，以保证正确的配合并防止电路中的电阻过大。在更换新的电控单元后，必须对新的电控单元进行重新编码，电控单元的编码工作可以用厂家专用的诊断仪进行，按菜单提示进行操作。

3.1.4　专用诊断仪在汽车车载网络系统故障检测中的应用

汽车车载网络系统故障诊断仪可以方便地检测电路物理特性，方便地读取或清除故障码；它可以与ECU中的微型计算机直接进行数据交换，显示静态或动态ECU的工作状况和各种传感器输出的瞬时数据；它能在静态或动态的情况下，向电控系统各执行器发出检修作业需要的动作指令，以便检查执行器的工作状况。

常用的电控汽油喷射发动机的故障诊断仪（表）有汽车万用表、VAG 1551、VAG 1552 和 VAS 505X 等。

1. 汽车万用表的使用

汽车万用表（图3-2）是检测电子电路时最常用的仪表之一，它具有携带及使用方便、可测参数多等显著特点。在检测汽车电控系统和网络系统时通常使用汽车万用表。通过汽车万用表，可以判别故障的具体部位和检测元件的状态（图3-3）。

（1）汽车万用表的功能 汽车万用表的功能包括：检测直流电压（0～400V时，误差为±0.15%；1000V时，误差为±1%）；检测交流电压（0～400V时，误差为±1.12%；750V时，误差为±1.15%）；检测直流电流（400mA时，误差为±1%；20A时，误差为±2%）；检测交流电流（400mA时，误差为±1%；20A时，误差为±2.5%）；检测电阻（400Ω、4kΩ～4MΩ时，误差为±1%；400MΩ时，误差为±2%）；检测频率（4kHz～4MHz时，误差为±0.05%；最低输入频率为10Hz）；检测二极管电路通断；检测转速（150～3999r/min时，误差为±0.3%；4000～10000r/min时，误差为±0.6%）；检测闭合角（±0.50°）；检测频率/脉冲宽度比（如占空比等，误差为±0.2%）；检测各类传感器（如节气门位置传感器、进气压力传感器、空气流量传感器、冷却液温度传感器、车速传感器、曲轴位置传感器、氧传感器、凸轮轴位置传感器和防抱死制动车轮转速传感器等）；检测各种执行器（包括电磁阀和电动机等）；检测真空度及液压（如发动机的进气真空度、燃油压力、自动变速器油压力、发动机润滑油压力、气缸压力、空调制冷剂的高低压力、排气压力和各真空控制元件的真空度等）；其他功能（如显示峰值电压、设置背景光、暂存数据和自动关机等）。

图3-2 汽车万用表

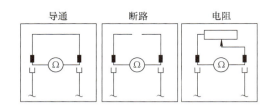

图3-3 测定要确定的三个问题

（2）汽车万用表的使用注意事项 汽车万用表与普通万用表的使用有很多类似的地方，特别是在检测电压、电流等电参数方面，这里不做介绍。但用汽车万用表检测电控系统有如下注意事项：

在检测之前，应先检查汽车电控系统中的熔断器和线束插接器（插头）是否良好。可参照汽车维修手册说明的安装位置，检查各熔断器的状态。

汽车蓄电池应保持充足的电量，电控系统的电源线应接触良好，因为当电控系统的电源电压低于11V时，会使检测结果误差增大甚至测试错误。

模块3　汽车车载网络系统故障的检测与诊断

汽车万用表的输入阻抗应大于10MΩ/V，若使用低阻抗的万用表，轻者会使测试数据不准确，严重时还会使电控系统中的集成电路元件和传感器等损坏，因此使用前应认真阅读汽车万用表的说明书，对输入阻抗的数值进行核对。

测量电子控制器各个端子的电压时，各个插接器（插头）与各个执行器、传感器之间应保持连接状态，只有这样才能检测出准确的电压数据。

测量电子控制器各个端子的电阻时，不要直接用普通万用表的电阻档测量，特别是要注意，不要将较高电压引入电子控制器内部，以免损坏电子控制器内部的元件。

测量电子控制器、传感器及执行器时，由于需要断开各控制电路的线束插接器（插头），应先拆下蓄电池负极搭铁线，不可带电断开有关电子控制器的外围电路，否则可能会损坏电子控制器。

（3）汽车万用表的操作方法　下面还以KM300型多功能万用表为例，讲述汽车万用表的基本使用方法，如图3-4所示。

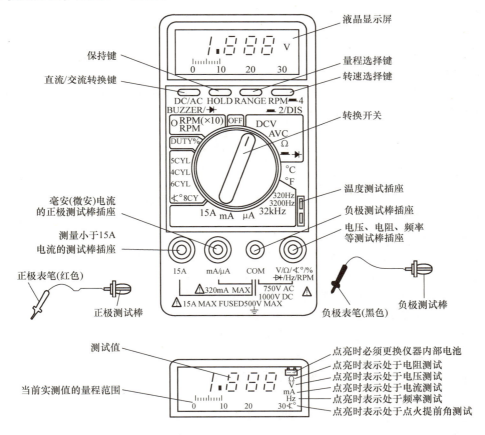

图3-4　KM300型多功能万用表外形面板和液晶显示屏的示意图

使用前的注意事项：首先检查万用表内部的电池电压，当电压不足时，显示屏右上方会出现蓄电池的符号；注意仪表笔插孔旁的符号，不要将正、负极接反；另外，要注意测试电压或电流不要超出指示数字的最大范围；使用前要先将转换开关旋至要测量的档位上。

1）测量直流电压。将汽车万用表的转换开关旋转到直流电压（DCV）位置。此时，汽

131

车万用表进入自动选择量程测量方式,能自动选择最佳测量量程。也可以按下 RANGE(量程)键,使汽车万用表进入手动选择测量量程方式。每按一次 RANGE 键,即可选择到下一个高一档的量程。

将红色表笔插入面板中的电压/电阻插座中,黑色表笔插入面板中的 COM 插座中。将红、黑表笔与被测电路上的触点连接。

注意汽车万用表上的"+""-"表笔必须和电路测试点的极性一致。

读取直流电压值。

注意:测量时,不要检测高于 750V 的电压,否则可能会损坏万用表的内部电路;在不知被测电压的范围时,应将转换开关置于最大量程,并视情况逐渐旋转至适当量程。

如果液晶显示屏显示 1,则表示过量程,应将转换开关置于更高量程。

2)测量直流电流。按下 DC/AC(直流/交流)键,选择直流。将转换开关旋转到 15A 档或者 mA 档/μA 档位置。

将红色表笔插入面板 15A 或 mA/μA 插座内,如果不能估计出被测电流值,则应先将其插入到 15A 插座内。把黑色表笔插入面板上的 COM 插座内。将红、黑表笔串联到被测电路上,并注意万用表上的"+""-"表笔必须和电路测试点中的极性一致。

接通被测电路的电源,读取直流电流值。

注意:检测直流电流(DC)时,不得检测高于 15A 的电流。虽然汽车万用表可能显示更高的电流值,但有可能损坏其内部电路。

3)测量电阻。将转换开关旋转到电阻档(Ω)位置上,此时汽车万用表进入自动选择量程方式,能自动选择最佳测量量程。也可按下 RANGE(量程)键,使汽车万用表进入手动选择量程测量方式。每按一次 RANGE 键,即可选择到下一个高一档的量程。

将红色表笔插入面板中的电压/电阻插座中,黑色表笔插入面板中的 COM 插座中。红、黑表笔连接到被测电路上。

读取两点之间的电阻值。

注意:当输入端断路时,液晶显示器会显示 1,表示过量程状态;如果被测元件的阻值超过所选量程,则会显示出过量程 1,必须选用高档量程;检测在线电阻时,必须确认被测电路已关闭电源。测量元件的电阻时绝不能带电操作,对有电容元件的电路,应确认电容元件已放电完毕后才能进行测量,否则易烧毁汽车万用表。

4)测量频率。将红色表笔插入面板电压/频率(Hz)插座中,黑色表笔插入面板 COM 插座。将红、黑表笔与被测电路上的触点连接。

把转换开关置于 Hz 量程,把两个表笔跨接在电源或负载的两端。

读取两点之间的频率数值。

5)测试二极管。红色表笔插入面板中的电压/电阻插座中,把黑色表笔插入面板中的 COM 插座中。

将转换开关置于二极管符号的档位上,并将测试表笔跨接在被测二极管上(或接在待测电路的两端)。

读取测量数值。

注意:当输入端未接入(即断路)时,液晶显示器显示值为 1。KM300 型多功能万用表显示值为正向电压降的电压值,当二极管反接时,即显示过量程 1。

模块 3　汽车车载网络系统故障的检测与诊断

6）测量温度。将转换开关旋转到温度（℃或℉）档位置上。

把汽车万用表配备的测量温度的特殊插头插到面板的温度测试插座内，表针与被测温度的部位接触。

温度稳定后，读取测量值。

（4）万用表检测动力 CAN 总线举例　检测方法如图 3-5 所示。动力 CAN 的信号波形如图 3-6 所示。CAN-H 信号在总线空闲时的电压约为 2.5V；总线上有信号传输时，总线上

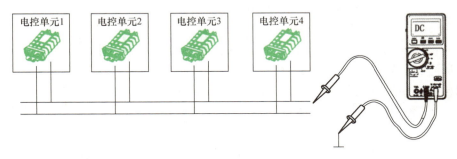

图 3-5　检测方法

的电压值在 2.5~3.5V 之间高频波动。因此，CAN-H 的主体电压是 2.5V，万用表的测量值为 2.5~3.5V，大于 2.5V 但靠近 2.5V。

同理，CAN-L 信号在总线空闲时的电压约为 2.5V；总线上有信号传输时，总线上的电压值在 1.5~2.5V 之间高频波动。因此，CAN-H 的主体电压应是 2.5V，万用表的测量值为 1.5~2.5V 之间，小于 2.5V 但靠近 2.5V。

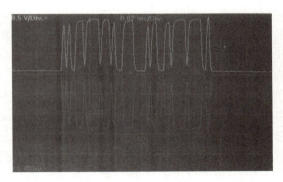

图 3-6　动力 CAN 的信号波形

2. 诊断仪的使用

现代车辆的计算机检测设备已经不是起简单的故障记忆查询和消码的作用，它包含了强大的车辆信息功能，并且可以借助于本身的数据库通过对故障记忆的分析来引导维修人员进行维修工作。另外，现代汽车的电气化程度非常高，车辆的整个电气系统已经形成了一个网络，车辆功能的实现和正常工作需要各个电气系统的信息共享和数据支持。因此，现代轿车的维修离不开计算机检测设备的数据分析和信息支持。

在多路传输系统的诊断中，专用诊断设备必不可少，具有多路传输系统的车辆对解码器的要求是：

1）能够自动识别当前测试车型电控单元型号和版本，而不用人工选择车款、车型、诊断插座类型等信息。一旦识别了 ECU 的型号，相应的故障码、清码方法、数据流内容、执行元件和特殊功能等便都确定了。

2）能够完全访问汽车电控单元上开放的存储资源。在汽车故障自诊断系统的设计过程中，预留了很多供外部诊断设备访问的存储单元，这些存储单元存放了反映汽车运行非常重要的数据。外部诊断设备要能够安全访问这些存储资源，必须 100% 按照该车型的诊断通信

133

协议的所有通信方式进行访问。

3）能够不失真地按照原厂要求显示从汽车电控单元上获取的数据。完全按照诊断通信协议获得诊断数据之后，必须按照原厂要求显示这些数据。每一项数据都有一定的显示格式，例如：对应不同的数据，它显示的整数位、小数位、单位以及空白位置等都有明确的规定。

4）必须支持以下5个功能：读取故障码；清除故障码；动态数据分析；执行元件测试；对特定的车系/车型支持专业功能，如提供系统基本调整、自适应匹配（含防盗电控单元及钥匙匹配）、编码、单独通道数据、登录系统、传送汽车底盘号等专业功能。

目前大众车系计算机故障诊断仪以 VAG 1551、VAG 1552 和 VAS 505X 为主，可以用于捷达、宝来、高尔夫、奥迪、桑塔纳、高尔、帕萨特、波罗以及红旗等车型的车载网络系统的故障诊断与检测。凡是 VAG 1551/1552 具有的功能，VAS 505X（图 3-7）都能够执行。

（1）VAS 505X 检测仪的简介 VAS 505X 是大众集团专用工具的一个编号，其中 X 是产品的序列号，它是在大众车系原有的诊断仪 VAG 1551 和 VAG 1552 的基础上发展过来的。现在该系列检测仪共有 VSA 5051、VAS 5051B、VAS 5052 和 VAS 5053 四种产品。检测仪的全称是车辆诊断、测量和信息系统（Vehicle Diagnostic Measuring and Information System）。从仪器的名称上可以看出，该检测仪具有车辆的诊断、测量和信息查询功能。

（2）VAS 5051 检测仪的功能 借助对最基础的 VAS 5051 检测仪进行介绍，来说明该系列检测仪的功能和在维修过程中的作用。VAS 5051 的初始界面如图 3-8所示，该检测仪具有自诊断、测量、故障引导和功能引导四大功能。

1）自诊断功能。首先介绍一下自诊断功能，自诊断功能是对车辆单独的电控单元进行检测，如对发动机、变速器、ABS 和仪表等电控单元进行检测。这些电控单元具有独立的地址码，VAS 5051 可以单独和这些电控单元进行通信，完成电控单元故障记忆的查询和清除等功能。在自诊断项目下，主要有以下功能（图3-9）：

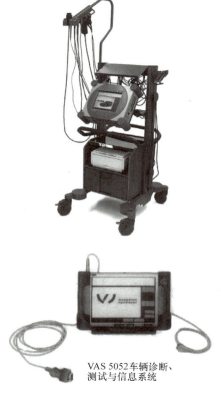

VAS 5052车辆诊断、测试与信息系统

图 3-7 VAS 5052 车辆诊断、测试与信息系统

02 项目是查询故障功能。该项功能可以直接查询到电控单元内存储的故障记忆。

03 项目是最终控制诊断功能。该功能是检测仪主动激活电控单元所控制的执行元件进行动作，通过人为地观察执行元件的工作情况来判断执行元件的状况。

04 项目是基础设定功能。该功能完成电控单元和执行元件之间基础的电位设定。例如：发动机电控单元的基础设定是完成节气门和电控单元之间的电位匹配，空调系统的基础设定是完成空调电动机和电控单元之间的电位匹配，前照灯电控单元的基础设定是完成前照灯照明电动机和电控单元之间的电位匹配等。

模块 3　汽车车载网络系统故障的检测与诊断

图 3-8　VAS 5051 的初始界面　　　　图 3-9　VAS 5051 自诊断项目

05 项目是清除故障存储器功能。该功能执行的是清除掉电控单元内部存储的故障记忆。

06 项目是结束输出功能，即退出自诊断功能。

07 项目是编码电控单元功能，通过对电控单元的编码，可以改变和实现电控单元不同的功能。例如：通过对奥迪 A6 轿车中央门锁系统电控单元编码的改变，可以分别实现安全锁、行车自锁和锁车警报等功能，这就使得电控单元的功能得到提升，并且在使用上更富人性化。另外，车辆上装备的每一个电控单元都有一个编码，编码的数字包括了车型的选择、发动机和变速器类型的选择以及使用地区的选择等，这就使得相同零件编号的电控单元可以通过编码的改变去适应不同的车型，使电控单元的零件具有通用性。

08 项目是读取测量值功能。该项功能十分有用，通过对电控单元各个数据块的静态和动态分析，能准确、快速地查找到故障原因。

09 项目是读单个测量数据块功能，它是厂家使用的，在维修中没有用到。

10 项目是匹配功能。通过该功能，加上不同的匹配通道和数据，可以修改电控单元内部的一些参数，从而改变电控单元的一些使用特点。例如：通过仪表的匹配，可以改变仪表的语言、修改维护里程的显示、进行燃油消耗曲线的匹配等。

11 项目是登录程序功能，它能完成一些重要的设置。首先输入一个特定的登录码，然后电控单元才允许向下进行匹配。例如：发动机电控单元定速巡航功能的开启和关闭功能的匹配等。

了解了该检测仪自诊断的强大功能，在实际的工作中就需要借助于检测仪进行综合分析，以检查和排除故障。

2）测量功能。该项功能包括万用表的使用功能，即检测仪可以测量电压、电阻和电流。另外，还可以测量传感器的波形。在实际的维修工作中，检测仪在对电控单元进行计算机检测的同时，还需要对电路和传感器进行测试。该测试仪的这项功能可以兼并。

3）故障引导功能。该项功能的实现需要检测仪内部存储的大量车型数据来支持。由于现代车型的更新变化很快，对维修人员要掌握的车辆技术和车型信息的要求就越来越高。把这些新的车型信息存储在检测仪中，当维修人员需要某项信息时，可以马上调出来，并且检测仪可以根据故障记忆的描述，结合自己强大的数据库，帮助维修人员查找故障。当然，检测仪存储的车辆信息要根据厂家车型的变化定期进行升级更新。

当执行该功能时，选择要检测的车型，检测仪就能调出该车型的信息，并且把该车型上所有的电控单元检测一遍。检测完后，根据检测到的故障记忆，检测仪可以指导进行下一步的维修工作，帮助查找故障原因。

4）功能引导。随着车辆电控单元的增多，每个电控单元下面都有很多的功能匹配和信息说明。功能引导的作用是维修人员主动地对某个电控单元进行操作，通过这种操作来完成对电控单元的匹配和故障查找等工作。

（3）车辆连接　诊断中，诊断仪通过 OBD-Ⅱ 端子与车上的 ECU 连接，如图 3-10 所示。

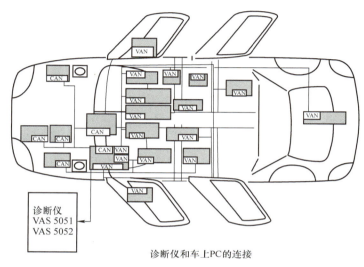

诊断仪和车上PC的连接

图 3-10　诊断仪通过 OBD-Ⅱ 端子与车上的 ECU 连接

3. 汽车示波器在电控系统故障诊断中的应用

现代汽车电子设备占整车比例逐步上升，电子设备的故障越来越多，也越来越具有挑战性。而汽车示波器为综合判断汽车电子设备（包括网络）故障提供了有力保证。

（1）汽车电子信号的种类　汽车电控系统的功能是电控单元通过接收并识别各个传感器提供的电子信号，指挥不同执行器动作，维持汽车的日常运转。当某些电子信号出现异常时，表明汽车存在与之相对应的某些故障，因此，检测这些电子信号，并分析其特征可以进行故障诊断。汽车系统中存在 5 种基本电子信号。

1）直流（DC）信号。汽车中产生直流（DC）信号的传感器或电源装置有蓄电池或控制模块（PCM）输出的传感器。模拟传感器有发动机冷却液温度传感器、燃油温度传感器、进气温度传感器、节气门位置传感器、废气再循环压强和位置传感器、翼板式或热丝式空气流量传感器、真空和节气门开关以及进气压力传感器。

2）交流（AC）信号。汽车中产生交流（AC）信号的传感器和装置有车速传感器（VSS）、ABS 轮速传感器、磁电式曲轴位置（CKP）和凸轮轴位置（CMP）传感器、从模拟压力传感器（MAP）信号得到的发动机真空平衡波形和爆燃传感器（KS）。

3）频率调制信号。汽车中产生可变频率信号的传感器和装置有数字式空气流量传感器、福特数字式进气压力传感器、光电式车速传感器（VSS）、霍尔式车速传感器（VSS）、光电式凸轮轴和曲轴位置（CKP）传感器、霍尔效应式凸轮轴（CAM）和曲轴位置（CKP）传感器。

模块 3　汽车车载网络系统故障的检测与诊断

4）脉宽调制信号。汽车中产生脉宽调制信号的电路或装置有初级点火线圈、电子点火正时电路、废气再循环（EGR）控制装置、净化装置、涡轮增压和其他控制电磁阀、喷油器、怠速控制电动机或电磁阀。

5）串行数据（多路）信号。如果汽车中装备有具有自诊断能力和其他串行数据传输能力的控制模块，则串行数据由发动机和自动变速器控制模块（PCM）、车身控制模块（BCM）、防滑制动系统（ABS/TRC）或其控制模块产生。

（2）汽车电子信号的判断　汽车发动机控制模块通过分辨各类电子信号的特征，识别各个传感器提供的各种信息，并依据这些特征发出各种命令，指挥不同的执行器动作。这些特征就是汽车电子信号的5种判定依据，往往汽车故障也就从这些特征中体现出来。即：幅值，电子信号在一定点上的即时电压；频率，电子信号在两个事件或循环之间每秒的循环数；形状，电子信号的外形特征，包括其曲线、轮廓和上升沿、下降沿等；脉冲宽度，电子信号所占的时间或占空比；阵列，组成专门信息信号的重复方式，如1缸传送给发动机控制模块的上止点同步脉冲信号、传给解码器的有关冷却液温度信号的串行数据流等。

每个电子信号都可以用5种判断依据中的一个或多个进行判断，见表3-1。

表 3-1　电子信号的判断依据

信号类型	判 断 依 据				
	幅值	频率	形状	脉冲宽度	阵列
直流	√				
交流	√	√	√		
频率调制	√	√			
脉宽调制	√			√	
串行数据（多路）信号	√	√	√	√	√

为了使汽车计算机系统功能正常，必须测量用于通信的电子信号。也就是说，必须有能够"读""写"计算机电子信号的通信语言。

（3）汽车示波器的特点　与万用表相比，示波器具有更精确及描述细致的优点。万用表通常只能用1～2个电参数来反映电信号的特征，而示波器则用电压随时间变化的图像来反映一个电信号，它显示的电信号比万用表更准确、更形象。运用示波器可使汽车电子设备的测试设定变得非常简单，只要像点菜单一样选择要测试的内容，无须任何设定和调整就可直接观察波形，使用极为方便。

有些汽车电子设备的信号变化速率非常快，变化周期达1/1000s，且许多故障信号是间歇的，时有时无，这就需要仪器的测试速度高于故障信号的速度，通常测试仪器的扫描速度应该是被测信号的5～10倍。汽车示波器不仅可以快速捕捉电路信号，还可以记录信号波形，并用较慢的速度显示波形，便于一面观察、一面分析。无论是高速信号（如喷油器、间歇性故障信号）还是慢速信号（如节气门位置变化及氧传感器信号），用汽车示波器都可以得到想要的波形结果。通过汽车示波器，可以观察汽车电子系统是如何工作的。

汽车示波器可以显示所有电子信号的5种判定依据，如果知道如何分析电子信号的这5种参数，那么就能判定电子信号的波形是否正常。一般采用示波器来测取汽车电子信号，通过与标准波形比较确定其故障部位。通过波形分析，可进一步检查电路中传感器、执行器以及电路和控制模块等部件的故障，也可以进行修理后的结果分析。

用普通的示波器测试电子设备时，最大的困难是设定示波器（即调整示波器的各个按钮，使显示的波形更清楚）和分析波形。

(4) 汽车示波器的应用

1) 用于部件或电路的故障分析。在汽车电控系统运行正常的情况下，利用示波器可诊断某个部件或某段电路的故障。下面以霍尔效应式车速传感器为例进行分析。

霍尔效应式传感器主要用于测量转动部件的位置和速度的电路中。车轮转动时，传感器便产生一连串的信号，且脉冲的个数（频率）随车速的增加而增加，但信号的占空比在任何车速下保持恒定不变。

波形的振幅、频率和形状等关键判定依据应一致，即正常的幅度基本上等于传感器的供电参考电压，两个脉冲之间的间隔、形状一致。当波形底部或顶部出现缺口或不规则以及波形高度（幅度）不相等时，则说明可能出现了故障（因为给传感器的供电电压是不变的）；若波形搭铁电位过高，则说明电阻过大或传感器搭铁不良。

2) 用于汽车电控系统运行状态的分析。在装有燃油反馈控制系统的汽车上，与其他测试仪表相比，汽车示波器能显示更多的关于随氧传感器信号变化所发生的情况。氧传感器非常敏感，且容易被干扰，因此，若氧传感器能产生合适、良好的波形，则说明整个系统（无论是发动机还是电子控制部分）正常。用氧传感器反馈平衡分析方法可诊断真空漏气、点火不良、喷油不平衡和气缸压力等；运用氧反馈平衡技能，在实际中可以重新调整汽车。

3) 用于电控单元间的网络通信及电控单元与诊断设备间诊断接口的测试。除可对传感器、执行器以及汽车电气系统进行检测外，示波器还可对电控单元之间的网络通信以及电控单元与诊断设备之间的诊断接口进行测试。

CAN、LIN等总线技术的大量应用是现代汽车的重要特点。目前的车辆，无论是电控单元之间的通信还是同诊断仪的数据交换电路已经越来越简单。汽车示波器可以对诊断电路进行采样，根据信号波形来确认故障部位。从信号波形中可以估算诊断设备与电控单元之间的通信速率，通过深入研究，可以了解数据的传输方式、启停数据位、校验等与通信相关的内容。在持续高电平期间，数据线（即诊断电路）处于空闲状态，高电平的幅值一般在 7V 至蓄电池电压之间，若电压过低，则应检查是否电路存在故障或某个电控单元异常。通信的启动以诊断设备拉低数据线电压为开始，低电平的幅度一般为 0~2V。数据电路的短路（分为对电源短路和搭铁短路两种）、个别电控单元诊断接口失效可能导致整体诊断功能无法实现。此外，汽车示波器还可用于判断电控单元内部集成电路功能是否正常。

(5) DSO 数字存储示波器的应用介绍　对 CAN 总线上的信号及参数进行检测，常用的检测设备是数字存储式示波器 DSO。下面以驱动 CAN 总线检测为例，介绍 VAS 5051 的 DSO 数字存储示波器的使用方法。用 DSO 进行检测可以确定故障点的位置以及故障引发的原因。在使用 DSO 测试 CAN 总线的电压时，要求采用在无干扰功能下的 DSO 显示；同时，在测量 CAN 总线信号波形时，应注意准确调整 DSO 的时间值、电压值和触发信号。

1) DSO 双通道模式下的测量与分析。利用检测盒连接发动机电控单元，发动机电控单元与检测盒的电路连线如图 3-11a、图 3-11b 所示。在测试发动机电控单元时，双通道工作情况下要求两条 CAN 总线每一条线都通过一个通道进行测量。通道 A 红色的测量线连接 CAN – H，黑色的测量线搭铁；通道 B 红色的测量线连接 CAN – L，黑色的测量线搭铁。

模块 3　汽车车载网络系统故障的检测与诊断

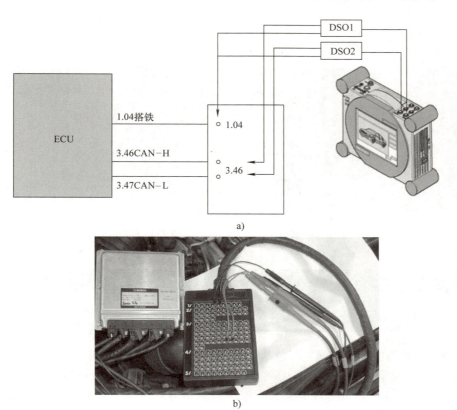

图 3-11　两通道工作情况下的连线
a）两通道工作情况下 DSO 的连线（电路图）　b）两通道工作情况下 DSO 的连线（实物图）

运行发动机，此时可以测得图 3-12 所示的波形。其中，1 为通道 A 所测量的 CAN–H 信号；2 为通道 B 所测量的 CAN–L 信号；3 表示 CAN–H 信号和 CAN–L 信号（通道 A 和通道 B）的零线坐标置于等高（在同一零线坐标下对电压值进行分析更为简便）；4 和 5 分别表示通道 B 和通道 A 的电压/单位的设定，在 0.5V/单位值的设定下，DSO 的显示被较好地利用，这便于电压值的读取；6 表示触发点的设定，它位于被测定信号的范围内，CAN–H 信号在 2.5～3.5V 之间，CAN–L 信号在 1.5～2.5V 之间；7 表示时间单位值，该值应尽可能选择得小一些，最小的时间单位值为 0.02ms/单位（DSO 没有更小的时间单位）；8 表示传递的数据信息。

两通道 CAN 总线波形分析，如图 3-13 所示。CAN 总线系统中的信息传输都是通过两个逻辑状态 0（显性）和 1（隐性）来实现的，每一个逻辑状态都对应相应的电压值。图中，2 为 CAN–H 的隐性电压，其数值约为 2.6V（逻辑值 1）；3 为 CAN–H 的显性电压，其数值约为 3.8V（逻辑值 0）；4 为 CAN–L 的隐性电压，其数值约为 2.4V（逻辑值 1）；5 为 CAN–L 的显性电压，其数值约为 1.2V（逻辑值 0）。CAN 总线只能有两种工作状态，在隐性电压电位时，两个电压值很接近；在显性电压电位时，两个电压差值约为 2.5V，电压值约有 100mV 的小波动，见表 3-2。如前所述，电控单元就是应用其电压差值来获得数据。

139

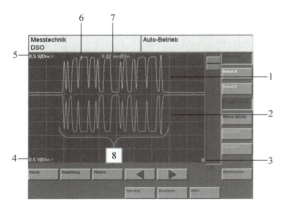
图 3-12 两通道 CAN 总线波形

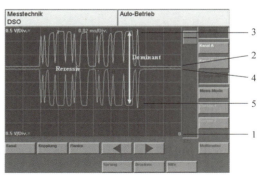
图 3-13 两通道 CAN 总线波形分析

表 3-2 两通道驱动 CAN 总线信号电压差

电 位	U_{CAN-H}搭铁	U_{CAN-L}搭铁	电 压 差
显 性	3.8V (3.5V)	1.2V (1.5V)	6V (2.5V)
隐 性	2.6V (2.5V)	2.4V (2.5V)	0.2V (0V)

2）DSO 单通道模式下的测量与分析。可直接利用 DSO 的单通道对驱动 CAN 总线系统的信号进行测量。当两个 CAN 信号用一个 DSO 通道进行测量时，波形显示为其相应的电压差。这种测量方式在故障查询方面不如双通道的测量方式（两条线分开搭铁测量）。例如：在短路的故障形式下，利用单通道模式分析是不可行的。单通道工作模式主要用于快速查看总线是否为激活状态。

图 3-14 所示为在测试发动机电控单元时，单通道工作模式下 DSO 的电路连接图，通道 A（或 B）红色的测量线连接 CAN-H，黑色的测量线连接 CAN-L。

运行发动机，此时可以测得图 3-15 所示的波形。其中，1 为电压/单位的设定，该电压单位值设定为 0.5V/Div 时，DSO 的显示可被较好地利用，这便于电压值的读取；2 为时间单位值的设定，在单通道工作模式下，应设置最小的时间单位值，即 0.01ms/Div；3 为零线位置，在单通道工作模式下进行测量，零线显示也为隐性电压电位（逻辑值 1）；4 为显性电压电位（逻辑值 0）。

由图 3-15 可以看出，在 DSO 单通道工作模式下，驱动 CAN 总线的信号电压差见

图 3-14 单通道工作模式下 DSO 的电路连接图

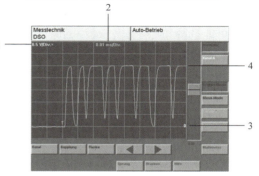
图 3-15 单通道 CAN 总线波形

表3-3，电压可能在100mV左右波动。在电压电位图形上显示，有时候电压值也达到零线位置，这不是故障，在电压值达到零线电压之前，下一个测量值已经通过DSO进行显示。这里需要注意，由于没有进行时间单位值设定，可能CAN总线系统的故障没有包含在DSO显示中。

表3-3 单通道驱动CAN总线的信号电压差

电位电压	电压差 $U_{CAN-H} - U_{CAN-L}$
显性约为2.5V	3.8V – 1.2V = 2.6V
隐性约为0V	2.6V – 2.4V = 0.2V

3) 常见的故障波形分析。使用DSO可以确定故障点的位置以及故障引发的原因，在检测时用通道A测量CAN-H的信号电压，用通道B测量CAN-L的信号电压。

CAN-H与CAN-L两条总线短路故障的波形如图3-16所示。电压电位置于隐性电压值（约为2.5V）。通过插拔驱动CAN总线上的电控单元可以判断是由于电控单元引起的短路还是由于CAN-H和CAN-L电路连接引起的短路。当为电路短路引起的短路时，需要将CAN线组（CAN-H和CAN-L）从节点处依次拔取，同时注意DSO的波形。当故障线组被取下后，DSO的波形恢复正常。

CAN-H对正极短路故障的波形如图3-17所示。CAN-H线的电压电位被置于12V，CAN-L线的隐性电压也被置于约12V。这是由于在电控单元收发器内的CAN-H和CAN-L的内部连接关系引起的。该故障的判断方法与两条总线短路故障相同。

CAN-H对负极短路故障的波形如图3-18所示。CAN-H的电压位于0V，CAN-L的电压也位于0V，可是在CAN-L线上还能够看到一小部分的电压变化。该故障的判断方法与两条总线短路故障相同。

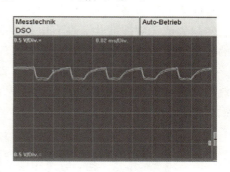

图3-16 两条总线短路故障的波形

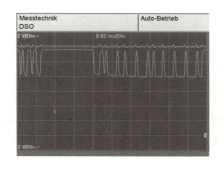

图3-17 CAN-H对正极短路故障的波形

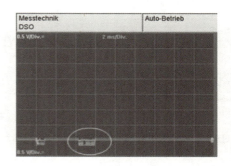

图3-18 CAN-H对负极短路故障的波形

CAN-L对负极短路故障的波形如图3-19所示。CAN-L的电压约为0V，CAN-H的隐性电压也被降至0V。该故障的判断方法与两条总线短路故障相同。

CAN‐L 对正极短路故障的波形如图 3-20 所示。CAN‐H 与 CAN‐L 的电压都约为 12V。该故障的判断方法与两条总线短路故障相同。

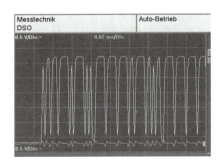

图 3-19　CAN‐L 对负极短路故障的波形

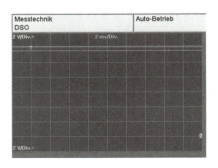

图 3-20　CAN‐L 对正极短路故障的波形

CAN‐H 断路故障的波形如图 3-21 所示。两条总线上的电压都接近 1V，CAN‐H 信号偶尔缺失或无规律变化。在有电控单元工作时，示波器中显示出的电平就会与 CAN‐H 上的正常电压一同变化。

CAN‐L 断路故障的波形如图 3-22 所示。两条总线上的电压都接近 5V，CAN‐L 信号偶尔缺失或无规律变化。在有电控单元工作时，示波器中显示出的电平就会与 CAN‐L 上的正常电压一同变化。

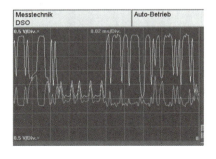

图 3-21　CAN‐H 断路故障的波形

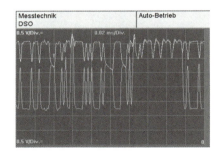

图 3-22　CAN‐L 断路故障的波形

3.2　汽车车载网络系统的故障诊断

本节内容简介

本节将简单介绍汽车车载网络系统三种故障的诊断方法，以及汽车车载网络总线系统故障自诊断功能；重点以某款汽车车载网络系统为例，详细分析故障检测与诊断的过程。

3.2.1　汽车车载网络系统的故障诊断方法

针对汽车车载网络系统故障常见的 3 种故障类型，在故障诊断时，要先了解该车型的汽车多路传输系统特点（包括传输介质、几种子网及汽车多路传输系统的结构形式等）；熟悉汽车多路传输系统的功能，如有无唤醒功能和休眠功能等；进一步检查汽车电源系统是否存

模块 3　汽车车载网络系统故障的检测与诊断

在故障,如交流发电机的输出波形是否正常(若不正常,则将导致信号干扰等故障)等。检查汽车多路传输系统的链路是否存在故障,采用替换法或采用跨线法;检查汽车多路传输系统的节点是否存在故障。

1. 车载网络电源系统故障诊断

汽车网络系统正常的工作电压应该保证为 10.5~15.0V。如果汽车电源系统提供的电压低于该值,那么就会造成某些电控设备不能正常工作,从而使整个通信网络中断。

对于电源故障,需要检查蓄电池电压、发电机工作情况、熔丝及插接器的连接状况、搭铁处的连接状况等。

2. 车载网络节点故障诊断

在检查车载网络传输系统前,首先要检查网络中各节点的工作状况,判断是否存在功能性故障,功能性故障会影响网络中局部系统的工作。若存在功能性故障,则应首先排除。对于诊断传感器是否有功能性故障,可以通过检测传感器的电压值和电阻值等参数来诊断。对于诊断电控单元是否有功能性故障,必须分两种情况检查:

3.2.1　CAN 总线网络故障检测方法

(1) 两个电控单元组成的双线式数据总线系统的检测　关闭点火开关,断开两个电控单元(图 3-23),检查数据总线是否断路、短路,或对正极或搭铁短路。如果数据总线无故障,则更换较易拆下(或较便宜)的一个电控单元试一下。如果数据总线系统仍不能正常工作,则更换另一个电控单元。

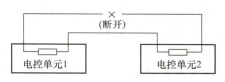

图 3-23　两个电控单元组成的双线式数据总线

(2) 三个或更多电控单元组成的双线式数据总线系统的检测　如图 3-24 所示,先读取电控单元内的故障码,如果电控单元 1 与电控单元 2 和电控单元 3 之间无通信,则关闭点火开关,断开与总线相连的电控单元,检查数据总线是否断路。如果总线无故障,则

图 3-24　三个电控单元组成的双线式数据总线

更换电控单元 1。如果所有电控单元均不能发送和接收信号(故障存储器存储硬件故障),则关闭点火开关,断开与数据总线相连的电控单元,检测数据总线是否短路,是否对正极或搭铁短路。

如果数据总线上查不出引起硬件损坏的原因,则检查是否因某一电控单元引起该故障。断开所有通过数据总线传递数据的电控单元,关闭点火开关,接上其中一个电控单元,连接专用检测设备(如 VAG 1551 或 VAG 1552),接通点火开关,清除刚接上的电控单元的故障码。用功能 06 来结束输出,关闭并再次接通点火开关,接通点火开关 10s 后用故障诊断仪读取刚接上的电控存储器内的内容。如果显示硬件损坏,则接上下一个电控单元,重复上述过程。

3. 车载网络链路故障诊断

当车载网络系统的链路(或通信电路)出现故障时,如通信电路的短路、断路以及电路物理性质引起的通信信号衰减或失真,都会引起多个电控单元无法工作或电控系统错误动作。判断是否为链路故障时,一般采用示波器或汽车专用诊断仪来观察通信数据信号是否与标准通信数据信号相符合。若网络系统有故障，则会出现一定的故障现象。

1）数据总线的两根导线短路。若两根导线之间短路，则将导致整个网络失效。

2）导线搭铁短路。若两根导线中的某一根搭铁短路，则接上解码器诊断时无模块响应。

3）导线对电源短路。若两根导线中的某一根对电源短路，则将导致整个网络失效。

4）一根导线断路。若一根导线断路，则仍可进入数据连接诊断（DATA LINK DIAGNOSTIC）菜单并进行测试。

5）两根导线都断路。若两根导线在靠近数据连接插头（诊断插头）处发生断路，则解码器和网络之间将无法通信。在网络的一个分支上两根导线都断路时，只有断点后面的模块无法与解码器通信。

6）两根导线均搭铁短路。若两根导线都搭铁短路，将导致整个网络失效。各电控单元将按故障模式工作，汽车可以起动或行驶，但模块将只能使用与其直接连接的传感器。

7）电控单元内部故障。若网关彻底损坏，则将导致整个网络失效。

当初步判断为某两个电控单元之间的数据总线出现故障时，可以用万用表对这两个模块之间的数据总线进行检查，并注意检查线束插接器端口和插头是否损坏、弯曲和松脱（插头侧和线束侧）。

实际检查时，还可充分利用两个数据传输终端电阻进行数据电路故障范围的确定。在系统完全正常的情况下，断开电源，拔下整个网络数据传输系统中除作为数据传输系统终端的两块电控单元外的任一模块，在拔下的模块上找到数据总线，用万用表测量线束侧的两数据总线之间的电阻，都应约为两个数据传输终端电阻并联后的电阻值（高速数据传输系统通常为60Ω左右），否则说明通信电路或作为数据传输系统终端的两块电控单元故障。此时，再检查作为网络数据传输系统终端的两块电控单元的数据传递终端电阻，如果正常，则为总线通信电路故障。

3.2.2 CAN 总线的检测流程

3.2.2 汽车车载网络总线系统的故障自诊断

现代车载多路传输系统都支持故障自诊断功能，故障自诊断模块监测的对象是电控汽车上的各种传感器、电控系统本身以及各种执行元件。故障自诊断模块共用汽车电控系统的信号输入电路，在汽车运行过程中不断监测上述三种对象的输入信号，当某一信号超出对应的范围或元件出现故障时，将把这一故障以故障码的形式存入内部存储器，同时点亮仪表板上的故障指示灯。针对监控对象产生的故障，故障自诊断模块采取不同的应急措施：

1）当某一传感器或电路产生故障后，其信号就不能再作为汽车的控制参数，为了维护汽车的运行，故障自诊断模块便从其程序存储器中调出预先设定的经验值作为该电路的应急输入参数，保证汽车可以继续工作。

2）当电控系统自身产生故障时，故障自诊断模块便触发备用控制回路对汽车进行应急的简单控制，使汽车可以开到修理厂进行维修，这种应急功能称为安全回家功能。

3）当某一执行元件出现可能导致其他元件损坏或严重后果的故障时，为了安全起见，故障自诊断模块采取一定的安全措施，自动停止某些功能的执行，这种功能称为故障保险。

例如：当点火器出现故障，故障自诊断模块就会切断燃油喷射系统电源，使喷油器停止喷油，防止未燃烧混合气体进入排气系统，引起爆炸。

1. 总线自诊断系统所能识别的故障

总线自诊断系统能识别的故障有：

1）一条或两条数据线断路。

2）两条数据线同时断路。

3）数据线搭铁短路或对正极短路。

4）一个或多个电控单元（ECU）有故障。

如果 ECU 通信中断的故障码被输出，则可能有插接器断开或两条通信总线断路。仅一条通信总线断路，故障码是不会检测出来的，这些故障情况如图 3-25 和图 3-26 所示。

如果两条通信总线在如图 3-27 所示的位置断路，则在这两条总线之间的 ECU 的通信中断（在图 3-28 中，为 ECU3、ECU4、ECU5 的通信中断），故障码被输出。

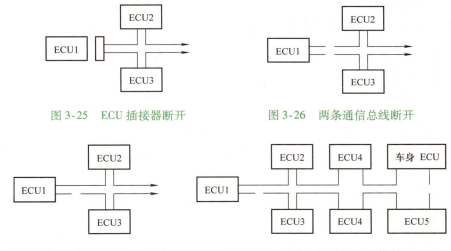

图 3-25　ECU 插接器断开　　　　图 3-26　两条通信总线断开

图 3-27　一条通信总线断开　　　　图 3-28　三个电控单元的通信断开

2. 自诊断系统的功能

1）发现故障。输入微处理器的电压信号在正常状态下有一定的范围，当此范围以外的信号被输入时，ECU 就会诊断出该信号系统处于异常状态。例如：发动机冷却液温度信号系统规定正常状态时，传感器的电压为 0.08～4.8V（-50～+139℃），超出这一范围即被诊断为异常。如果微型计算机本身发生故障，则由设有紧急监控定时器（WDT）的限时电路加以监控。如果出现程序异常，则定期进行时限的电路再设置停止工作，以便采用微型计算机再设置的故障检测方法。

2）故障分类。当微处理器工作正常时，通过诊断用程序检测输入信号的异常情况，再根据检测结果分为轻度故障、引起功能下降的故障以及重大故障等，并且将故障按重要性分类，预先编辑在程序中。当微处理器本身发生故障时，则通过 WDT 进行故障分类。

3）故障报警。一般通过设置在仪表板上的警告灯闪亮来向车主报警。在装有显示器的汽车上，也有直接用文字来显示报警内容的。

4）故障存储。当检测故障时，在存储器中存储故障部位的故障码，一般情况下，即使点火开关处于断开位置，微处理器和存储部分的电源也保持接通状态而不使存储的内容丢失。只有在断开蓄电池电源或拔掉熔丝时，由于切断了微处理器的电源，存储器内的故障码才会被消除。

5) 故障处理。在汽车运行过程中如果发生故障，则为了不妨碍正常行驶，由微处理器进行调控，利用预编程序中的代用值（标准值）进行计算以保持基本的行驶性能，待停车后再由车主或维修人员进行相应的检修。

6) 故障自诊断模块。

从上述基本工作原理分析来看，故障自诊断模块应该包括监测输入、逻辑运算及控制、程序及数据存储器、备用控制电路、信息和数据驱动输出等模块。

3.2.3 汽车车载网络系统的故障诊断分析

以某款装备了总线系统的汽车为例，分析车载网络系统故障检测与诊断等方面的知识。

1. 车载网络系统简介

该款汽车数据通信系统的结构如图 3-29 所示。

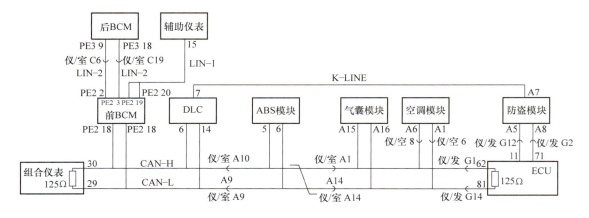

图 3-29　该款汽车数据通信系统的结构

由图 3-29 可见，该款汽车共采用 CAN、LIN 和 K 三种总线。发动机 ECU 通过防盗模块与诊断插座 DLC 的 7 号端子之间采用 K 线通信；前车身控制模块（FBCM）与后车身控制模块（RBCM）及辅助仪表之间采用单线制的 LIN 通信；ECU 与组合仪表各带 125Ω 的终端电阻，两者之间通过 CAN-H（高线）与 CAN-L（低线）连接，构成了闭合的总线，前车身控制模块、DLC、ABS 模块、气囊模块和空调模块等并联在总线上。总线由仪/发 G（白色）、仪/室 A（白色）两个插头连接而成，其中，仪/发 G 插头（仪/发 G 的含义：仪表线束和发动机线束连接 G 插头）位于仪表板右侧下方，而仪/室 A 插头位于仪表板左侧下方。

(1) CAN-H（高线）的连接　仪/发 G 插头的针脚 G1 端子连接 ECU 的 62 端子；仪/发 G 插头针孔的 G1 端子分别连接空调模块的 A6 端子、气囊模块的 A15 端子和仪/室 A 插头针孔的 A1 端子；仪/室 A 插头针孔的 A10 端子分别连接 DLC 的 6 端子、前 BCM 的 PE2 18 端子以及组合仪表的 30 端子；仪/室 A 插头的针脚连接 ABS 模块的 5 端子，并且将 A1 端子与 A10 端子相连接。

模块 3　汽车车载网络系统故障的检测与诊断

（2）CAN-L（低线）的连接　仪/发 G 插头针脚的 G14 端子连接 ECU 的 81 端子；仪/发 G 插头针孔的 G14 端子分别连接空调模块 A1 端子、气囊模块的 A16 端子和仪/室 A 插头针孔的 A14 端子；仪/室 A 插头针孔的 A9 端子分别连接 DLC 的 14 端子、前 BCM 的 PE21 端子以及组合仪表的 29 端子；仪/室 A 插头的针脚连接 ABS 模块的 6 端子，并且将 A9 端子与 A14 端子相连接。

2. CAN 总线的检测方法

（1）诊断仪检测　通过诊断仪可以方便地读取总线上各模块的数据流和故障码，有利于诊断总线故障。由于发动机 ECU 与诊断插座 DLC 之间采用 K 线通信，因此，对发动机检测时，可选择 OBD-Ⅱ插头连接诊断仪，而检测除发动机以外的其他电控模块时，必须选用 CAN 总线插头来连接诊断仪。当总线出现链路故障时，诊断仪只能通过 K 线与发动机电控模块保持通信，而无法进入其他电控模块，此时仪表会出现异常。当支线出现故障（如断路）时，诊断仪无法进入与之连接的电控模块，其他模块可正常进入。

（2）电阻值测量　由于 DLC 并联在总线上，因此可以在 DLC 相应端子上进行总线电阻值测量，但是应注意进行电阻值测量时先断开蓄电池的负极并等待约 30s 的时间（将电路中的电容带电量放掉），否则测量值有很大的差异。

在测量总线电阻时，首先测量 DLC 的 6 端子对 14 端子、6 端子对 4 端子以及 14 端子对 4 端子之间的电阻，以检测总线是否搭铁短路。测量 6 端子对 16 端子、14 端子对 16 端子，以检测总线是否与电源短路。在该款汽车上 DLC 的 16 端子为常电源、4 端子搭铁（或 4、5 端子同时搭铁）。

在保证总线无搭铁短路和电源短路故障后，测量 DLC 的 6 端子和 14 端子之间的电阻，电阻值应该略小于终端电阻的一半。原因是，在总线上还并联了其他电控模块，各电控模块的收发电路电阻很大。

（3）电压测量　CAN 总线采用了差分处理技术，当点火开关置于 ON 时，高线与低线的电压之和应该等于 5V。因此，可以借助 DLC 的 6 端子对 4 端子、14 端子对 4 端子处测量电压值来判断 CAN 通信故障。

当 CAN 总线良好时，高线的电压应高于 2.5V，实测值约为 2.6V，低线的电压值应低于 2.5V，实测值约为 2.4V。当高线（或低线）搭铁短路时，6 端子对 4 端子（或 14 端子对 4 端子）的电压值应为 0V；当高线（或低线）与电源短路时，6 端子对 4 端子（或 14 端子对 4 端子）的电压值应为 12V。

（4）波形检测　用诊断仪自带的示波器或专用示波器可以进行 CAN 总线波形检测。当总线良好时，高线与低线的波形以 2.5V 电压为基准，一升一降，十分对称，其电压之和为 5V。当 CAN 总线出现断路、短路故障时，其波形肯定会出现异常。

3. 常见故障诊断

该款汽车车载网络常发故障表现在链路故障，主要有断路故障和短路故障。而电源系统故障和节点故障易于诊断。

（1）断路故障　断路故障可以分为总线断路、DLC 支线断路以及非 DLC 支线断路三种。确定总线的断路点，是断路故障诊断的主要目的。

1）总线断路。如图 3-29 所示，当组合仪表 30 端子处于断路时，在 DLC 的 6 端子与 14

端子之间测量电阻,电阻值应该接近终端电阻值,约为120Ω,6端子对4端子测量电压值为2.6V左右,14端子对4端子测量电压值为2.4V左右,对于高速CAN总线而言,此时总线处于"瘫痪"状态。

在检测过程中,分别拔下仪/室A插头、仪/发G插头,依据CAN总线的连接关系,通过逐段测量电阻来定位总线的断路故障点。例如:当6端子对14端子测量电阻值接近终端电阻值时,先拔下仪/室A插头,在针孔的A10端子与A9端子、A1端子与A14端子之间测量电阻,正常值应接近终端电阻值;若A10端子与A9端子之间的电阻值为无穷大,则说明有断路处,此时应拔下组合仪表插头,通过检查组合仪表的30端子与仪/室A插头的针孔A10端子、29端子与A9端子之间的电阻值来具体定位断路处;若A10端子与A9端子之间的电阻测量值正常,则A1端子与A14端子之间的电阻测量值为无穷大,此时应拔下仪/发G插头,测量仪/室A插头的针孔A1端子与仪/发G插头的针孔G1端子、A14端子与G14端子之间的电阻值,若正常,则应测量仪/发G插头针脚G1端子与G14端子之间的电阻值,正常值应为ECU的终端电阻。

2) DLC支线断路。当DLC的支线断路时,在DLC的6端子与14端子之间测量电阻,电阻值肯定是无穷大。若DLC高线断路,6端子对14端子间的电阻值为无穷大,6端子对4端子测量电压值为0V,14端子对4端子测量电压值为2.4V左右,诊断仪无法进入除发动机ECU以外的其他控制模块。但应注意,6端子对14端子间的电阻值为无穷大,不一定说明支线断路,这时可以将并联在总线上的某一个控制模块(如ABS模块)拆下,在ABS模块插头的5、6端子间测量电阻,若电阻值接近终端电阻的一半,约60Ω,则说明总线未出现断路故障,这时才能确定断路出现在支线上。

3) 非DLC支线断路。当并联在总线上的某一个控制模块的支线出现断路时,在DLC的6端子与14端子之间测量电阻值应接近终端电阻的一半,6端子对4端子的电压值为2.6V左右,14端子对4端子的电压值为2.4V左右,支线断路的模块诊断仪无法进入,其他控制模块可以正常进入。非DLC支线断路故障断路点,需要拔下相关的插头,通过逐段测量电阻来确定。

(2) 短路故障　短路故障可以分为高/低线之间短路、高线(或低线)搭铁短路以及高线(或低线)与电源短路三种。

1) 高/低线之间短路。无论是总线或支线的高线还是低线短路,在DLC的6端子与14端子之间测量电阻,电阻值肯定是0Ω,6端子对4端子以及14端子对4端子测量电压,其电压值相同,约为2.5V,此时总线处于"瘫痪"状态,诊断仪无法进入除发动机ECU以外的其他控制模块。具体确认短路点,需要拔下相关的插头,通过逐段测量电阻来定位短路点。

2) 高线(或低线)搭铁短路。若高线搭铁短路,则在DLC的6端子与14端子之间测量电阻,其电阻值应接近终端电阻的一半,高线搭铁(6端子对4端子)电压值为0V,低线搭铁(14端子对4端子)的电压值应接近0V,实测值约为0.1V,此时总线处于"瘫痪"状态,诊断仪无法进入除发动机ECU以外的其他电控模块。具体确认短路点需要拔下相关的插头,通过逐段测量电阻来定位短路点。

3) 高线(或低线)与电源短路。若高线与电源短路,则在DLC的6端子与14端子之间测量电阻,其电阻值应接近终端电阻的一半,高线搭铁(6端子对4端子)电压值为12V,低线搭铁(14端子对4端子)的电压值应接近12V,实测值约为11.8V,此时总线处于"瘫痪"状态，诊断仪无法进入除发动机 ECU 以外的其他模块。具体确认短路点需要拔下相关的插头，通过逐段测量电阻来定位短路点。

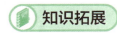

OBD 标准协议

车载自动诊断系统（On-Board Diagnostics，OBD）将根据发动机的运行状况随时监控汽车是否尾气超标，一旦超标，则会马上发出警示。当系统出现故障时，故障指示灯或检查发动机警告灯亮，同时动力总成控制模块（PCM）将故障信息存入存储器，通过一定的程序可以将故障码从 PCM 中读出。根据故障码的提示，维修人员能迅速、准确地确定故障的性质和部位。该系统有助于发现并修复车辆排放系统的故障，使车辆始终保持最佳排放控制水平。

环境保护部于 2020 年 7 月 1 日发布了《轻型汽车污染物排放限值及测量方法（中国第六阶段）》（GB 18352.6—2016）。本标准规定了装用点燃式和压燃式发动机的轻型汽车，在常温和低温下排气污染物、实际行驶排放（RDE）排气污染物、曲轴箱污染物、蒸发污染物、加油过程污染物的排放限值及测量方法，污染控制装置耐久性、车载诊断（OBD）系统的技术要求及测量方法。

1. OBD 技术发展历程

汽车的自诊断系统可分为 OBD、OBD - Ⅰ 和 OBD - Ⅱ 三大系统。

（1）OBD 介绍　各汽车制造厂均独立采用自行设计的诊断座及自定的故障码，例如：福特车诊断座有 9 种，1993 年以后由 6 + 1 针诊断座改为 17 + 8 针诊断座；奔驰车系有圆形 9 针、38 针诊断座和长方形 16 针诊断座；丰田车系有长方形 47/23 针、圆形 17 针和方形 17 针诊断座。因此，不同车系甚至同一车系之间无法共通，必须采用不同的诊断系统。

（2）OBD - Ⅰ 介绍　OBD - Ⅰ 系统即第一代随车诊断系统。汽车制造厂采用标准 16 针相同的诊断座，但仍保留与 OBD 相同的故障码，无法共通互换，例如：奥迪/大众/蒙迪欧等车系，数据传输不是 SAE 或 ISO 标准格式，必须采用不同的诊断系统。

OBD - Ⅰ 系统是世界各个汽车制造厂商根据车型自行设计的诊断插座和自定义故障码的系统，缺乏统一标准，各系统之间无法通用，并且检测能力不强。OBD - Ⅰ 与以前所有车载自诊断系统的不同之处在于有严格的排放针对性，其实质性能就是监测汽车排放。当汽车排放的一氧化碳（CO）、碳氢化合物（HC）、氮氧化物（NO_x）或燃油蒸发污染量超过设定的标准时，故障指示灯就会点亮报警。

（3）OBD - Ⅱ 介绍　OBD - Ⅱ 系统即第二代随车诊断系统。比 OBD 更先进的 OBD - Ⅱ 在 20 世纪 90 年代中期产生，美国汽车工程师学会（SAE）制定了一套标准规范，要求各汽车制造企业按照 OBD - Ⅱ 的标准提供统一的诊断模式，在 20 世纪 90 年代末，进入北美市场的汽车都按照新标准设置 OBD。汽车制造厂均采用标准 16 针相同的诊断座及相同的故障码与共通的数据传输标准 SAE 或 ISO 格式，可采用相同的诊断系统，如宝马、奔驰、沃尔沃、萨博、捷豹等车系，并且均采用相同的数值分析。

2. OBD - Ⅱ 技术

（1）OBD - Ⅱ 的特点

1）具有统一的 16 针故障诊断插接器（Data Link Connector，DLC），均安装于驾驶室驾驶人侧仪表板下方。

2) 具有数值分析和信息传输功能。信息传输有 ISO 和 SAE 两个标准。

3) 统一各车种相同的故障码及意义。需要说明的是，除 SAE 规定的故障码外，还允许生产厂商自定义故障码，但必须与 OBD-Ⅱ兼容。因此，针对不同厂商车辆的故障码，需要不同的解读程序。

4) 具有行驶记录仪功能。

5) 具有重新显示记忆故障码功能。

6) 具有可由仪器直接清除故障码功能。

(2) DLC 诊断座统一标准

1) DLC 诊断座统一为 16 针脚，一般装置在驾驶室驾驶人侧仪表板下方。

2) DLC 针脚标准。

数据传输线有两个标准：一个是 ISO 标准，另一个是 SAE 标准。

ISO 标准利用 7 号针脚和 15 号针脚进行数据传输，欧系车及日系车一般采用这一标准。

SAE 标准等价于美国统一标准。SAE J1850 利用 2 号针脚和 10 号针脚进行数据传输。美系车一般采用这一标准。

3) 标准针脚功用——OBD-Ⅱ诊断座插头。

16 针脚可分为传输线、电源及厂家定义三部分。传输线部分有两对针脚：2 号针脚和 10 号针脚是 SAE J1850 所制定的数据传输线，7 号针脚和 15 号针脚是 ISO-9141-2 所制定的数据传输线 K 线和 L 线，另外，5 号针脚是信号回路搭铁。电源部分有两根线，4 号针脚直接车身搭铁，16 号针脚接蓄电池电源正极。除以上针脚外，其他针脚为厂家定义部分，专门提供给制造厂应用。

某款美系车所配的 OBD-Ⅱ诊断插座如图 3-30 所示，插座针脚定义见表 3-4。

(3) 常见 OBD-Ⅱ端子介绍

1) 大众车系的 OBD-Ⅱ端子，如图 3-31 所示。

2) 奥迪车系的 OBD-Ⅱ端子，如图 3-32 所示。

3) 福特车系的 OBD-Ⅱ端子，如图 3-33 所示。

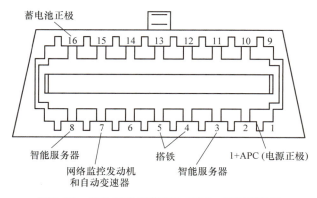

图 3-30 某款美系车所配的 OBD-Ⅱ诊断插座

模块 3　汽车车载网络系统故障的检测与诊断

表 3-4　诊断插座针脚定义

针脚号	功　能	针脚号	功　能
1	点火开关正极	9	未连接
2	数据传输	10	数据传输
3	网络诊断（高电平）	11	未连接
4	搭铁线	12	网络计算机 K 电路
5	搭铁线	13	未连接
6	网络通信（高电平）	14	网络通信（低电平）
7	数据传输线 K 线	15	数据传输线 L 线
8	网络诊断（低电平）	16	蓄电池

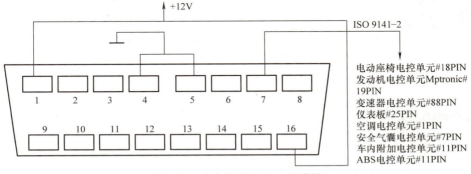

图 3-31　大众车系 OBD-Ⅱ端子

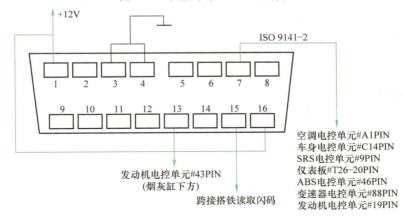

图 3-32　奥迪车系 OBD-Ⅱ端子

3. OBD-Ⅱ故障码的意义和分类

OBD-Ⅱ故障码由 5 位的字母与数字组合而成，如 P1352，第 1 位为英文代码，代表测试的大系统。一般用 P 表示动力驱动链电控系统（Power Train），C 表示底盘（Chassis）电控系统，B 表示车身电控系统（Body），U 表示未定义系统（Undefined）。故障码第 2~5 位为数字码。其中，第 2 位是数字码，其定义范围为 0~3，且用 0 表示由 SAE 统一制定的故障码，用 1 表示由厂家各自制定的故障码，用 2~3 表示预留的故障码。故障码第 3 位也是数字码，代表更细节的系统，如用 3 表示发动机的点火系统。最后两位数字码代表该系统的故障码。

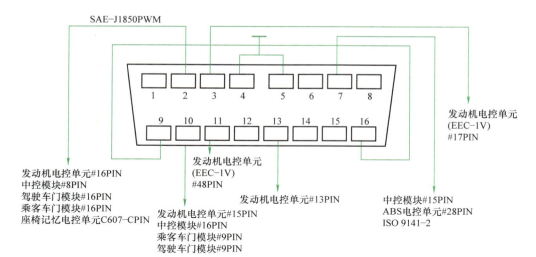

图 3-33　福特车系 OBD-Ⅱ端子

本模块知识点

1. 汽车车载网络系统故障类型。
2. 汽车车载网络系统故障检测注意事项。
3. 专用诊断仪在汽车车载网络系统故障检测中的应用。
4. 汽车车载网络系统故障诊断方法。
5. 汽车车载网络总线系统故障自诊断。
6. 汽车车载网络系统故障诊断分析。

思考与习题

1. 叙述汽车车载网络系统的故障类型。
2. 叙述数字存储示波器（DSO）的使用方法。
3. 叙述车载网络电源故障诊断方法。
4. 叙述车载网络节点故障诊断方法。
5. 叙述车载网络链路故障诊断方法。

模块4

汽车车载网络系统故障检修案例

学习目标

1. 掌握燃油汽车车载网络的组成及工作原理。
2. 掌握燃油汽车车载网络系统的检测与故障维修方法。
3. 掌握新能源汽车车载网络的组成及工作原理。
4. 掌握新能源汽车车载网络系统的检测与故障维修方法。

情景导入

某汽车维修厂有一辆丰田皇冠汽车存在CAN总线通信故障；一辆大众迈腾B8L汽车存在无法起动、车窗玻璃无法升降、灯光控制异常故障；一辆吉利帝豪EV450汽车存在高压上电失败、无法换档、车窗玻璃无法升降故障；一辆比亚迪秦EV汽车存在车门无法解锁、仪表显示"请检查动力系统""请检查电子驻车系统"故障。要能完成三辆车的故障修理任务，首先应该知道三辆车的车载网络结构和通信原理，以及故障检测与维修的方法。

4.1 丰田汽车车载网络系统故障检修

本节内容简介

本节将以丰田皇冠汽车为例，主要介绍其车载网络的结构与特点；重点介绍CAN总线通信车载网络的故障检测与维修方法。

1. 丰田皇冠汽车车载网络的结构与特点

一汽丰田皇冠的第12代轿车的多路通信系统中，高速的实时通信部分使用了CAN总线。CAN 通信系统的主要组件有 ECM、制动防滑控制 ECU、转向角传感器、偏移率传感器、网关 ECU、动力转向 ECU、电视摄像头 ECU、诊断插头（DLC3）、驾驶人侧 CAN J/C 和乘客侧 CAN J/C，多路传输系统如图 4-1 所示，位置如图 4-2 所示。主要部件的型号（零件号）见表 4-1。

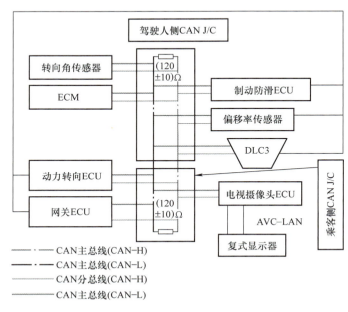

图 4-1　一汽丰田皇冠汽车多路传输系统

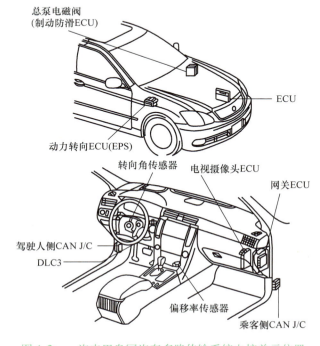

图 4-2　一汽丰田皇冠汽车多路传输系统电控单元位置

模块 4　汽车车载网络系统故障检修案例

表 4-1　丰田皇冠主要部件的型号

部件名称	零件号
ECM	89661-0N100、89661-0N021
制动防滑 ECU	4405030120
转向角传感器	892450N010
偏移率传感器	8918022020
网关 ECU	8910030010
动力转向 ECU	8965030630
电视摄像头 ECU	8679230050

CAN 的驱动类型为差分电压驱动，如图 4-3 所示。在 CAN 通信系统中，两个终端电路间的线束称为主总线，主总线与组件之间的线束称为分总线。终端电路由电阻器和电容器组成，安装在 CAN J/C 内。

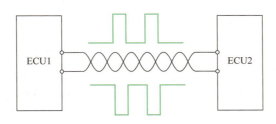

图 4-3　差分电压驱动

2. 丰田皇冠汽车车载网络多路传输系统的检测

（1）驾驶人侧 CAN J/C 检测　驾驶人侧 CAN J/C 插接器如图 4-4 所示。CAN J/C 的插接器可以通过总线的颜色和插接器连接侧来识别，J11、J12、J13 和 J14 可以互换。

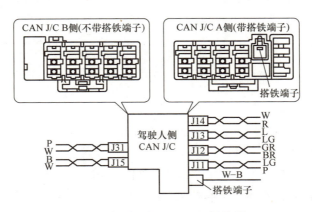

图 4-4　驾驶人侧 CAN J/C 插接器

驾驶人侧 CAN J/C 插接器端子连线颜色见表 4-2。

155

表 4-2　驾驶人侧 CAN J/C 插接器端子连线颜色

CAN J/C A 侧（带搭铁端子）	颜色（CAN–H 侧）	颜色（CAN–L 侧）
DLC3（J13）	L（蓝色）	LG（浅绿色）
偏移率传感器（J11）	P（粉红色）	LG（浅绿色）
制动防滑 ECU（J12）	BR（棕色）	GR（灰色）
转向角传感器（J14）	R（红色）	W（白色）
CAN J/C B 侧（不带搭铁端子）	颜色（CAN–H 侧）	颜色（CAN–L 侧）
CAN 主总线（连接 D–CAN J/C 和 P–CAN J/C 的总线）（J15）	B（黑色）	W（白色）
ECM（J31）	P（粉红色）	W（白色）

驾驶人侧 CAN J/C 插接器端子如图 4-5 和图 4-6 所示。

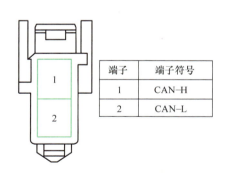

图 4-5　驾驶人侧 CAN J/C 插接器端子（一）

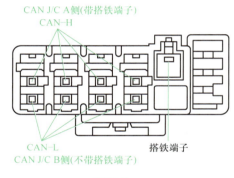

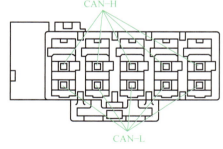

图 4-6　驾驶人侧 CAN J/C 插接器端子（二）

1）从 CAN J/C 上断开插接器。

2）测量端子 CAN–H 与 CAN–L，标准电阻值为 106~132Ω。

(2) 乘客侧 CAN J/C 检测　乘客侧 CAN J/C 插接器如图 4-7 所示。CAN J/C 插接器可以通过总线的颜色和插接器连接侧来识别，J32 和 J33 可以互换，J17 和 J18 可以互换。

乘客侧 CAN J/C 插接器端子连线颜色见表 4-3。

模块 4 　汽车车载网络系统故障检修案例

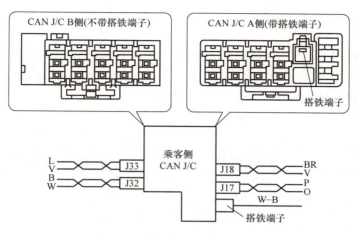

图 4-7　乘客侧 CAN J/C 插接器

表 4-3　乘客侧 CAN J/C 插接器端子连线颜色

CAN J/C A 侧（带搭铁端子）	颜色（CAN–H 侧）	颜色（CAN–L 侧）
电视摄像头 ECU（J18）	BR（棕色）	V（紫色）
动力转向 ECU（J17）	P（粉红色）	O（橙色）
CAN J/C B 侧（不带搭铁端子）	颜色（CAN–H 侧）	颜色（CAN–L 侧）
CAN 主总线（连接 D–CAN J/C 和 P–CAN J/C 的总线）（J32）	B（黑色）	W（白色）
网关（J33）	L（蓝色）	V（紫色）

乘客侧 CAN J/C 插接器端子也如图 4-5 和图 4-6 所示。

1）从 CAN J/C 上断开插接器。

2）端子 CAN–H 与 CAN–L 的电阻标准值为 108~132Ω。

（3）DLC3 诊断插接器端子检测　DLC3 诊断插接器端子如图 4-8 所示。插接器相关端子检测的标准电阻值见表 4-4。

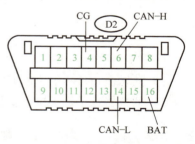

图 4-8　DLC3 诊断插接器端子

表 4-4　DLC3 插接器端子检测的标准电阻值

端　子	端子说明	检测条件	规　定　值
D2-6（CAN-H）-D2-14（CAN-L）	高级 CAN 总线—低级 CAN 总线	点火开关关闭 制动灯开关关闭	54~69Ω
D2-6（CAN-H）-D2-16（BAT）	高级 CAN 总线—蓄电池正极		1MΩ 或更大
D2-14（CAN-L）-D2-16（BAT）	低级 CAN 总线—蓄电池正极		
D2-6（CAN-H）-D2-4（CG）	高级 CAN 总线—搭铁		1kΩ 或更大
D2-14（CAN-L）-D2-4（CG）	低级 CAN 总线—搭铁		

(4) 制动防滑 ECU 线束侧插接器检测 检查制动防滑 ECU 线束侧插接器（S2），如图 4-9 所示。

1）从制动防滑 ECU 上断开插接器（S2）。

2）插接器端子电阻值见表 4-5。

(5) 转向角传感器线束侧插接器检测 检查转向角传感器线束侧插接器（S13），如图 4-10 所示。

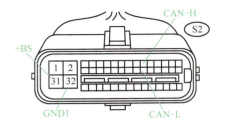

图 4-9 制动防滑 ECU 插接器前视图

表 4-5 制动防滑 ECU 插接器端子电阻值

端　子	配线颜色	端子说明	检测条件	规　定　值
S2-11（CAN-H）- S2-25（CAN-L）	B-W （黑/白色）	高级 CAN 总线— 低级 CAN 总线	点火开关关闭 制动灯开关关闭	54~69Ω
S2-11（CAN-H）- S2-32（GND1）	BW-B （黑/白/黑色）	高级 CAN 总线— 搭铁		1kΩ 或更大
S2-25（CAN-L）- S2-32（GND1）	W-W-B （白/白/黑色）	低级 CAN 总线— 搭铁		
S2-11（CAN-H）- S2-31（+BS）	B-R （黑/红色）	高级 CAN 总线— 蓄电池正极		1MΩ 或更大
S2-25（CAN-L）- S2-31（+BS）	W-R （白/红色）	低级 CAN 总线— 蓄电池正极		

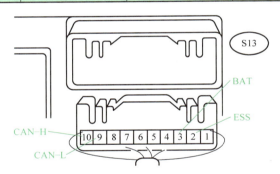

图 4-10 转向角传感器线束侧插接器

1）从转向角传感器上断开插接器（S13）。

2）插接器端子标准电阻值见表 4-6。

表 4-6 转向角传感器插接器端子标准电阻值

端　子	配线颜色	端子说明	检测条件	规　定　值
S13-10（CAN-H）- S13-9（CAN-L）	R-W （红/白色）	高级 CAN 总线— 低级 CAN 总线	点火开关关闭 制动灯开关关闭	54~69Ω
S13-10（CAN-H）- S13-2（ESS）	R-W-B （红/白/黑色）	高级 CAN 总线— 搭铁		1kΩ 或更大
S13-9（CAN-L）- S13-2（ESS）	W-W-B （白/白/黑色）	低级 CAN 总线— 搭铁		
S13-10（CAN-H）- S13-3（+BS）	R-SB （红/浅蓝色）	高级 CAN 总线— 蓄电池正极		1MΩ 或更大
S13-9（CAN-L）- S13-3（+BS）	W-SB （白/浅蓝色）	低级 CAN 总线— 蓄电池正极		

(6) 偏移率传感器线束侧插接器检测　检查偏移率传感器线束侧插接器（Y1），如图 4-11 所示。

1) 从偏移率传感器上断开插接器（Y1）。

2) 相关端子的标准电阻值见表 4-7。

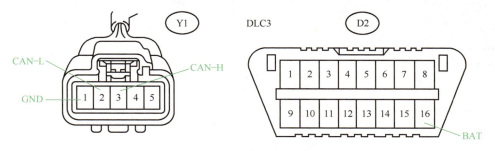

图 4-11　偏移率传感器连接前视图和 DL3

表 4-7　偏移率传感器相关端子的标准电阻值

端子	配线颜色	端子说明	检测条件	规定值
Y1-3（CAN-H）- Y1-2（CAN-L）	P-LG （粉红/浅绿色）	高级 CAN 总线— 低级 CAN 总线	点火开关关闭 制动灯开关关闭	54~69Ω
Y1-3（CAN-H）- Y1-1（GND）	P-W-B （粉红/白/黑色）	高级 CAN 总线— 搭铁		1kΩ 或更大
Y1-2（CAN-L）- Y1-1（GND）	LG-W-B （浅绿/白/黑色）	低级 CAN 总线— 搭铁		
Y1-3（CAN-H）- D2-16（+BS）	P-O （粉红/橙色）	高级 CAN 总线— 蓄电池正极		1MΩ 或更大
Y1-2（CAN-L）- D2-16（+BS）	LG-O （浅绿/橙色）	低级 CAN 总线— 蓄电池正极		

(7) ECM 线束侧插接器检测

1) 从 ECM 上断开插接器（E2），如图 4-12 所示。

2) 插接器端子的标准电阻值见表 4-8。

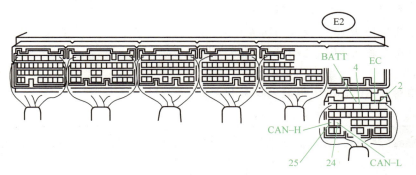

图 4-12　ECM 线束侧插接器

(8) 网关 ECU 线束侧插接器检测

1) 从网关 ECU 上断开插接器（G1），如图 4-13 所示。

2) 插接器端子的标准电阻值见表 4-9 所示。

表4-8 ECM插接器端子的标准电阻值

端　子	配线颜色	检测条件	规　定　值
E2-25（CAN-H）-E2-24（CAN-L）	B-W（黑/白色）	点火开关关闭 制动灯开关关闭	54~69Ω
E2-25（CAN-H）-E2-2（EC）	B-W-B（黑/白/黑色）		1MΩ或更大
E2-24（CAN-L）-E2-2（EC）	W-W-B（白/白/黑色）		
E2-25（CAN-H）-E2-4（BATT）	B-L（黑/蓝色）		1kΩ或更大
E2-24（CAN-L）-E2-4（BATT）	W-L（白/蓝色）		

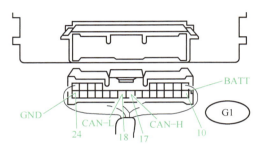

图4-13 网关ECU线束侧插接器

表4-9 网关ECU插接器端子的标准电阻值

端　子	配线颜色	检测条件	规　定　值
G1-17（CAN-H）-G1-18（CAN-L）	L-Y（蓝/黄色）	点火开关关闭 制动灯开关关闭	54~69Ω
G1-17（CAN-H）-G1-24（GND）	L-W-B（蓝/白/黑色）		1kΩ或更大
G1-18（CAN-L）-G1-24（GND）	W-W-B（白/白/黑色）		
G1-17（CAN-H）-G1-10（BATT）	L-G（蓝/绿色）		1MΩ或更大
G1-18（CAN-L）-G1-10（BATT）	Y-G（黄/绿色）		

（9）动力转向ECU线束侧插接器检测

1）从动力转向ECU上断开插接器（P1），如图4-14所示。

2）插接器端子的标准电阻值见表4-10。

（10）电视摄像头ECU线束侧插接器检测

1）从电视摄像头ECU上断开插接器（T19），如图4-15所示。

2）插接器端子的标准电阻值见表4-11。

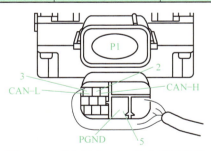

图4-14 动力转向ECU线束侧插接器

表4-10 动力转向ECU插接器端子的标准值

端　子	配线颜色	检测条件	规　定　值
P1-2（CAN-H）-P1-3（CAN-L）	B-W（黑/白色）	点火开关关闭 制动灯开关关闭	54~69Ω
P1-2（CAN-H）-P1-5（PGND）	B-B（黑/黑色）		1kΩ或更大
P1-3（CAN-L）-P1-5（PGND）	W-B（白/黑色）		
P1-2（CAN-H）-P2-16（BATT）	B-O（黑/橙色）		1MΩ或更大
P1-3（CAN-L）-P2-16（BATT）	W-O（白/橙色）		

模块 4　汽车车载网络系统故障检修案例

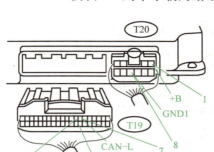

图 4-15　电视摄像头 ECU 线束侧插接器（T19）

表 4-11　电视摄像头 ECU 插接器端子的标准电阻值

端　子	配线颜色	检测条件	规　定　值
T19－8（CAN－H）－T19－7（CAN－L）	BR－Y（棕/黄色）	点火开关关闭 制动灯开关关闭	54～69Ω
T19－8（CAN－H）－T20－8（GND1）	BR－W－B（灰/白/黑色）		1kΩ 或更大
T19－7（CAN－L）－T20－8（GND1）	Y－W－B（黄/白/黑色）		
T19－8（CAN－H）－T20－1（＋B）	RB－L（棕/蓝色）		1MΩ 或更大
T19－7（CAN－L）－T20－1（＋B）	Y－L（黄/蓝色）		

3. CAN 通信系统的故障检测

（1）主总线是否断开或短路检查　检测在 DLC3 内进行。

1）断开点火开关，制动灯开关断开。

2）端子 6 与 14 间的电阻 R_HL 的阻值应为 55～69Ω，此电阻为终端电路的并联电阻。

3）电阻 R_HL 的阻值为 70Ω 以上，说明 CAN 主总线可能断路。

4）电阻 R_HL 的阻值小于 54Ω，说明 CAN 主总线可能存在短路。

（2）CAN 总线是否与电源 ＋B 短路检查

1）断开点火开关，制动灯开关断开。

2）DLC3 的端子 6 与端子 16 间的阻值应为 1MΩ 或更大。

3）DLC3 的端子 14 与端子 16 间的阻值应为 1MΩ 或更大。

（3）CAN 总线是否搭铁短路检查

1）断开点火开关，制动灯开关断开。

2）DLC3 的端子 4 与端子 6 间的阻值应为 1kΩ 或更大。

3）DLC3 的端子 4 与端子 14 间的阻值应为 1kΩ 或更大。

（4）主总线是否断开检查　DLC3 的端子 6 与端子 14 间的阻值为 70Ω 或更大，则 CAN 主总线和 DLC3 分总线可能断开。

1）断开点火开关，制动灯开关断开。

2）DLC3 的端子 4 与端子 6 间的阻值若为 108～132Ω，则要进一步检查 CAN J/C。

3）DLC3 的端子 4 与端子 6 间的阻值若为 133Ω 或更大，则修理或更换 DLC3 分总线或插接器。如果此时还输出 CAN 通信系统故障码，则可能不是 DLC3 分总线断开，而是存在故障，需要进行故障排除。

（5）驾驶人侧 CAN J/C 检查

1）从驾驶人侧 CAN J/C（不带搭铁端子）上拔下 CAN 主总线插接器 J15。

2）断开点火开关,制动灯开关断开。

3）J15 的端子 1（CAN – H）与端子 2（CAN – L）的阻值应为 108～132Ω。

4）如果正常,则更换驾驶人侧 CAN J/C。

5）若不正常,则重新连接 J15,检查乘客侧 CAN J/C。

注意：断开前要做位置的标记,重新连接要到原位。

（6）乘客侧 CAN J/C 检查

1）从乘客侧 CAN J/C（不带搭铁端子）上拔下 CAN 主总线插接器 J32。

2）断开点火开关,制动灯开关断开。

3）J32 的端子 1（CAN – H）与端子 2（CAN – L）的阻值应为 108～132Ω。

① 若正常,则更换乘客侧 CAN J/C。

② 若不正常,则重新连接 J32,修理或更换 CAN 主总线或插接器。

4.2 大众迈腾 B8L 汽车车载网络系统故障检修

本节内容简介

本节以大众迈腾 B8L 汽车为例,主要介绍其车载网络的结构与特点,重点介绍防盗系统、发动机系统、电动车窗、灯光控制系统等涉及车载网络的故障检测与维修方法。

4.2.1 大众迈腾 B8L 汽车车载网络的结构与特点

1. 大众迈腾 B8L 汽车车载网络结构

大众迈腾 B8L 汽车车载网络由驱动系统 CAN 总线、底盘系统 CAN 总线、舒适系统 CAN 总线、信息娱乐系统 CAN 总线、诊断系统 CAN 总线、扩展 CAN 总线、MOST150 总线等组成,如图 4-16 所示。其中 CAN 总线的传输速率均为 500kbit/s,LIN 总线的传输速率为 19.2kbit/s,

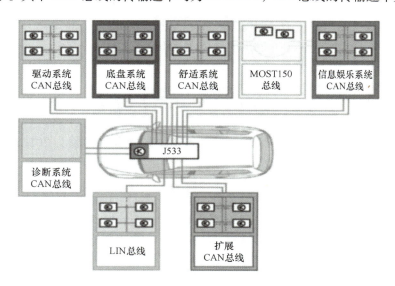

图 4-16 大众迈腾 B8L 汽车车载网络结构

模块 4　汽车车载网络系统故障检修案例

MOST150 总线的传输速率为 150Mbit/s，同样模块两端带终端电阻（120Ω）。迈腾 B8L 汽车非关联性数据信息通常在特定的总线上传输，关联性信息则必须通过网关在不同总线之间传输。

2. 大众迈腾 B8L 汽车车载网络的特点

（1）驱动系统 CAN 总线的特点　迈腾 B8L 汽车驱动系统 CAN 总线中的电控单元包括数据总线诊断插口 J533、发动机电控单元 J623、双离合器变速器机电装置 J743、变速杆 E343、安全气囊电控单元 J234，在数据总线末端模块 J623 和 J533 内部，设置了 120Ω 的终端电阻（结构见图 4-17），电控单元通过驱动系统 CAN 总线的 CAN-H 线和 CAN-L 线来进行数据传输交换。

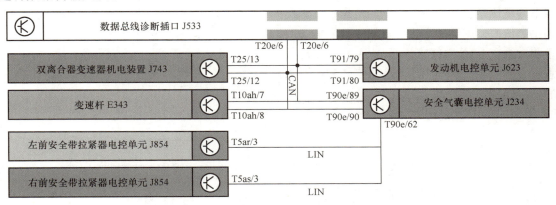

图 4-17　迈腾 B8L 驱动 CAN 总线结构图

驱动系统 CAN 总线信号状态：为了提高数据传递的可靠性，驱动系统 CAN 总线系统的两条导线（双绞线）分别用于不同的数据传送，一个信号电路被识别为驱动 CAN-H，另一个信号电路被识别为驱动 CAN-L。二进制数据（1 和 0）以 500kbit/s 的速率按顺序传输，通过总线传输的数据以 CAN-H 和 CAN-L 信号电压的电压差来表示。在显性状态和隐性状态之间进行转换时，两条电路上的电压变化：隐性状态时，CAN-H 和 CAN-L 信号电路未被驱动，这代表逻辑"0"，在此状态下，两个信号电路均为 2.5V，电压差为 0V；显性状态时，CAN-H 信号电路被拉高至约 3.5V，且 CAN-L 电路被拉低至约 1.5V，电压差约为 2V，这代表逻辑"1"，如图 4-18 所示。

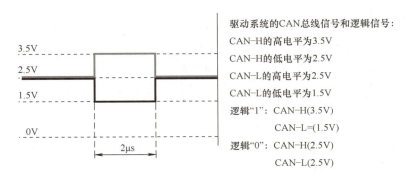

图 4-18　迈腾 B8L 驱动系统 CAN 总线信号特点

驱动系统 CAN 总线收发器内的 CAN-H 线和 CAN-L 线上的信号转换：电控单元是通过收发器连接到驱动系统 CAN 总线上的，在这个收发器内有一个接收器，该接收器安装在接收一侧的差动信号放大器内，如图 4-19 所示。差动信号放大器用于处理来自于 CAN-H 线和 CAN-L 线的信号，除此以外，还负责将转换后的信号送至电控单元的 CAN 接收区。这个转换后的信号，称为差动信号放大器的输出电压。差动信号放大器用 CAN-H 线上的电压减去 CAN-L 线上的电压，计算出输出电压差，用这种方法可以消除静电平（对于驱动系统 CAN 总线来说是 2.5V）或其他任意重叠的电压（如干扰）。差动信号放大器内的信号处理如图 4-20 所示。

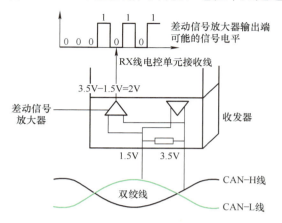

图 4-19　双线信号中获得信号电平波形图

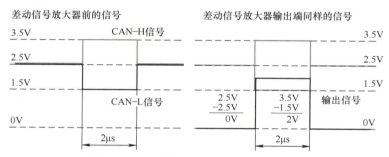

图 4-20　差动信号放大器内的信号处理

驱动系统 CAN 总线差动信号放大器内的抗干扰过滤：由于数据总线也要布置在发动机舱内，所以数据总线就要遭受各种干扰，要考虑搭铁短路和蓄电池电压、点火装置的火花放电和静态放电。CAN-H 信号和 CAN-L 信号经过差动信号放大器处理后，可最大限度地消除干扰的影响，即使车上的供电电压有波动（如在起动发动机时），也不会影响各个电控单元数据传递的可靠性，如图 4-21 所示。

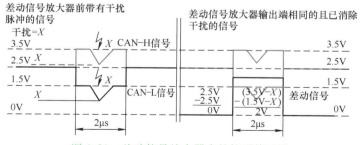

图 4-21　差动信号放大器内的抗干扰过滤

由于差动信号放大器总是用 CAN-H 曲线上的电压（3.5V-X）减去 CAN-L 线上的电压（1.5V-X），因此在经过差动处理后，（3.5V-X）-（1.5V-X）=2V，差动信号中就不再有干扰脉冲了。电控单元判断双线的电平及逻辑信号见表 4-12。

模块 4　汽车车载网络系统故障检修案例

表 4-12　电控单元判断双线的电平及逻辑信号

状态	CAN-H/V	CAN-L/V	差动信号输出电压/V	逻辑信号
显性	3.5	1.5	3.5-1.5=2	0
隐性	2.5	2.5	2.5-2.5=0<2	1

（2）底盘系统 CAN 总线的特点　迈腾 B8L 汽车底盘系统 CAN 总线中的电控单元包括数据总线诊断插口 J533、ABS 电控单元、转向助力电控单元 J500、自动泊车/驻车辅助系统电控单元 J446/J791、减振电子调节器电控单元 J250、周围环境摄像机电控单元 J928，在数据总线末端模块 J104 和 J533 内部，设置了 120Ω 的终端电阻，电控单元通过底盘系统 CAN 总线的 CAN-H 线和 CAN-L 线来进行数据传输交换。数据总线诊断接口 J533 用作网关模块来完成底盘系统 CAN 总线和驱动 CAN 总线之间的通信。如图 4-22 所示。

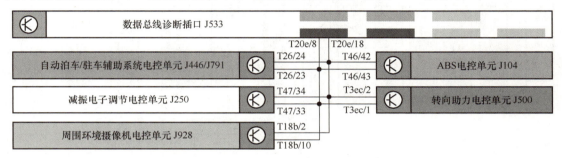

图 4-22　迈腾 B8L 汽车底盘系统 CAN 总线结构图

迈腾 B8L 汽车底盘系统 CAN 总线的信号状态、收发器内的 CAN-H 线和 CAN-L 线上的信号转换、差动信号放大器内的干扰过滤等特点与驱动系统 CAN 总线一样。

（3）舒适系统总线的特点　舒适系统总线由舒适系统 CAN 总线和舒适系统 LIN 总线组成，如图 4-23 所示。舒适系统 CAN 总线由车辆遥控钥匙激活，为了简化和统一 CAN 总线系统，迈腾 B8L 汽车将原来连接各控制系统的舒适系统 CAN 总线结构改为和驱动系统 CAN 总线传输速率及连接方法一样的结构，且 CAN-H 和 CAN-L 之间有 120Ω 终端电阻，一个位于数据诊断插口 J533 内部，一个位于车载电网管理电控单元 J519 内部。舒适系统 LIN 总线又被称为"局域子系统"，是单线式传输方式。LIN 总线采用单线主、从控制器控制，LIN 总线可以让一个 LIN 主控单元与最多 16 个 LIN 从控单元进行数据交换。

舒适系统 CAN 总线信号状态：为了使低速 CAN 总线抗干扰性强且电流消耗低，其与驱动系统 CAN 总线相比做了一些改动。在隐性状态（静电平）时，CAN-H 线信号为 0V，在显性状态时为 3.6V。对于 CAN-L 信号来说，隐性电平为 5V，显性电平为 1.4V，如图 4-24 所示。

在差动信号放大器内相减后，隐性电平为 -5V，显性电平为 2.2V，那么隐性电平和显性电平之间的电压变化（电压提升）提高到不小于 7.2V。示波器上显示的舒适系统 CAN 总线波形（静态）如图 4-25 所示。

舒适系统 CAN 总线收发器的结构如图 4-26 所示，其工作原理与驱动系统 CAN 总线收发器基本是一样的，只是输出的电压电平和出现故障时切换到 CAN-H 线或 CAN-L 线（单线工作模式）的方法不同。

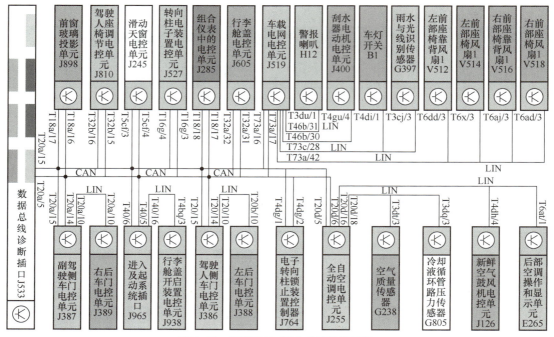

图 4-23 迈腾 B8L 舒适系统总线结构

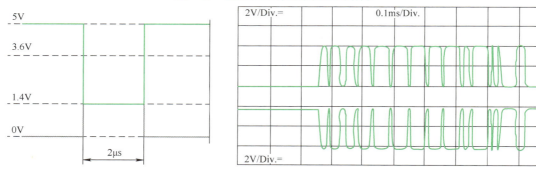

图 4-24 舒适系统 CAN 总线信号电压变化　　图 4-25 示波器上显示的舒适系统 CAN 总线波形（静态）

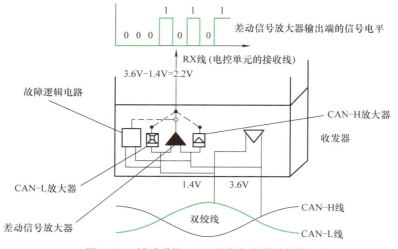

图 4-26 舒适系统 CAN 总线收发器的结构

模块 4 汽车车载网络系统故障检修案例

在正常的工作模式下,使用的是 CAN – H "减去" CAN – L 所得的信号(差动数据传递),这样就可将故障对 CAN 总线的两条导线的影响降至最低(与驱动系统 CAN 总线是一样的)。电控单元判断双线的电平及逻辑信号见表 4-13。

表 4-13 电控单元判断双线的电平及逻辑信号

状态	CAN – H/V	CAN – L/V	差动信号输出电压/V	逻辑信号
显性	3.6	1.4	3.6 – 1.4 = 2.2 ≥ 2	0
隐性	0	5	0 – 5 = – 5 < 0	1

单线工作模式下的舒适系统 CAN 总线:如果因断路、短路或与蓄电池相连而导致两条 CAN 总线中的一条不工作了,那么就会切换到单线工作模式。在单线工作模式下,舒适系统 CAN 总线仍可工作。电控单元使用 CAN 不受单线工作模式影响,一个专用的故障输出信号用于通知电控单元。示波器上显示的舒适系统 CAN 总线工作在单线模式下的波形(静态)如图 4-27 所示。

(4)信息娱乐系统 CAN 总线网络 迈腾 B8L 汽车信息娱乐系统 CAN 总线网络电控单元包括收音机(导航电控单元)、电话准备系统电控单元、数字音响电控单元、驻车加热电控单元、电话电控单元,如图 4-28 所示。

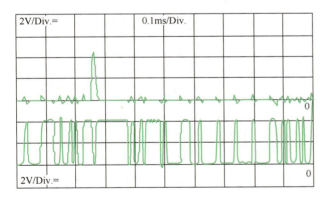

图 4-27 示波器上显示的舒适系统 CAN 总线工作在单线模式下的波形(静态)

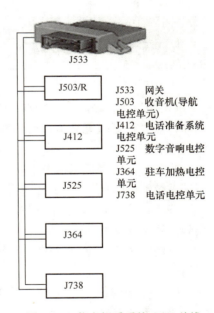

图 4-28 信息娱乐系统 CAN 总线

(5)诊断系统 CAN 总线的特点 诊断系统 CAN 总线是用于诊断仪器通过数据总线诊断插口 J533 与 CAN 总线进行通信,实现与相应电控单元之间的信息交换,如图 4-29 所示。当车辆使用诊断系统 CAN 总线结构后,VAS5051 等诊断仪器必须使用相对应的新型诊断线(如 VAS5051/5A 或 VAS5051/6A),否则无法读出相应的诊断信息。另外,车上的诊断插口如图4-30所示，诊断插口端子针脚的含义见表4-14。

图4-29 诊断总线与网关的连接

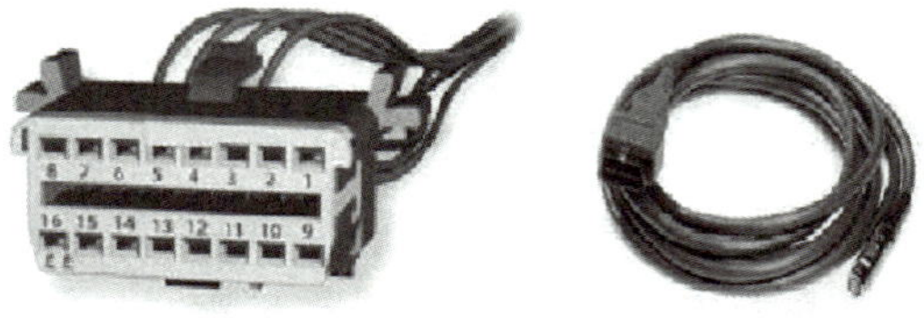

图4-30 诊断插口

表4-14 诊断插口端子针脚的含义

针脚号	对应的线束	针脚号	对应的线束
1	15号线	7	K线
4	搭铁	14	CAN – L线
5	搭铁	15	L线
6	CAN – H线	16	30号线

注：未标明的针脚号暂未使用。

（6）CAN总线链路的特点　驱动系统CAN总线和底盘系统CAN总线通过15号接线柱切断，或经过短时无载运行后切断，而舒适系统CAN总线由30号接线柱供电且必须保持随时可用状态。

为了尽可能降低对供电电网产生的负荷，在15号接线柱关闭后，若总线系统不再需要舒适系统CAN总线，那么舒适系统CAN总线就进入休眠模式。

舒适系统CAN总线在一条线短路或断路时，可以用另一条线继续工作，这时会自动切换到单线工作模式。

驱动系统CAN总线和底盘系统CAN总线的电信号与舒适系统CAN总线的电信号是不同的。

（7）双绞线的颜色　CAN导线的基色为橙色，在基色的基础加上各种相应颜色。

驱动系统CAN总线和底盘系统CAN总线的CAN – H线是橙/黑色。

舒适系统CAN总线CAN – H线是橙/绿色。

娱乐信息系统CAN总线CAN – H线是橙/紫罗兰色。

诊断系统CAN总线CAN – H线是橙/红色。

仪表总线CAN – H线是橙/蓝色。

所有的CAN – L线都是橙/棕色。

LIN总线是紫/蓝色。

4.2.2 大众迈腾 B8L 汽车车载网络系统故障检修案例

1. 防盗系统网络通信故障检修

（1）故障现象　一辆迈腾 B8L 汽车，遥控钥匙正常解锁和上锁，无钥匙进入功能正常。打开车门进入车内，E378 背景灯正常点亮，仪表显示车门正常。按下 E378，钥匙指示灯不亮，转向盘不解锁，仪表不亮，点火开关无法打开，起动机不转。应急起动同样失效。

（2）故障分析　迈腾 B8L 采用一键起动的方式，即按下一键起动按钮 E378 后，防盗系统开始验证系统的完整性和钥匙的合法性，如果验证通过，点火开关自动打开，仪表点亮，起动机开始运转。如果验证失败，则点火开关无法打开或者车辆无法起动。防盗系统的工作原理如图 4-31 所示。具体的防盗验证过程如下：①按下 E378，J965 接收处理信号，激活舒适系统 CAN 总线，同时通过单独的唤醒电路唤醒 J519；②J965 通过与 J519 之间的唤醒电路来激活 J519。J519 通过 T73C/14 对应电路发出＋B 基准电压，J965 需要唤醒 J519 时，通过将 T40/26 对应电路的电压在极短时间内多次拉低至 0V，J519 通过 T73C/14 端子电压被拉低至 0V 判断出 J965 已发出唤醒信号，并准备接收钥匙信息；③J285 通过舒适系统 CAN 总线询问 J965 车内是否有授权的智能钥匙；④J965 通过车内天线发出 125kHz 低频信号去寻找智能钥匙，智能钥匙接收此信号后发出 433MHz 的高频信号（应答器数据）给 J519，此时智能钥匙指示灯会闪烁；⑤J519 将智能钥匙的数据通过舒适系统 CAN 总线转发给 J285，J285 进行智能钥匙信息的验证；⑥若为授权的智能钥匙，则 J285 通过舒适系统 CAN 总线向 J764 发送电子转向柱解锁命令，转向柱解锁（转向盘可转动）；⑦J764 成功解锁后，通过舒适系统 CAN 总线将成功解锁信息反馈给 J285，智能钥匙的防盗验证才能通过；⑧J965 接收到钥匙验证通过的信息后，会通过与 J519 之间的 T40/27、T40/35、T40/40 对应的三条电路同时发送电压为＋B 的 15#（1）、15#（2）、S 触点三个许可信号，让 J519 发出 15a#电源信号，打开点火开关，唤醒所有模块，仪表点亮，J623、J743 被 15#电唤醒，同时数据总线诊断插口（J533）激活其他 CAN 总线系统；⑨在唤醒所有数据总线后，就可通过 J533 进行跨总线的防盗锁止系统通信，J623、J743 依次向 J285 发出起动请求，J285 验证 J623、J743 的防盗信息，在成功完成 J623、J743 的数据比较后，防盗锁止系统电控单元将发送起动许可。

在应急起动时，按下 E378，踩下制动踏板，同时将智能钥匙放在 D2 处，J285 可通过 D2 直接读取智能钥匙的防盗信息来验证智能钥匙的合法性，当智能钥匙验证通过后，其他防盗部件的防盗验证过程和按下 E378 的防盗验证过程相同。

根据防盗系统电路（图 4-32），遥控钥匙和无钥匙进入功能正常解锁和上锁说明遥控钥匙→J519→舒适系统 CAN 总线→驾驶人侧车门电控单元 J386、副驾驶人侧车门电控单元 J387 正常，J965→舒适系统 CAN 总线→J519→舒适系统 CAN 总线→J285 正常。

E378 背景灯正常点亮，说明 F2 驾驶人侧车门接触开关→J386→舒适系统 CAN 总线→J519→J965→E378 背景灯正常，E378 搭铁电路正常。

按下 E378，钥匙指示灯不亮，说明 E378→J965→舒适系统 CAN 总线→J285→J965→室内天线→遥控钥匙异常。

应急起动功能失效，说明 E378→J965→舒适系统 CAN 总线→J285→识读线圈→遥控钥匙异常。

综上所述，故障最有可能原因有：①E378 自身故障；②J965 自身故障；③E378 与 J965

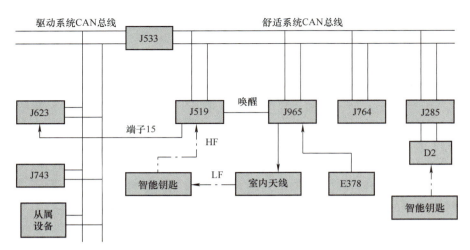

图 4-31 防盗系统的工作原理

D2—防盗锁止系统读写线圈　E378—起动装置按钮　J285—组合仪表电控单元
J519—车载电网电控单元　J533—数据总线诊断插口　J623—发动机电控单元
J743—双离合器变速器机电装置　J764—电子转向柱锁止装置电控单元　J965—进入及起动系统插口

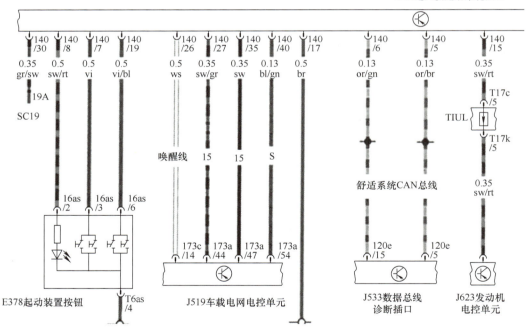

图 4-32 防盗系统电路

之间电路故障。

（3）故障排除

1）第一步，按下 E378，检测 J965 端的点火开关信号（T40/7、T40/19）。

如果 T40/7、T40/19 端子电压为 +B→0V（正常），证明是 J965 自身故障，更换 J965。

模块 4　汽车车载网络系统故障检修案例

如果 T40/7、T40/19 端子电压始终为 +B（异常），证明 J965 没有收到信号，下一步测量 E378 端信号。

如果 T40/7、T40/19 端子电压始终为 0V（异常），证明 J965 自身故障、电路搭铁短路、E378 自身故障，下一步测量电路对搭铁电阻。

T40/7、T40/19 端子电压为 +B→10V（异常），证明 J965 没有收到信号，下一步测量 E378 端信号。

2) 第二步，按下 E378，检测 E378 端的点火开关信号（T6as/2、T6as/3）。

如果 T6as/2、T6as/3 端子电压始终为 +B（异常），证明是 E378 自身故障，更换 E378。

如果 T6as/2、T6as/3 端子电压始终为 0V（异常），证明 T40/7 - T6as/3、T40/19 - T6as/2 对应电路断路，维修 T40/7 - T6as/3、T40/19 - T6as/2 对应电路。

如果 T6as/2、T6as/3 端子电压为 +B→0V（正常），证明 T40/7 - T6as/3、T40/19 - T6as/2 对应电路虚接，维修 T40/7 - T6as/3、T40/19 - T6as/2 对应电路。

3) 第三步，断开两端插接器，测量 T40/7 - T6as/3、T40/19 - T6as/2 对应电路对搭铁电阻（或者采用电压法，依次断开 E378）。

如果电阻为 0Ω（异常），证明 T40/7 - T6as/3、T40/19 - T6as/2 搭铁短路，维修 T40/7 - T6as/3、T40/19 - T6as/2 对应电路。

如果电阻为无穷大（正常），则进入第四步检测。

4) 第四步，仅断开 J965 端插接器，测量 T40/7 - T6as/3、T40/19 - T6as/2 对应电路对搭铁电阻。

如果电阻为无穷大（正常），证明是 J965 自身故障，更换 J965。

如果电阻为 0Ω（异常），证明是 E378 自身故障，更换 E378。

2. 发动机控制系统网络通信故障检修

（1）故障现象　打开点火开关，转向盘解锁、仪表点亮，但 EPC 灯及制动指示灯无法正常点亮、胎压指示灯闪烁；无法换档且 P 位指示灯闪烁；起动发动机时，起动机不运转。

（2）故障分析　迈腾 B8L 汽车的起动系统除了蓄电池、起动机和起动机继电器 J906 和 J907 以外，还包括发动机电控单元 J623、车载电网电控单元 J519、进入及起动系统插口 J965、起动装置按钮 E378 以及转向柱锁止电控单元 J764、组合仪表电控单元 J285 以及数据总线诊断插口 J533 等防盗和通信相关控制装置部件（图 4-33）。

起动的工作过程是，按压 E378 起动装置按钮，J965 的 T40/7、T40/19 两脚电位被拉低至 0V。无钥匙进入及起动插口电控单元 J965 收到"起动装置按钮按下"信息后，通过舒适系统 CAN 总线把该信息发送给组合仪表中的防盗止动器电控单元 J362。组合仪表通过舒适系统 CAN 总线发出防盗验证请求信息给 J965，J965 通过车内天线发出频率为 125kHz 的低频信号给车钥匙，如果 J519 处于休眠状态，通过 T40/26 脚的唤醒线，唤醒车载电网电控单元 J519。车钥匙被低频信号激活，钥匙防盗信息通过 433MHz 的高频信号发给 J519，车载电网电控单元 J519 通过舒适系统 CAN 总线把钥匙信息发送给组合仪表。组合仪表收到信息后，与电子转向柱锁电控单元验证防盗信息。通过验证后，解锁电子转向柱。J519 激活 15# 电，通过舒适系统 CAN 总线发出"S 触点接通"信息。组合仪表通过 J533 数据总线插口电控单元，与驱动系统 CAN 总线系统的发动机电控单元 J623 及双离合器变速器机电电控单元 J743 验证通过防盗信息后，若制动踏板已经踩下，则可以起动发动机。

171

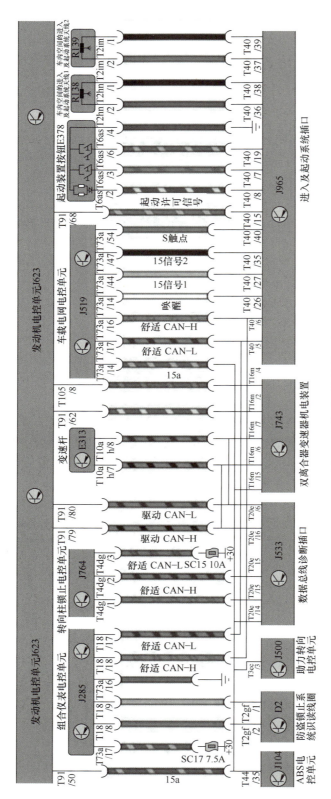

图 4-33　起动系统控制电路

通过对起动过程的分析,根据故障现象,故障可能的原因是:通信 CAN 总线电路故障;J533 或 J623 本体故障。

(3) 故障排除　用故障诊断仪检测车辆,读取 J533 系统报故障码:U000100 高速 CAN 通信总线故障。

根据故障码提示,使用万用表分别测量驱动系统 CAN – H、CAN – L 与搭铁间的电压,即 T91/79 或 T20e/16 与搭铁电压和 T91/80 或 T20e/6 与搭铁电压;用示波器测量驱动系统 CAN – H 与 CAN – L 波形。如果测得驱动系统 CAN – H 的电压值约为 2.6V,CAN – L 的电压值约为 2.4V,并且驱动系统 CAN 总线的波形如图 4-34 所示,表示 CAN 通信正常。

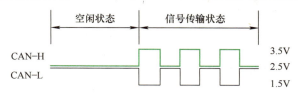

图 4-34　驱动系统 CAN 总线正常的波形

如果测得驱动系统 CAN – H 的电压值约为 0V,CAN – L 的电压值约为 0.2V,并且驱动系统 CAN 总线的波形如图 4-35 所示,表示 CAN – H 搭铁短路。应根据具体故障特点找到短路点进行维修。

如果测得驱动系统 CAN – H 的电压值约为 0.5V,CAN – L 的电压值约为 0V,并且驱动系统 CAN 总线的波形如图 4-36 所示,表示 CAN – L 搭铁短路。应根据具体故障特点找到短路点进行维修。

图 4-35　CAN – H 搭铁的波形　　　　　图 4-36　CAN – L 搭铁的波形

如果测得驱动系统 CAN – H 的电压值约为 2.5V,CAN – L 的电压值约为 2.5V,并且 CAN 总线的波形如图 4-37 所示,表示 CAN – H 与 CAN – L 短路。测量驱动系统 CAN – H 与 CAN – L 间的终端电阻并与正常值进行对比,找到短路点进行维修。

如果测得驱动系统 CAN – H 的电压值为电源电压,CAN – L 的电压值略低于电源电压,并且 CAN 总线的波形如图 4-38 所示,表示 CAN – H 与电源正极短路。应根据具体故障特点找到短路点进行维修。

图 4-37　驱动系统 CAN – H 与　　　　图 4-38　驱动系统 CAN – H 与
　　　　　CAN – L 短路的波形（一）　　　　　　　　CAN – L 短路的波形（二）

如果测得驱动系统 CAN – H 的电压值为电源电压,CAN – L 的电压值为电源电压,并且 CAN 总线的波形如图 4-39 所示,表示 CAN – L 与电源正极短路。应根据具体故障特点找到短路点进行维修。

图 4-39　驱动系统 CAN – L 与电源正极短路的波形

3. 电动车窗故障检修

（1）故障现象　一辆迈腾 B8L 汽车，驾驶人侧的玻璃升降器开关无法控制右后门玻璃升降。

（2）故障分析　电动车窗控制系统包含遥控钥匙、车载电网电控单元 J519、网关 J533、进入及起动许可单元 J965、车门电控单元、玻璃升降器电动机和玻璃升降器开关等元器件和电控单元。各模块通过舒适系统 CAN 总线和 LIN 总线连接，如图 4-40 所示。

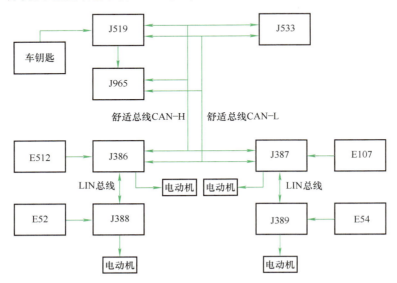

图 4-40　电动车窗控制系统原理

E512、E107、E52、E54—车窗玻璃开关　J386—驾驶人侧车门电控单元　J387—前排乘客侧车门电控单元
J388—左后乘客侧车门电控单元　J389—右后乘客侧车门电控单元　J519—车载电网电控单元
J533—网关　J965—进入及起动许可单元

主驾开关 E512 包含驾驶人侧玻璃升降器开关 E710、副驾侧玻璃升降器开关 E716、左后侧玻璃升降器开关 E711 和右后侧玻璃升降器开关 E713，如图 4-41 所示。每个开关有 4 个档位，分别是一键升、手动升、一键降和手动降，四个开关的工作原理类似。以 E710 为例，J386 被舒适系统 CAN 总线激活后，通过 T32/32E710 发送一个方波电压，并监控电压变化。开关内部有 3 个分压电阻档位和一个直接搭铁档位，当开关拨至某一位置时，监控点的电压波形发生变化，J386 根据电压变化，判断开关状态，然后控制玻璃升降器电动机。

操作 E512 时，J386 根据 E710 状态控制驾驶人侧玻璃升降器电动机，J387 通过舒适系统 CAN 总线，经 J386 接收 E716 开关状态，控制副驾玻璃升降器电动机，J388 通过 LIN 总线，经 J386 接收 E711 开关状态，控制左后玻璃升降器电动机，J389 通过 LIN 总线、J387 和舒适系统 CAN 总线，经 J386 接收 E713 开关状态，控制右后玻璃升降器电动机。操作 E107、E52 和 E54 时，J387、J388 和 J389 分别接收各自车门开关信号，控制玻璃升降器电动机。

根据电动车窗控制系统原理，出现上述现象的可能原因有：开关 E512 内部损坏；E713 电路损坏；J386 局部故障；舒适系统 CAN 总线故障；J387 局部故障；LIN 总线故障；J389 局部故障；电动机及电路故障。

模块 4　汽车车载网络系统故障检修案例

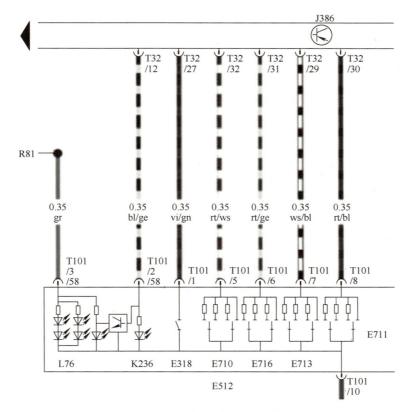

图 4-41　主驾开关 E512 电路

（3）故障排除　开闭车门，仪表正常显示车门开闭状态，表示 J387、舒适系统 CAN 总线及 LIN 总线正常；操作开关 E54，车门玻璃升降器正常，表示 J389、电动机及电路正常。至此，故障范围缩小为开关 E512 内部损坏；E713 电路损坏；J386 局部故障。

首先用示波器检测开关 E512 的 T10i/7 端子电压波形，当操作 E713 至任何位置时，电压波形都保持不变，持续为 J386 提供初始参考电压，由于开关 E512 中的其他开关功能正常，所以开关 E512 的搭铁电路（T10i/10 端子至搭铁点）正常。根据上述检测，判断故障原因是开关 E512 中的 E713 开关内部损坏，更换新的开关总成后，故障消除，右后门玻璃升降恢复正常。

4. 灯光故障检修

（1）故障现象　一辆迈腾 B8L 汽车，当按下 E378，转向盘解锁，仪表正常点亮，在车灯旋转开关处于关闭档位时，示廓灯及近光灯异常点亮，前后雾灯均无法开启；在车灯旋转开关旋至近光灯位置时，近光灯不能点亮，当向下按变光开关时，远光灯不能点亮，仪表提示车辆灯光系统故障。

（2）故障分析　迈腾 B8L 灯光控制系统通过车载电网电控单元 J519 集中控制，灯光系统电路如图 4-42 所示。当灯光旋转开关 EX1 旋至近光灯档位时，灯光旋转开关模块接收到近光灯开启信号，通过 LIN 总线传递信号至车载电网电控单元 J519，模块内部将接收到的模拟电压信号转换为数字信号。J519 监测到灯光档位信号后，将电源分配给近光灯，近光

175

灯亮起，并通过 CAN 总线向其他模块传递灯光档位信息。

当向下按动变光开关，选中远光档位，随即转向柱电控单元 J527 接收到远光灯开启的模拟信号，电控单元 J527 将这一个模拟信号转换为数字信号，通过舒适系统 CAN 总线将数据发给车载电网电控单元 J519 和组合仪表电控单元 J285。电控单元 J519 接收到此信号后，分别接通左前、右前远光灯控制信号，所有远光灯点亮。组合仪表电控单元 J285 接收到此信号后，点亮仪表上的远光指示灯，提示驾驶人灯光状态。

任何时候变光开关向上拉动，开关内部接通超车灯控制触点，随即转向柱电控单元 J527 接收到超车灯开启的模拟信号，电控单元 J527 将这一个模拟信号转换为数字信号，通过舒适系统 CAN 总线将数据发给车载电网电控单元 J519 和组合仪表中电控单元 J285。电控单元 J519 接收到此信号后，分别接通左前、右前远光灯控制信号，所有远光灯点亮。组合仪表中电控单元 J285 接收到此信号后，点亮仪表上的远光指示灯，提示驾驶人灯光状态。松开变光开关，左前、右前远光灯和仪表上的远光指示灯熄灭。

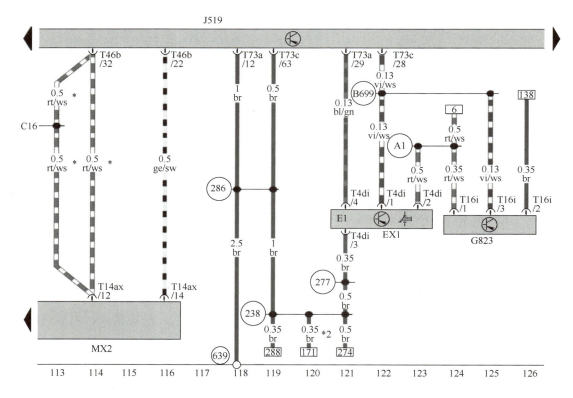

图 4-42　灯光系统电路

E1—车灯开关　EX1—车灯旋转开关　G823—空气湿度、雨水与光线识别传感器　J519—车载电网电控单元
MX2—右前照灯　238—搭铁连接 1，在车内导线束中　277—搭铁连接 3，在车内导线束中　286—搭铁连接 8，
在车内导线束中　639—左 A 柱上的搭铁点　A1—正极连接（30a），在仪表板导线束中　B699—连接 4（LIN 总线），
在主导线　rt/ws—白/红　ge/sw—黄/黑　br—褐色　bl/gn—蓝/绿　vi/ws—紫/白

根据上述灯光控制原理，操作车灯旋转开关 EX1 时，档位等信号通过 LIN 总线传递给车载电网电控单元 J519。J519 收到相应信号后，会发出点亮相应灯光的指令。如果 J519 没

模块 4　汽车车载网络系统故障检修案例

有收到信号或者收到错误信号，将做出应急反应，异常点亮灯光系统，保证行车安全。上述故障现象说明灯光控制系统进入了应急模式。

车灯旋转开关 EX1 上共有 4 根线，T4di/1 端子连接 LIN 总线，T4di/2 端子为 12V 供电，T4di/3 端子为搭铁，T4di/4 端子连接冗余信号线。造成灯光系统进入应急保护模式的原因有：EX1 的电源出现故障；EX1 本身故障；J519 与 EX1 之间的 LIN 总线出现断路或者对正负极短路；EX1 的冗余信号线出现对负极短路。

（3）故障排除　首先检测 EX1 的电源是否正常。打开点火开关，将万用表调至直流电压档位，万用表黑表笔搭铁，红表笔测量 T4di/2 端子的供电电压，如果电压为 12V，表示供电正常；如果电压为 0V，表示正常供电电路断路；如果电压在 0~12V 之间变化，表示供电电路虚接。关闭点火开关，断开蓄电池负极，将万用表调至电阻档位，万用表黑表笔搭铁，用红表笔测量 T4di/3 端子对搭铁情况，如果电阻为 0Ω，表示搭铁正常；如果电阻为 ∞，表示搭铁断路；如果电阻在 0 和 ∞ 之间变化，表示搭铁虚接。根据具体故障特点找到断路（虚接）点进行维修即可。

其次检测 LIN 总线性能。打开点火开关，使用示波器分别测量 EX1 的 T4di/4 端子和 J519 的 T73a/29 端子对搭铁波形。如果 T4di/1 端子和 T73c/28 端子对搭铁均为方波信号，两端波形一致，说明 LIN 总线正常；如果 T4di/1 端子对搭铁电压为 9V，T73c/28 端子对搭铁为方波信号，两端波形不一致，说明 LIN 总线断路；如果 T4di/1 端子和 T73c/28 端子对搭铁电压均为 12V，两端波形一致，且均为电源电压，说明 LIN 总线对电源短路；如果 T4di/1 端子和 T73c/28 端子对搭铁电压均为 0V，两端波形一致，说明 LIN 总线对搭铁短路。根据具体故障特点找到短（断）路点进行维修。

然后检测冗余信号线（开关监测信号线）性能。打开点火开关，使用示波器分别测量 EX1 的 T4di/4 端子和 J519 的 T73a/29 端子对搭铁波形。EX1 未打开时，如果 T4di/4 端子和 T73c/29 端子对搭铁的波形一致，表示电路正常；如果 T4di/4 端子和 T73c/29 端子对搭铁电压均为 0V，两端波形一致，表示冗余信号线（开关监测信号线）对搭铁短路。根据具体故障特点找到短路点进行维修。

最后检测灯光旋转开关 EX1 性能。如果以上测量均正常，那么就要考虑是灯光旋转开关 EX1 本身故障，需要更换相同规格的开关，进而排除故障。

4.3　吉利帝豪 EV450 纯电动汽车车载网络系统故障检修

本节内容简介

本节以吉利帝豪 EV450 纯电动汽车为例，主要介绍其车载网络的结构与特点，重点介绍高压上电失败、无法换档、车窗玻璃无法升降等涉及车载网络的故障检测与维修方法。

4.3.1　吉利帝豪 EV450 纯电动汽车车载网络的结构

吉利帝豪 EV450 纯电动汽车上使用了 CAN 总线和 LIN 总线 2 种数据通信方式。CAN 总线有 2 路，即动力系统 PCAN 和车身系统 VCAN，如图 4-43 所示。吉利帝豪 EV450 纯电动汽车网络中没有单独的网关，VCU 作为信号控制的中心，负责信号的组织与传输、网络状态的监控与管理、信号优先权的动态分配以及网络故障的诊断与处理等功能。通过 CAN 总线协调与其他单元以及车身 VCAN 之间相互通信。

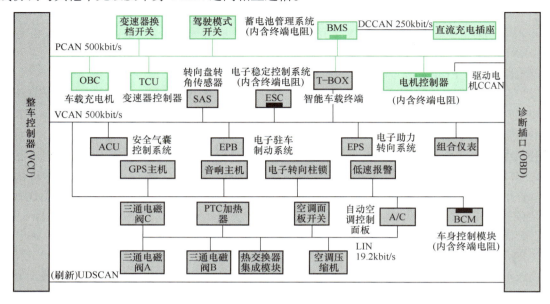

图 4-43　吉利帝豪 EV450 纯电动汽车车载网络的结构

吉利帝豪 EV450 纯电动汽车 PCAN 网络系统中以蓄电池管理系统（BMS）与电机控制器为两个终端，各有一个 120Ω 的终端电阻。系统上有以下几个控制模块：电机控制器、减速器控制器、车载充电机、变速器换档开关、智能车载终端（T－BOX）、整车控制器（VCU）、BMS 及诊断插口，这些控制模块及传输总线构成该车的 PCAN 网络系统。PCAN 总线数据信号主要有动力蓄电池温度、电压、电流信号、充电信号、高压绝缘信号、高压互锁信号、加速踏板信号、制动踏板信号、档位信号、能量回收信号、能量管理信号、冷却控制信号、故障等级信号等。

吉利帝豪 EV450 纯电动汽车 VCAN 网络系统中以电子稳定控制（ESC）系统与车身控制模块（BCM）为两个终端，各有一个 120Ω 的终端电阻。系统上有以下几个控制模块：电子稳定控制（ESC）系统、组合仪表、电动助力转向（EPS）系统、T－BOX、整车控制器（VCU）、自动空调控制面板、GPS 主机、音响主机、电子转向柱锁（ESCL）、低速预警系统、安全气囊模块（ACU）、转向盘转角传感器、BCM 及诊断插口，这些控制模块及传输总线构成 VCAN 网络系统。

PCAN 与 VCAN 是相互独立的网络系统，它们之间没有干涉，当系统中的某个模块或者电路出现故障时（短路故障），只会影响该模块所在的网络系统，对另外一个网络控制系统没有影响。

吉利帝豪 EV450 纯电动汽车 2 路 CAN 总线都与诊断插口相连。该车的远程控制模块也与 2 路 CAN 总线相连。

吉利帝豪 EV450 纯电动汽车有很多地方都采用 LIN 总线控制系统，这里以车窗控制这部分为例加以说明，如图 4-44 所示。

在车窗控制 LIN 总线控制系统中，以 BCM 为主控单元，有 4 个从控单元，分别为左前

模块 4　汽车车载网络系统故障检修案例

电动车窗电动机、右前电动车窗电动机、左后电动车窗电动机、右后电动车窗电动机，它们及诊断插口构成 LIN 总线网络系统。4 个车窗开关提供上升和下降的开关信号，并把此信号发送给车窗电动机模块，车窗电动机模块通过 LIN 总线与 BCM 通信，以此来驱动车窗的动作。打开点火开关时，BCM 会唤醒车窗电动机模块，当该系统出现故障时，BCM 用故障码的形式记录下来，利用故障诊断仪可以读取该故障码。

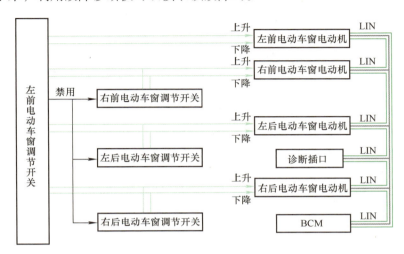

图 4-44　车窗控制 LIN 总线控制系统

4.3.2　吉利帝豪 EV450 纯电动汽车车载网络系统故障检修案例

1. VCU 的 VCAN 总线的故障检修

（1）故障现象　踩下制动踏板并保持，一键起动开关上的绿色指示灯正常点亮；打开起动开关后，车辆系统进入防盗锁止状态，转向警告灯点亮，防盗喇叭触发后鸣响，系统故障灯、档位指示灯闪烁，EPB 故障警告灯、代表驱动系统性能的故障提醒警告灯、安全气囊故障警告灯点亮，车辆模式指示灯不显示，如图 4-45 所示。此时主正、主负接触器未发出"咔嗒"的吸合的声音，制动踏板高度未变化，高压上电失败。

图 4-45　仪表显示状态

（2）故障分析　从故障现象可以看出，车辆无法上高压电，接下来分析吉利帝豪 EV450 上电控制策略。吉利帝豪 EV450 上电控制涉及整车控制器（VCU）、蓄电池管理系统（BMS）、电机控制器（PEU）、减速机控制器（TCU）、安全气囊控制器（ACU）、高压配电盒、驱动电机、制动开关、电子换档开关等，如图 4-46 所示。

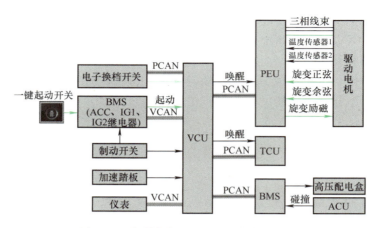

图 4-46 吉利帝豪 EV450 上电控制原理图

吉利 EV450 上电过程：

1）吉利 EV450 采用无钥匙进入与起动系统，车身控制模块（BCM）检测周围遥控器（UID）的有效性，遥控器发出信号回应车辆，BCM 控制解锁转向柱电子锁（ESCL），此时 BCM 通过 CAN 网络系统与动力系统进行信息认证。当驾驶人将一键起动开关转到 ACC 档，BCM 通过 IP23/32 端子控制 ACC 继电器 IR03 闭合，给 ACC 用电设备供电。当驾驶人将起动开关转到 ON 档，BCM 通过 IP23/15、IP23/31 端子控制 IG1、IG2 继电器闭合，IG1 给 VCU 供电，IG2 给 BMS、PEU 等电控单元供电，VCU、BMS、PEU 等进行自检，无故障则进入下一步。

2）当驾驶人踩下制动踏板，按下起动开关（ST 档），请求上电时，BCM 发送起动信号给 VCU，VCU 通过动力 CAN（PCAN）检测是否满足上电条件，包括检测制动开关信号、电子换档开关信号、高压互锁信号、旋变传感器正弦信号、旋变传感器余弦信号、旋变传感器励磁信号、温度传感器信号、碰撞信号、动力蓄电池电流、动力蓄电池电压、整车漏电信号、P 位位置信号等是否正常。

3）满足上电条件的情况下，VCU 通过动力 CAN 唤醒 BMS，BMS 控制负极接触器先闭合，然后启动预充程序，先闭合主预充继电器，串联预充电阻向车载充电机及分线盒总成输出高压电。BMS 监测输出母线电压，当输出母线电压与动力蓄电池电压相差小于 50V 时，控制主正接触器闭合，断开主预充接触器，完成上电过程。

4）完成上电后，VCU 通过 VCAN 总线点亮仪表"READY"指示灯。同时 VCU 向 PEU 发送指令，指示驱动电机使能信息、驱动电机模式信息（再生制动、正向驱动、反向驱动）以及相应模式下的驱动电机转矩；PEU 向 VCU 上报驱动电机和控制器的各种参数及故障报警信息，主要参数包括驱动电机转速、驱动电机转矩、驱动电机电压和电流，车辆进入行驶准备状态。

吉利 EV450 上电过程中，VCU 通过 PCAN 与 BMS、电机控制器、TCU 和电子换档开关进行通信。VCU 通过 VCAN 与 BCM、仪表进行通信，VCU 通过 VCAN 接收和发送遥控防盗信号、一键起动开关信号、整车热管理信号、安全气囊数据信号、远程监控数据信号、行驶状态信号、故障等级信号等，如果 VCU 的 VCAN 总线或电控单元出现故障，将会导致 VCU 无法接收和发送以上信号，VCU 将激活防盗模式，造成高压上电失败。CAN 总线可能的故

模块 4　汽车车载网络系统故障检修案例

障包括 CAN – H 断路、CAN – L 断路、对搭铁或电源短路、CAN – H 与 CAN – L 短接等。

（3）故障诊断过程

1）第一步：读取故障码（DTC）。连接诊断仪器至诊断插口后，踩下制动踏板并保持，打开一键起动开关。通过诊断仪器与 VCU 进行通信，在 VCU 内部读取到表 4-15 中的故障码。

表 4-15　从 VCU 内部读取的故障码及说明

故障诊断	故障码说明
U012287	与 ABS、ESC 通信丢失
U016487	与空调控制器通信丢失
U015187	与安全气囊电控单元通信丢失
U014087	与 BCM 通信丢失
U012887	与 EPB 通信丢失
U013187	与 EPS 通信丢失
U021487	与无钥匙进入一键起动开关通信丢失
U019887	与远程信号处理控制器通信丢失
U015587	与组合仪表通信丢失
P1C4296	车速信号警告故障

记录当前诊断仪器上的故障码信号，通过诊断仪器清除故障码，然后关闭一键起动开关。

再次打开一键起动开关，如果故障现象消失，车辆正常上电，则可能为系统故障码保护，造成 VCU、BMS 进入功能性保护模式，车辆无法上电；如果车辆不能上电，且现象依旧存在，通过诊断仪器，进行故障码读取，并和先前的故障码进行比对：如果减少，减少的可能为偶发故障；如果增加，增加的可能为当前系统关联性故障；如果不变，则此时故障码指向的部位可能存在异常。本故障进行上述操作后，故障码依旧。

2）第二步：故障码（DTC）验证。读取并确认故障码后，需对故障码设置和产生的条件进行分析。

结合故障码及 CAN 总线电路原理图，可以看出此时 VCU 无法通信的单元全部来自VCAN，同时诊断仪器可以正常和 VCU 通信，说明 VCU 的 PCAN 没有故障，且通信正常，只是与之连接的 VCAN 出现异常，导致 VCU 无法和以上单元通信，VCU 内部存储了以上故障码。

结合上述分析和故障码定义，导致以上故障的可能原因有以下一项或多项：

① 至 VCU 的 VCAN – H 通信信号及电路断路、虚接、短路故障。

② 至 VCU 的 VCAN – L 通信信号及电路断路、虚接、短路故障。

3）第三步：波形测试。测量 VCU 端 CAN – H、CAN – L 信号对搭铁波形如图 4-47 所示。

4）第四步：电路测试。

① 关闭一键起动开关，断开蓄电池负极，测量 CA66/22 与 CA66/23 之间电阻，阻值为 ∞，异常。

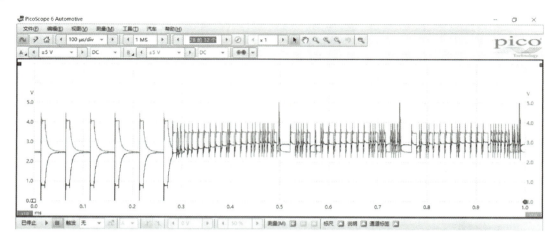

图 4-47 测量 VCU 端 CAN－H、CAN－L 信号对搭铁波形

② 测量 CA66/22 至 CA04/20 之间的电阻，小于 1Ω，正常。

③ 测量 CA66/23 至 CA04/21 之间的电阻，为∞，异常。

确定 VCU 的 VCAN－H 电路断路。

（4）诊断结论验证　完成诊断修理后，某些 DTC 需要将起动开关置于 OFF（关闭）位置，然后将起动开关置于 ON（打开）位置之后，诊断仪器功能才会清除 DTC。

1）将起动开关置于 OFF（关闭）位置。

2）安装所有诊断时拆下或更换的部件及插接器。

3）将起动开关置于 ON（打开）位置。

4）读取并清除 DTC。

5）关闭起动开关 60s。

6）踩下制动踏板，按下起动开关，车辆仪表显示正常，切换至 D 位或 R 位进行试车，车辆运行正常，维修结束。

（5）故障机理分析　VCAN 总线是 VCU 与其他单元进行数据交换的通道，如果该电路出现故障，VCU 无法接收到遥控钥匙信号、一键起动开关信号等，就会触发车辆防盗，导致整车高压上电失败。

2. VCU 的 PCAN 总线的故障检修

（1）故障现象　踩下制动踏板并保持，一键起动开关上的绿色指示灯正常点亮；打开起动开关后，仪表点亮正常，可运行指示"READY"灯无法正常点亮；蓄电池指示灯、整车系统故障指示灯、动力蓄电池故障的故障灯、代表驱动系统性能的故障提醒警告灯、EPB 故障警告灯、减速器故障指示灯、ESC 故障警告灯点亮；动力蓄电池主正、主负接触器不动作，高压不上电，制动踏板高度反应正常，档位无法切换至 D 位或 R 位。仪表显示状态如图 4-48 所示。

（2）故障分析　当驾驶人踩下制动踏板，按下一键起动开关，请求上电时，BCM 发送信号给 VCU，VCU 通过动力 CAN（PCAN）检测是否满足上电条件，包括检测制动开关信号、电子换档开关信号、高压互锁信号、旋变传感器正弦信号、旋变传感器余弦信号、旋变传感器励磁信号、温度传感器信号、碰撞信号、动力蓄电池电流、动力蓄电池电压、整车漏

模块 4　汽车车载网络系统故障检修案例

图 4-48　仪表显示状态

电信号、P 位位置信号等是否正常。吉利帝豪 EV450 上电过程中，如果无法收到上述信号或上述信号不正常，会造成高压上电失败。CAN 总线可能的故障包括 CAN – H 及 CAN – L 断路、对搭铁或电源短路、CAN – H 及 CAN – L 短接等。

（3）故障诊断过程

1）第一步：读取故障码（DTC）。连接诊断仪器至诊断插口后，踩下制动踏板并保持，打开一键起动开关。通过诊断仪器与 VCU 进行通信，显示未连接成功。

通过诊断仪与 BMS 连接，在 BMS 内部读取到表 4-16 中的故障码。

表 4-16　从 BMS 内部读取的故障码及说明

故障诊断	故障码说明
U111487	与 VCU 丢失通信

通过诊断仪器与 OBC 连接，在 OBC 内部读取到表 4-17 中的故障码。

表 4-17　从 OBC 内部读取的故障码及说明

故障诊断	故障码说明
U111287	与 BMS 丢失通信

通过诊断仪器与电机控制器连接，在电机控制器内部读取到表 4-18 中的故障码。

表 4-18　从电机控制器内部读取的故障码及说明

故障诊断	故障码说明
U110000	CAN 帧超时故障
U110400	CAN 帧超时故障
U120400	CAN 帧超时故障
U130000	CAN 帧超时故障

2）第二步：故障码（DTC）分析。

"U111487：与 VCU 丢失通信"的生成机理：BMS 通过起动信号激活起动后，如果在一定时间内没有收到 VCU 通过 PCAN 发送的握手信号和数据请求信号，即产生此故障码。

"U111287：与 BMS 丢失通信"的生成机理：OBC 被激活后，需要接收 VCU 通过 PCAN 发送的握手信号和动力蓄电池电量、充电需求、车辆当前状态等信号，如果在一定时间内没有收到这些信号，将存储这些故障码。

"U110000：CAN 帧超时故障；U110400：CAN 帧超时故障；U120400：CAN 帧超时故障；U130000：CAN 帧超时故障"的生成机理：

DC/DC 变换器或 MCU 被激活后，需要接收 VCU 通过 PCAN 发送的握手信号和车辆当前状态、动力蓄电池电量、档位等信号，如果在一定时间内没有接收到这些信号，将存储以上故障码。

结合以上故障现象、故障码以及 CAN 总线原理，此时可关闭点火开关，移除辅助蓄电池负极 1min 以上，然后复位。踩制动踏板并打开点火开关，此时仪表上其他信号没有变化，只是动力蓄电池 SOC 信号值丢失，动力蓄电池低电量指示灯（黄色）亮起。即可确认 VCU 的供电、搭铁或通信 PCAN 总线出现异常，导致与驱动系统及 BMS 无法通信，动力蓄电池电量丢失，系统故障灯点亮。结合故障码分析故障原因，主要为以下一项或多项造成：

① VCU 的供电、搭铁故障。
② 与 VCU 通信的 PCAN–H 信号电路断路、虚接故障。
③ 与 VCU 通信的 PCAN–L 信号电路断路、虚接故障。
④ 整车控制器（VCU）本体故障。

由于 PCAN 总线上的其他模块（如 BMS、OBC、电机控制器）均可通信，因此，可排除通信电路短路故障。

3）第三步：故障检测。
① 检查蓄电池。电压标准值为 11~14V，测量值为 12.6V，正常。
② 检查 VCU 熔丝 EF29、EF19。经查，熔丝正常。
③ 检查熔丝 EF29、EF19 电路。检查熔丝 EF29、EF19 电路是否有短路故障，经查，没有电路短路现象。
④ 检查 VCU 插接器供电端子电压。将起动开关置于 OFF 状态，断开 VCU 线束插接器 CA66/12、CA66/50 对车身搭铁电压，电压标准值为 11~14V，实测电压为 12.6V，电压符合标准值。VCU 电源、搭铁、数据线电路如图 4-49 所示。
⑤ 检查 VCU 线束插接器接地端子导通性。将起动开关置于 OFF 档，测量 BCM 线束插接器 CA66/1、CA66/2、CA66/26、CA66/54 与车身搭铁之间的电阻值，电阻标准值应小于 1Ω，实测为 0.5Ω，电阻值符合标准值。
⑥ 测量 VCU 线束插接器 PCAN 总线的波形，PCAN–H、PCAN–L 信号对搭铁波形如图 4-50 所示。
⑦ 测量 PCAN 总线终端电阻，关闭一键起动开关，断开蓄电池负极，测量 VCU 线束插接器 CA66/7 与 CA66/8 之间电阻，阻值为 ∞，异常。
⑧ 电路检测，测量 CA66/7 至 CA58/21 之间电阻，小于 1Ω，正常；测量 CA66/8 至 CA58/20 之间电阻，为 ∞，异常。

确定为 VCU 的 PCAN–H 电路断路故障。

（4）诊断结论验证　完成诊断修理后，某些 DTC 需要将起动开关置于 OFF（关闭）位置，然后将起动开关置于 ON（打开）位置之后，诊断仪器功能才会清除 DTC。

1）将起动开关置于 OFF（关闭）位置。
2）安装所有诊断时拆下或更换的部件及插接器。
3）将起动开关置于 ON（打开）位置。

模块 4　汽车车载网络系统故障检修案例

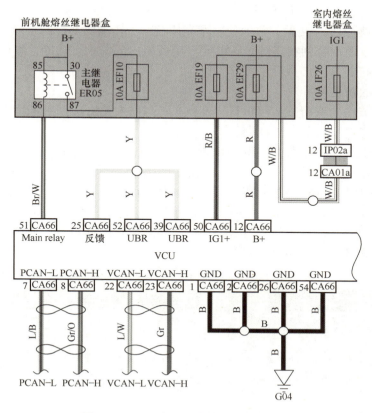

图 4-49　VCU 电源、搭铁、数据线电路

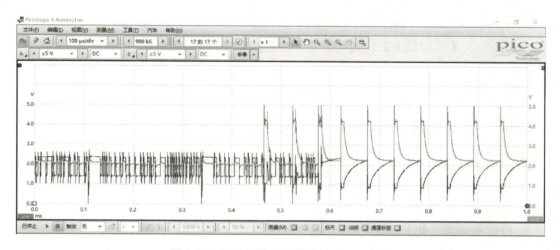

图 4-50　VCU 插接器处测量的 PCAN 波形

4）读取并清除 DTC。

5）关闭起动开关 60s。

6）踩下制动踏板，按下起动开关，车辆仪表显示正常，切换至 D 位或 R 位进行试车，车辆运行正常，维修结束。

185

（5）故障机理分析　VCU为车辆管理中心，如果VCU的PCAN通信电路存在故障，造成VCU无法进行数据信号传输，将致使整车高压控制、车辆驱动控制瘫痪，各单元无法获知当前车辆状态、驱动控制状态等，各单元自动关闭内部的执行功能，致使整车高压不上电，车辆无法运行。

3. LIN总线故障检修

（1）故障现象　吉利帝豪EV450纯电动汽车，驾驶人无法控制4个车门上的车窗升降，乘客也无法控制各自车门上车窗的升降。

（2）故障分析　吉利帝豪EV450电动车窗的原理：左前门车窗玻璃升降器和左后门车窗玻璃升降器共用一个电源SF13（25A），右前门车窗玻璃升降器和右后门玻璃升降器共用一个电源SF11（25A），BCM通过LIN总线对车门进行控制。

（3）故障诊断过程

1）第一步：读取故障码（DTC）。连接诊断仪器至诊断插口后，通过故障诊断仪访问BCM，在BCM内部读取到表4-19中的故障码。

表4-19　从BCM内读取的故障码及说明

故障诊断	故障码说明
U022287	与左前车窗防夹模块通信丢失
U022387	与右前车窗防夹模块通信丢失
U022487	与左后车窗防夹模块通信丢失
U022587	与右后车窗防夹模块通信丢失

2）第二步：故障码（DTC）分析。

"U022287：与左前车窗防夹模块通信丢失"的生成机理：BCM被激活后，接收不到左前车窗防夹模块的信号，将存储以上故障码。

"U022387：与右前车窗防夹模块通信丢失"的生成机理：BCM被激活后，接收不到右前车窗防夹模块的信号，将存储以上故障码。

"U022487：与左后车窗防夹模块通信丢失"的生成机理：BCM被激活后，接收不到左后车窗防夹模块的信号，将存储以上故障码。

"U022587：与右后车窗防夹模块通信丢失"的生成机理：BCM被激活后，接收不到右后车窗防夹模块的信号，将存储以上故障码。

由于BCM能完成其他功能的控制，左前、右前、左后、右后4个车窗防夹模块同时损坏的概率很小，又由于车窗控制采用LIN总线控制，故按如下的检测步骤进行检测。

3）第三步：故障检测。

① 检查蓄电池。电压标准值为11~14V，测量值为12.2V，正常。

② 检查车窗玻璃升降器熔丝SF13和SF11。经查，熔丝正常。

③ 检查熔丝SF13和SF11电路是否有短路故障。经查，没有电路短路现象。

④ 测量LIN总线波形，在线测量BCM IP21a/34 LIN总线信号，波形如图4-51所示，在线测量左前车窗防夹模块DR05a/4 LIN总线信号，波形如图4-52所示。与LIN总线正常波形（图4-53）比较，发现左前车窗防夹模块侧LIN总线信号、BCM侧LIN总线信号均异常，通过对LIN总线的信号进行分析，BCM发出信息，左前车窗防夹模块未回复内容。

模块 4　汽车车载网络系统故障检修案例

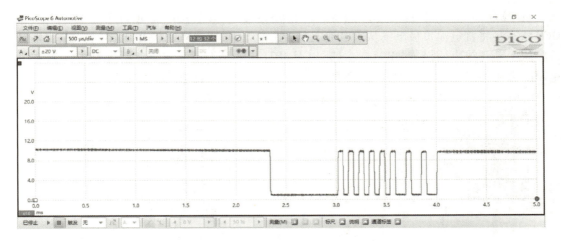

图 4-51　BCM 侧测量的 LIN 总线波形

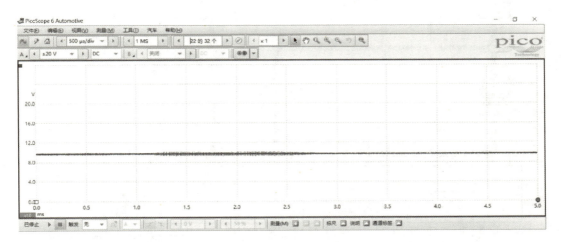

图 4-52　左前车窗防夹模块侧测量的 LIN 总线波形

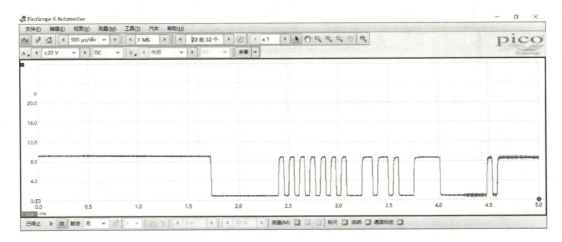

图 4-53　LIN 总线正常波形

⑤ 检查 BCM 与左前车窗防夹模块之间线束插接器的 LIN 数据通信线。起动开关置于 OFF 状态，将蓄电池负极电缆从蓄电池上断开。断开 BCM 线束插接器 IP21a，从左前车窗防夹模块上断开线束插接器 DR05a，测量 BCM IP21a/34 与左前车窗防夹模块 DR05a/4 之间的电阻，电阻标准值应小于 1Ω，实测值为 ∞，异常。电动车窗电路如图 4-54 所示。

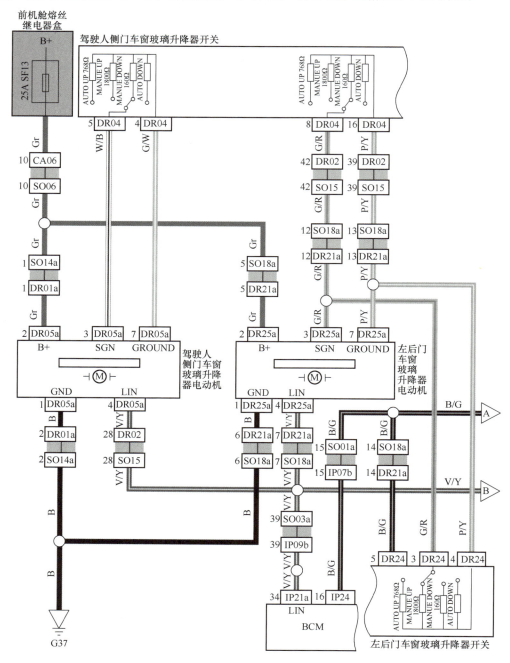

图 4-54 电动车窗电路

⑥ 测量 BCM IP21a/34 与 IP09b/39 之间电阻为 ∞。确认为 BCM 至中间插接器中间 LIN

模块 4　汽车车载网络系统故障检修案例

总线电路断路。

（4）诊断结论验证　完成诊断修理后，某些 DTC 需要将起动开关置于 OFF（关闭）位置，然后将起动开关置于 ON（打开）位置之后，诊断仪器功能才会清除 DTC。

1）将起动开关置于 OFF（关闭）位置。

2）安装所有诊断时拆下或更换的部件及插接器。

3）将起动开关置于 ON（打开）位置。

4）读取并清除 DTC。

5）关闭起动开关 60s。

6）将起动开关置于 ON（打开）位置，操作车窗控制开关，4 个车门上的车窗均可正常工作，维修结束。

（5）故障机理分析　吉利帝豪 EV450 纯电动汽车车窗控制采用 LIN 总线网络控制，如果 LIN 总线出现断路、与电源或搭铁出现短路故障，会导致 BCM 与左前电动车窗电动机、右前电动车窗电动机、左后电动车窗电动机、右后电动车窗电动机无法通信，从而会导致 4 个车门上电动车窗无法工作。

4.4　比亚迪秦 EV 汽车车载网络系统故障检修

本节内容简介

本节以比亚迪秦 EV 汽车为例，主要介绍其车载网络的结构与特点，重点介绍智能进入和起动系统 CAN 总线、动力系统 CAN 总线、舒适系统 CAN 总线、底盘系统（ESC）CAN 总线等涉及车载网络的故障检测与维修方法。

4.4.1　比亚迪秦 EV 汽车车载网络的结构与特点

比亚迪秦 EV 电动汽车 CAN 网络系统主要包括动力系统 CAN 总线、舒适系统 CAN 总线、底盘系统 CAN 总线，三者通过网关连接到一起，实现节点（控制器）的相互通信。比亚迪秦 EV CAN 网络系统主要结构如图 4-55 所示。

1. 动力系统 CAN 总线特点

比亚迪秦 EV 动力系统采用 CAN 总线通信形式，传输速率为 500kbit/s，属于高速总线。动力系统 CAN 总线直接连接两个 120Ω 的终端电阻，终端电阻在网关和蓄电池管理系统（BMS）中，其他与该动力系统 CAN 总线相连的线束是动力系统支总线，动力系统支总线有若干组，每组动力系统支总线上挂载着一个控制器，分别有车身控制模块（BCM）、诊断口（DLC3）、充配电总成、电机控制器、整车控制器、档位传感器（或称换档机构、档位控制器）等。

动力系统 CAN 总线通过 2 根双绞线将动力系统模块连接成一个网络，每个控制模块称为网络的节点。按照优先级，每个节点都可以利用网络接收和发送数据，实现信息的传递和共享。比亚迪秦 EV 的上电流程分为低压上电和高压上电，并且高压系统受控于低压系统，因此，动力系统 CAN 总线在低压上电、高压上电、汽车行驶和充电过程中具有重要的作用。总线的故障可能会导致无法上低压电与高压电、汽车无法行驶和无法充电等故障。

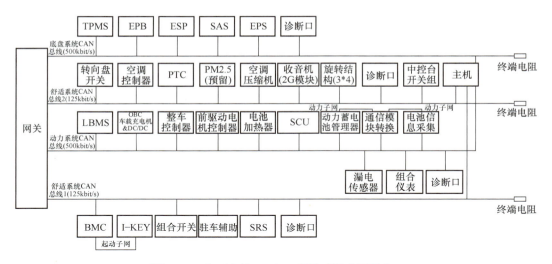

图 4-55　比亚迪秦 EV CAN 网络系统主要结构

2. 舒适系统 CAN 总线特点

比亚迪秦 EV 舒适系统 CAN 总线传输速率为 125kbit/s，舒适系统 CAN 总线直接连接两个 120Ω 的终端电阻，终端电阻一个集成在网关中，另一个未被控制器集成，其他与该舒适系统 CAN 总线相连的线束是舒适系统支总线，舒适系统支总线有若干组，每组舒适系统支总线上挂载着一个控制器，分别有车身控制模块（BCM）、诊断口（DLC3）、组合开关、组合仪表、SRS、空调控制器等。

3. 底盘系统（ESC）CAN 总线特点

比亚迪秦 EV 的底盘系统（ESC）CAN 总线传输速率为 500kbit/s，底盘系统（ESC）CAN 总线直接连接两个 120Ω 的终端电阻，终端电阻一个集成在网关中，另一个未被控制器集成，其他与该底盘系统（ESC）CAN 总线相连的线束是底盘系统（ESC）支总线，底盘系统（ESC）支总线有若干组，每组底盘系统（ESC）支总线上挂载着一个控制器，分别有 ABS、诊断口（DLC3）、电子驻车（EPB）、转向角传感器等。

4. 起动系统 CAN 总线特点

比亚迪秦 EV 还有起动系统 CAN 总线连接 Key-ECU 和 BCM，实现信号的交流通信。

起动系统 CAN 总线传输速率为 125 kbit/s，由 CAN-H 和 CAN-L 双绞线组成，并由差动电压驱动。起动系统 CAN 总线的终端电阻分别在 Key-ECU 和 BCM 中，如图 4-56 所示，都是 120Ω。CAN 总线故障表现为双绞线断路或短路，这会导致所连接的 ECU 通信中断或通信故障。

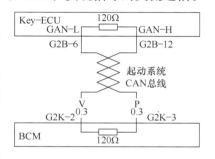

图 4-56　起动系统 CAN 总线电路

比亚迪秦 EV 智能进入和起动系统主要包括：智能钥匙、车内外磁卡探测天线、起动按钮、微动开关、制动开关、智能钥匙 ECU、高频接收器、起动系统 CAN 总线、车身控制模块（BCM）、防盗指示灯等。其部分结构及原理如图 4-57 和图 4-58 所示。

智能钥匙（keyless）内有芯片，可实现防盗、遥控等功能，芯片发送带密码的高频电磁

模块 4　汽车车载网络系统故障检修案例

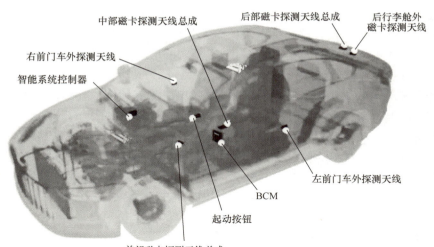

图 4-57　智能进入和起动系统的结构

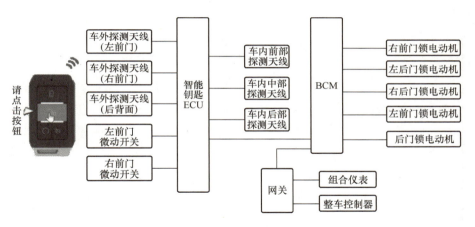

图 4-58　智能进入和起动系统结构原理

波，输出钥匙码。智能钥匙有 4 个按键，如图 4-59 所示，从左往右依次是：遥控闭锁、遥控开锁、行李舱开锁、车外起动，比亚迪秦 EV 带有已注册的智能钥匙 2 把，内含机械钥匙，机械钥匙能插入左前门钥匙孔单独开锁左前门。

防盗指示灯是仪表上的一个红色指示灯，汽车熄火，该指示灯间隔闪烁，表明防盗系统已开启；相反，防盗指示灯熄灭，表明防盗已经解除。

图 4-59　智能钥匙

OK 指示灯是仪表上的一个绿色指示灯，该指示灯点亮，说明驾驶人能挂档行车。

车内外磁卡探测天线能发送低频电磁波检测智能钥匙，探测范围大约为 1.5m。比亚迪秦 EV 有 6 个天线，分布在车内前部、车内中部、车内后部、车外行李舱、车外左前车门、车外右前车门。

起动按钮由瞬时双开关、白橙绿3色LED指示灯组成。按下起动按钮，瞬时双开关信号传送到智能钥匙ECU，瞬时双开关有双保险的作用，LED指示灯由BCM驱动控制点亮。可根据指示灯点亮颜色来判断当前电源模式和能否起动，持钥匙进入车内并踩下制动踏板时，绿色指示灯点亮，说明可以起动。

比亚迪秦EV左前门把手有1个微动开关，按下时将开关锁信号传递给智能钥匙ECU。比亚迪E5其他配置的车型在右前门把手，行李舱盖上也有微动开关。

制动开关是一个双开关，一个开关常开，一个开关常闭。在踩下制动踏板时，常开开关接通，常闭开关断开，双制动信号都传送给BCM，BCM接收制动信号同时判断为起动时，BCM向智能钥匙ECU发送解除防盗的起动请求。另外，BCM给制动信号灯供电，点亮制动信号灯；制动常开开关接通的信号还会通过BCM传递给整车控制器和ABS控制器供其使用。

5. 比亚迪秦EV CAN总线波形特点

比亚迪秦EV CAN数据总线波形特点如图4-60~图4-63所示，CAN数据以125~500kbit/s的速率按顺序传输。通过总线传输的数据通过CAN-H和CAN-L信号电压之间的电压差来表示。

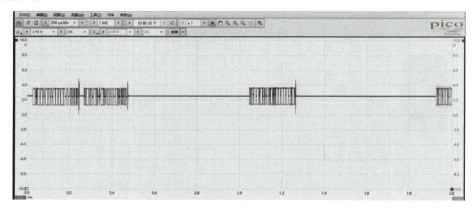

图4-60　比亚迪秦EV动力系统CAN总线波形

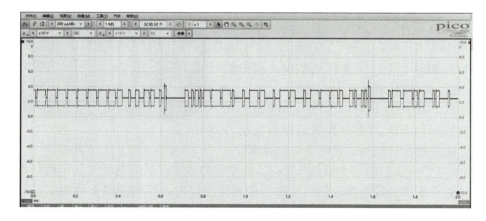

图4-61　比亚迪秦EV舒适系统CAN总线波形

模块 4　汽车车载网络系统故障检修案例

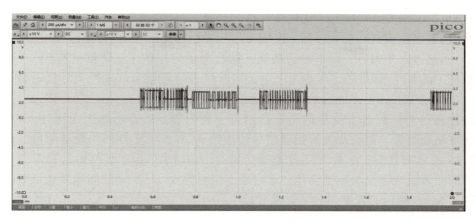

图 4-62　比亚迪秦 EV 底盘系统 CAN 总线波形

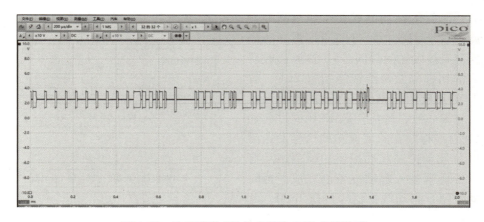

图 4-63　比亚迪秦 EV 起动系统 CAN 总线波形

CAN－H 信号电压特点：高电平为 3.5V，低电平为 2.5V，电压幅值为 1V 的脉冲波形。CAN－L 信号电压特点：高电平为 2.5V，低电平为 1.5V，电压幅值为 1V 的脉冲波形。CAN－H 与 CAN－L 电压一直保持互补状态，如图 4-64 所示，CAN－H 与 CAN－L 电压之和为常数 5V。动力系统 CAN 总线、舒适系统 CAN 总线、底盘系统（ESC）CAN 总线和起动系统 CAN 总线之间的差别只在于传输速率不同。

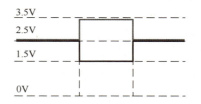

图 4-64　比亚迪秦 EV CAN 总线波形特点

4.4.2　比亚迪秦 EV 汽车车载网络故障检修案例

1. 智能进入和起动系统网络故障检修

（1）故障现象　一辆比亚迪秦 EV，行驶里程为 5000km，配置有无钥匙进入及一键起动系统。

1）持钥匙接近左前侧车门，钥匙指示灯闪；按下左侧车门把手上微动开关，钥匙指示灯闪，但车门不解锁。

2）按下钥匙遥控开锁按钮，钥匙指示灯闪，但车门仍不解锁。

3）从钥匙里取出机械钥匙，插入左侧车门把手钥匙孔，解锁左前门。

4）持钥匙进入车内后，踩下制动踏板，钥匙指示灯不闪（正常红灯应闪），起动按钮指示灯不亮（正常应亮绿灯），仪表未上电，同时仪表防盗指示灯未熄灭，仪表显示未检测到钥匙。

（2）故障分析　仪表上红色的防盗指示灯一直闪烁。拿着钥匙进入驾驶人位置附近，并保持踩下制动踏板，制动开关的制动信号传送给 BCM，BCM 判断为起动阶段，将通过起动系统 CAN 总线向智能钥匙 ECU 发送解除防盗的起动请求信号。智能钥匙 ECU 接收后，向车内磁卡探测天线发送驱动控制信号，车内磁卡探测天线以 3~5s 的间隔发送低频的电磁波检测大约 1.5m 范围内的智能钥匙。如果智能钥匙在天线探测的范围内，智能钥匙会接收到车内磁卡探测天线的低频电磁波，智能钥匙将带有钥匙码的高频电磁波传送至高频接收器，此时智能钥匙指示灯间隔闪烁（间隔时间与探测天线发送间隔同步），高频接收器再将接收的钥匙码发送给智能钥匙 ECU，智能钥匙 ECU 比较钥匙码与其保存的钥匙码是否一致。如果一致，智能钥匙 ECU 通过起动系统 CAN 总线将防盗验证成功的信号发送给 BCM，BCM 驱动控制起动按钮的绿色指示灯点亮，以告诉驾驶人起动准备已完成。这时按下起动按钮，起动按钮信号发送 BCM，此时仪表上的防盗指示灯熄灭，绿色 OK 指示灯点亮，仪表全部点亮。

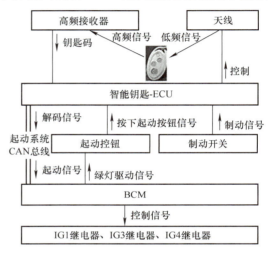

图 4-65　智能起动原理及过程

智能起动原理及过程如图 4-65 所示，BCM 控制 IG1 继电器、IG3 继电器、IG4 继电器，给相关控制器和部件提供工作电源。其中，BCM 控制 IG3 继电器给蓄电池管理系统（BMS）、电机控制器、整车控制器、无极风扇、电控冷却水泵等提供工作电源；BCM 控制 IG4 继电器给空调加热器（PTC）、空调电动压缩机、电子膨胀阀、空调控制器、空调控制面板、动力蓄电池包水泵等提供工作电源；BCM 控制 IG1 继电器给仪表、网关控制器、刮水器开关、仪表组合开关等提供工作电源。同时 BCM 采集监控 IG3 继电器和 IG4 继电器的输出端电压，来判断 IG3 继电器和 IG4 继电器的上电是否成功。

依据智能起动工作原理，持钥匙进入后，踩下制动踏板，钥匙指示灯应间断闪烁。从故障现象 4）可知，钥匙指示灯不闪，故障发生在钥匙指示灯闪之前的工作过程中涉及的元件及电路。此时根据智能起动工作原理，列出相应部分工作过程：制动信号→BCM→起动系统 CAN 总线→智能钥匙 ECU→天线→钥匙，因为钥匙指示灯没有闪，可知故障存在于以上列出的工作过程中的元件及电路。

又因为故障现象 1）中持钥匙接近左侧车门，钥匙指示灯闪；按下左侧车门把手上微动开关，钥匙指示灯闪，此时根据智能进入工作原理，列出相关部分工作过程：微动开关信号→智能钥匙 ECU→天线→钥匙。因为钥匙指示灯闪，可知列出的工作过程中的元件及电路

模块 4　汽车车载网络系统故障检修案例

是正常的。

综合以上分析，可确认的故障范围是：①制动开关及其电路；②起动系统 CAN 总线；③BCM 本身。

（3）故障排除

1）通过解码器读取故障码。

通过汽车诊断口连接 X431，选择比亚迪秦 EV→系统选择→起动网→车身控制器→读取故障码（故障码为 U021487）。此故障码的含义是 BCM 与智能钥匙失去通信，这也说明确定的故障范围是正确的。

2）通过解码器读取数据流。

进一步选择读取 BCM 的数据流，可选择查看制动信号的数据和起动按钮信号，具体内容见表 4-20，在踩下制动踏板后，数据流显示：12V 制动信号状态有效，说明制动的常开开关接通后能传递到 BCM；0V 制动信号状态有效，说明制动的常通开关断开后能传递到 BCM；BCM 再将 2 个制动信号传递给网关控制器，解码器 X431 通过 CAN 通信从网关控制器读出该数据流。

综上可知：制动开关及其电路是正常的。

提示：从表 4-20 的数据流可知，起动按钮按下时，起动按钮的 1 脚状态为按下，起动按钮的 4 脚状态为按下，还可确定起动按钮的双开关及电路工作正常。

表 4-20　相关数据流

数据流名称	值
右前门锁状态	解锁
右后门锁状态	解锁
行李舱门锁状态	闭锁
发动机舱盖状态	关闭
安全带状态	未系上
12V 制动信号状态	有效
0V 制动灯开关状态	有效
起动按钮 1 脚状态	按下
起动按钮 4 脚状态	按下

3）检查起动系统 CAN 总线。依据图 4-66，在智能钥匙 ECU 侧检测 G28-6 端子到 G28-12 端子之间的电阻，结果为 0Ω，异常，若正常为 60Ω 左右。这说明 CAN-H 和 CAN-L 双绞线之间短路。

（4）故障结论　针对故障现象，分析故障原因，确认故障范围为制动开关及其电路、起动系统 CAN 总线、BCM 本身。通过读取故障码印证了故障范围，通过读取数据流，发现制动信号有效，排除了制动开关及其电路，再检测起动系统 CAN 总线，发现起动系统 CAN-H 与 CAN-L 双绞线之间存在短路。

起动系统 CAN-H 与 CAN-L 双绞线之间短路，导致智能钥匙 ECU 和 BCM 无法通信，具体为 BCM 获取的制动信号无法传递到智能钥匙 ECU，导致智能钥匙 ECU 无法执行下一步的驱动天线来探测智能钥匙，最终导致防盗系统无法解除，也无法给相关控制器和部件提供

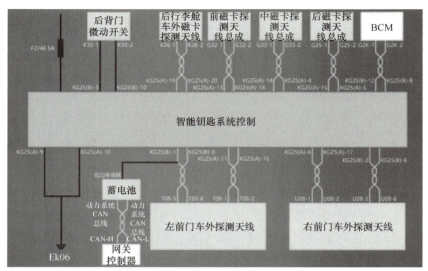

图 4-66 智能钥匙系统电路图

工作电源。

2. 动力系统 CAN 总线故障检修

（1）故障现象　踩下制动踏板，一键起动后：

1）组合仪表动力蓄电池电量显示 0%，P 位指示灯闪烁，如图 4-67 所示。

图 4-67 组合仪表故障现象

2）几秒钟之后，组合仪表动力系统故障警告灯点亮；充电系统故障警告灯点亮；动力蓄电池过热警告灯点亮；动力蓄电池故障警告灯点亮；电动机冷却液温度过高警告灯点亮；多功能屏显示"请检查动力系统""请及时充电"；档位指示灯不亮；OK 指示灯未点亮；不能挂档行车；起动按钮指示灯为橙色。

（2）故障分析　组合仪表故障现象多种多样，但全部与动力系统 CAN 总线相关，可初步推测为动力系统 CAN 总线相关故障。由于故障现象多，可先使用解码器读取故障码和数据流为下一步的分析指出参考方向。

（3）故障排除

1）通过解码器读取故障码。连接解码器 X431 到 DLC3，选择比亚迪秦 EV→系统选择→网关模块→网关→读取故障码。故障码为 B12EC00，此故障码的含义是网关与动力系统 CAN 总线失去通信。从故障码 B12EC00 分析故障可能范围：动力系统 CAN 总线故障和网关

模块4 汽车车载网络系统故障检修案例

故障。

从舒适系统CAN总线的组合仪表读取故障码U011087（与电机控制器失去通信）、U029687（与动力蓄电池管理系统失去通信）。显然，动力系统CAN总线故障或网关故障都会导致动力系统CAN总线上电机控制器和蓄电池管理系统与动力系统CAN总线、网关、舒适系统CAN总线组合仪表之间无法通信，这样也印证了故障范围是正确的，也能排除动力系统支总线故障。

2）通过解码器读取数据流。进一步读取动力系统CAN总线的数据流，如图4-68所示，动力系统CAN总线中全部模块都无法进入，说明网关与动力系统CAN总线上全部控制器无法通信，也印证了故障可能范围是网关、动力系统CAN总线。动力系统支总线故障仅导致对应的模块与网关失去通信，所以也能排除动力系统支总线故障。

图4-68 比亚迪秦EV动力系统CAN总线电路

综合以上组合仪表现象、故障码、数据流的分析，可知故障可能范围是：动力系统CAN总线、网关。另外，网关电源电路是正常的，假如网关电源电路故障，动力系统CAN总线、舒适系统CAN总线和底盘（ESC）系统CAN总线都会失去通信。

3）先检查动力系统CAN总线。检测在网关侧G19-9端子到G19-10端子之间的电阻，结果：120Ω，异常（正常为60Ω左右），说明动力系统CAN总线存在断路。

拔出网关插头，对插头外观进行检查，无异常。检查网关G19-9端子到G19-10端子之间的电阻，结果：120Ω，正常，说明网关内部的终端电阻正常。

拔出蓄电池管理系统（BMS）插头，检查网关侧插头G19-9端子到BMS侧插座BK45（B）-16端子之间的电阻，结果为∞，异常（正常为导通）。说明动力系统CAN总线的CAN-H线断路。检查网关侧插头G19-9端子到插头GJB02-20端子之间电阻，结果为∞，异常（正常为导通）。

可判断故障为动力系统CAN总线的CAN-H线中网关侧插座G19-9端子到插座GJB02-20端子之间断路。

（4）故障结论 动力系统CAN总线的CAN-H线断路导致动力系统CAN总线上的所有模块都无法与网关进行通信，网关会存储故障码B12EC00（动力系统CAN总线通信故障），解码器也无法通过网关进入动力系统CAN总线所有模块，组合仪表与电机控制器和BMS的通信中断，其储存相应的故障码U011087和故障码U029687。

组合仪表故障现象分析：动力系统CAN总线断路导致动力系统CAN总线的动力蓄电池电量、动力蓄电池温度、P位信号、电动机冷却液温度、动力蓄电池充放电等信息无法通过网关提供给舒适系统CAN总线上的组合仪表，组合仪表会点亮相应的故障警告灯以及多功能屏进行故障提醒。

OK指示灯点亮说明车辆已准备就绪可以挂档行车。OK指示灯上电要经历4个阶段：

197

1)电子防盗的解除,组合仪表上的防盗指示灯从闪烁到熄灭说明电子防盗的解除。
2)BCM 控制接通 IG1 继电器、IG3 继电器、IG4 继电器给相关控制器通电。
3)通电后的控制器开始自检。
4)相关控制器通过 CAN 网络发布和接收相关信息(包括自检后的故障信息),整车控制器正常接收到相关信息会发出点亮 OK 指示灯的指令,组合仪表点亮 OK 指示灯。OK 指示灯未点亮,说明上述的某一工作阶段有故障。

本故障是在第 4 阶段整车控制器无法在动力系统 CAN 总线接收和发布信息,导致 OK 指示灯不点亮。

3. 舒适系统 CAN 总线故障检修

(1)故障现象 踩下制动踏板,一键起动后。

1)组合仪表动力蓄电池电量显示为 0%,多功能屏显示"请及时充电",P 位指示灯闪烁。组合仪表故障现象如图 4-69 所示。

图 4-69 组合仪表故障现象

2)几秒钟之后,驻车系统故障警告灯闪烁,电子驻车状态指示灯未点亮,多功能屏显示"请检查电子驻车系统"。

十几秒之后,组合仪表动力系统故障警告灯点亮;充电系统故障警告灯点亮;动力蓄电池电量显示为 -%;动力蓄电池过热警告灯点亮;动力蓄电池故障警告灯点亮;电动机冷却液温度过高警告灯点亮;驻车系统故障警告灯由闪烁变为点亮;ABS 故障警告灯点亮后未熄灭;转向系统故障警告灯点亮后未熄灭;多功能屏档位指示灯不亮;OK 指示灯未点亮;不能挂档行车,起动按钮指示灯为橙色。

(2)故障分析 组合仪表故障现象主要与动力系统 CAN 总线和底盘(ESC)系统 CAN 总线相关。

1)与动力系统 CAN 总线相关的:组合仪表动力蓄电池电量显示为 0%;多功能屏显示"请及时充电""请检查动力系统";P 位指示灯闪烁;动力系统故障警告灯点亮;充电系统故障警告灯点亮;动力蓄电池电量显示为 0%;动力蓄电池过热警告灯点亮;动力蓄电池故障警告灯点亮;电动机冷却液温度过高警告灯点亮;档位指示灯不亮。

2)与底盘(ESC)系统 CAN 总线相关的:驻车系统故障警告灯闪烁;电子驻车状态指示灯未点亮;多功能屏显示"请检查电子驻车系统";组合仪表驻车系统故障警告灯由闪烁变为点亮;ABS 故障警告灯点亮后未熄灭;转向系统故障警告灯点亮后未熄灭;多功能屏显示"请检查 ABS""请检查转向系统"。

分析:仅是动力系统 CAN 总线相关故障或仅是底盘(ESC)系统 CAN 总线相关故障,

模块 4　汽车车载网络系统故障检修案例

不会同时出现上述故障现象，可排除动力系统 CAN 总线和底盘（ESC）系统 CAN 总线相关故障。组合仪表挂载在舒适系统 CAN 总线上，如果舒适系统 CAN 总线故障，动力系统 CAN 总线和底盘（ESC）系统 CAN 总线同时无法与组合仪表通信，可推测为舒适系统 CAN 总线相关故障，但仅舒适系统支总线及节点的故障，组合仪表也只会显示单一的故障警告，所以可推测为舒适系统 CAN 总线故障、网关相关部分故障。

（3）故障排除

1）通过解码器读取故障码，如图 4-70 所示，故障码为 B12ED00，此故障码的含义是网关与舒适系统 CAN 总线失去通信，印证了上述推测的故障范围。

图 4-70　读取相关故障码

2）通过解码器读取数据流。进一步选择读取舒适系统 CAN 总线的数据流，舒适系统 CAN 总线中所有模块都无法进入，从此故障现象可分析故障范围：舒适系统 CAN 总线故障、网关相关部分故障。舒适系统 CAN 总线故障会导致网关与舒适系统 CAN 总线上所有模块失去通信，舒适系统支总线故障仅导致对应的模块与网关失去通信；网关相关部分故障也会导致网关与舒适系统 CAN 总线上所有模块失去通信。

综合组合仪表故障现象、故障码 B12ED00 和解码器无法进入舒适系统 CAN 总线中所有模块，可知故障可能范围为舒适系统 CAN 总线故障、网关本身相关部分故障。

3）先检查舒适系统 CAN 总线。参考图 4-71，检测在网关侧 G19－8 端子到 G19－7 端子之间的电阻，结果为 0Ω，异常（正常为 60Ω 左右）。说明舒适系统 CAN 总线 CAN－H 与 CAN－L 之间短路。

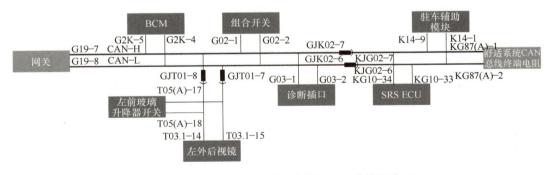

图 4-71　比亚迪秦 EV 舒适系统 CAN 总线电路

（4）故障结论　舒适系统 CAN 总线 CAN－H 与 CAN－L 之间短路导致舒适系统 CAN 总线上的所有模块都无法与网关进行通信，网关会存储故障码 B12ED00，解码器也无法通过网关进入舒适系统 CAN 总线所有模块。组合仪表故障现象分析：舒适系统 CAN 总线 CAN－H 与 CAN－L 之间短路导致动力系统 CAN 总线和底盘（ESC）系统 CAN 总线上的信息都无法通过网关传递给组合仪表，组合仪表会点亮相应的故障警告灯以及多功能屏进行故障提醒。

4. 底盘（ESC）系统 CAN 总线故障检修

（1）故障现象　一辆累计行驶里程约为 34000km 的比亚迪秦 EV，客户反映该车出现电子驻车系统（EPB）无法释放且仪表提示"请检查电子驻车系统"的故障现象。

（2）故障分析　接车后先试车，确认故障现象属实。连接故障检测仪，读取电子驻车控制单元（EPB ECU）的故障码，显示无法通信；读取底盘（ESC）系统 CAN 总线的故障码，读取到的故障码为"U100304 CAN 节点：电子驻车系统通信超时"。

该车电子驻车系统的相关电路如图 4-72 所示。当操作电子驻车控制开关（EPB 开关）时，EPB ECU 接收相关信号后，控制 EPB 电动机动作，从而实现电子驻车的释放和锁止功能。当发生 CAN 通信故障时，若 EPB ECU 端子 K31/22 接收到车身控制模块（BCM）的 IG1 电信号且 EPB ECU 接收到常按 EPB 开关 3s 以上的信号时，执行应急释放电子驻车功能。经检查，该车电子驻车系统的应急释放功能正常，说明 EPB 开关、EPB 电动机、EPB ECU 电源电路、相关电路均正常。

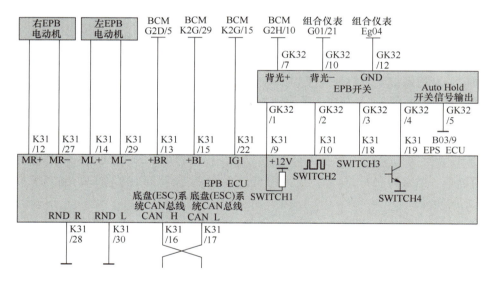

图 4-72　比亚迪秦 EV 电子驻车系统相关电路
BCM—车身控制模块　EPB 开关—电子驻车控制开关　EPB ECU—电子驻车电控单元

通过分析图 4-73 所示比亚迪秦 EV 底盘（ESC）系统 CAN 总线拓扑图可知。底盘（ESC）系统 CAN 总线中并联 2 个 120Ω 的终端电阻，分别在线束和网关控制器中，底盘（ESC）系统 CAN 总线的终端电阻为 60Ω。根据故障现象、故障码及相关电路分析，导致故障发生的可能原因有：底盘（ESC）系统 CAN 总线的 CAN 通信故障；EPB ECU 本体故障等。

（3）故障排除　断开蓄电池负极，断开 EPB ECU 的插接器 K31，测量端子 K31/16 与端子 K31/17 间的电阻（测量底盘系统 CAN 总线终端电阻），测量值为 ∞（异常），判断底盘（ESC）系统 CAN 总线存在断路故障。断开插接器 GKJ02，测量端子 GJK02/25 与端子

模块4 汽车车载网络系统故障检修案例

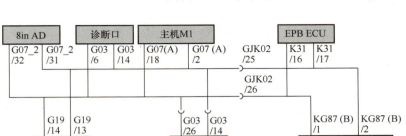

图4-73 比亚迪秦EV底盘（ESC）系统CAN总线拓扑图
EPB ECU—电子驻车电控单元 ESP ECU—电子转向助力电控单元 8in AD—8in⊖中控屏

GJK02/26间的电阻，测量值为120Ω（正常）；测量端子GJK02/25与端子K31/17间的电阻，测量值为0.2Ω（正常）；测量端子GJK02/26与端子K31/16间的电阻，测量值为∞（异常），判定端子K31/16与端子GJK02/26间的电路存在断路故障。

本模块知识点

1. 丰田皇冠汽车车载网络的结构与特点。
2. 丰田皇冠汽车车载网络多路传输系统性能的检测方法。
3. 丰田皇冠汽车CAN通信系统故障分析和检修方法。
4. 大众迈腾B8L汽车车载网络的结构与特点。
5. 大众迈腾B8L汽车车载网络系统故障分析和检修方法。
6. 吉利帝豪EV450纯电动汽车车载网络的结构与特点。
7. 吉利帝豪EV450纯电动汽车车载网络系统故障分析和检修方法。
8. 比亚迪秦EV汽车车载网络的结构与特点。
9. 比亚迪秦EV汽车车载网络系统故障分析和检修方法。

思考与习题

1. 丰田皇冠汽车的CAN通信系统的主要组件有哪些？
2. 如何检测丰田皇冠汽车CAN总线是否与电源短路？
3. 如何检测丰田皇冠汽车CAN总线是否与搭铁短路？
4. 大众迈腾B8L汽车车载网络结构由哪些总线组成？
5. 大众迈腾B8L汽车驱动系统总线有什么特点？
6. 大众迈腾B8L汽车底盘系统总线有什么特点？
7. 大众迈腾B8L汽车舒适系统总线有什么特点？
8. 根据"按下E378，钥匙指示灯不亮，转向盘不解锁，仪表不亮，点火开关无法打开，起动机不转。应急起动同样失效"的现象，分析大众迈腾B8L汽车防盗系统网络通信故障原因。
9. 根据"打开点火开关，转向盘解锁、仪表点亮，但EPC灯及制动指示灯无法正常点

⊖ 1in = 2.54cm。

亮、胎压指示灯闪烁；无法换档且P位指示灯闪烁；起动发动机时，起动机不运转"的现象，分析大众迈腾B8L发动机控制系统网络通信故障原因。

10. 根据"蓄电池指示灯、整车系统故障指示灯、动力蓄电池故障的故障灯、代表驱动系统性能的故障提醒警告灯、EPB故障警告灯、减速器故障指示灯、ESC故障警告灯点亮；档位无法切换至D位或R位"的现象，分析吉利帝豪EV450纯电动汽车PCAN总线网络通信故障原因。

11. 根据"驾驶人无法控制4个车门上的车窗玻璃升降，乘客也无法控制各自车门上车窗玻璃的升降"的现象，分析吉利帝豪EV450纯电动汽车LIN总线网络通信故障原因。

12. 根据"持钥匙接近左前侧车门，钥匙指示灯闪；按下左侧车门把手上微动开关，钥匙指示灯闪，但车门不解锁"的现象，分析比亚迪秦EV汽车防盗系统网络通信故障原因。

13. 根据"一键起动后，组合仪表动力蓄电池电量显示为0%，动力系统故障警告灯点亮；充电系统故障警告灯点亮；动力蓄电池过热警告灯点亮；动力蓄电池故障警告灯点亮；电动机冷却液温度过高警告灯点亮；不能挂档行车；起动按钮指示灯为橙色"的现象，分析比亚迪秦EV汽车动力系统网络通信故障原因。

参 考 文 献

[1] 顾惠烽. 汽车总线系统原理与故障检修 [M]. 北京：化学工业出版社，2020.
[2] 尹力会，李兆生. 汽车总线系统原理与检修 [M]. 北京：机械工业出版社，2020.
[3] 田晋跃，郭荣. 新能源汽车整车控制技术 [M]. 北京：人民邮电出版社，2021.
[4] 罗峰. 汽车CAN总线系统原理设计与应用 [M]. 北京：电子工业出版社，2023.
[5] 刘春晖，刘光晓. 汽车车载网络技术详解 [M]. 3版. 北京：机械工业出版社，2023.
[6] 凌永成. 车载网络技术 [M]. 2版. 北京：机械工业出版社，2021.
[7] 景忠玉. 汽车网络系统故障诊断与检修 [M]. 北京：清华大学出版社，2015.
[8] 毛叔平. 汽车网络控制系统检修 [M]. 北京：人民交通出版社，2017.
[9] 朱小春，李正国. 电动汽车网络与电路分析 [M]. 2版. 北京：清华大学出版社，2020.
[10] 吴东盛，杨正荣，沐俊杰. 新能源汽车整车控制系统检修 [M]. 北京：机械工业出版社，2022.
[11] 谢希仁. 计算机网络 [M]. 8版. 北京：电子工业出版社，2021.
[12] 于鹏. 计算机网络技术基础 [M]. 5版. 北京：电子工业出版社，2018.